南山大学地域研究センター共同研究シリーズ

12

近現代世界における 文明化の作用

「交域」の視座から考える

大澤広晃・高岡佑介 編

行路社

本書の刊行にあたっては、
2019年度南山大学地域研究センター共同研究助成金を受けた。

まえがき

大澤 広晃／高岡 佑介

1 文明／文明化

　civilisation という言葉がヨーロッパで普及し始めたのは、18世紀後半であった。この言葉を最初に用いたとされるミラボー侯爵（1715-1789）は、「女性たちの友、あるいは civilisation 論」と題された手稿のなかで次のように述べている。

> もし私が大部分の人にあなたは civilisation とはどういう点でそうだと考えているのか、とたずねたとすると、人々は私にこう答えるであろう、ある人々の civilisation とは、その人々の生活態度の穏和化であり、都会的な洗練であり、礼儀であり、そこで礼儀作法が細かな法律の代わりをするように皆が心得ている、振る舞い方の知識である、と★1。
> 　　　　　　　　　　　　　　　　　　　　　　（Starobinski, 1989: 19-20）

　ミラボーのこのテクストには、civilisation について考察するための手がかりが含まれている。それは civilisation に孕まれる二面性である。civilisation が「都会的な洗練」、「礼儀」、「振る舞い方の知識」であると言われる場合、この語は特定の対象や実体を指示する名詞として用いられていると考えられる（civilisation ＝文明）。一方、civilisation が「生活態度の穏和化」だと言われる場合、この語は、そこで主体や対象の性質の変化が含意されていることから、事物の動作や作用を表す動詞として用いられていると言うことができる（civilisation ＝文明化）。つまり civilisation には、この語に含まれる「行為の接尾辞（-ation）」（スタロバンスキー、1993：13）が示しているように、結果や所産といった「状態（état）」の局面だけでなく、変化を導く「生成

3

（devenir)」の局面が常に随伴する。civilisationの問題を検討する場合、個別の具体的な「文明」と同時に、「文明化」が持つ生成変化の水準に注意を向ける必要がある。

　文明化の基礎にあるのは、「洗練」と「進歩」という二つの観念である。すなわち文明化は、ジャン・スタロバンスキーの言葉を借りれば、「自然・未開・野蛮なもの」に対して、それらが含み持つ「「粗野な」とげとげしさ」「ざらざらしたもの」を磨き上げ消去することを本質的特徴とする一方で、「自然・未開・野蛮なもの」を、後に発展を遂げてゆくことになる、初期の状態として位置づける（スタロバンスキー、1993：9，21）。文明化とは、そのようにして、「自然・未開・野蛮なもの」を磨き、洗練させようと、たえず前へと進んでいく動的な過程である。

　この文明化の前進運動は、本質的にやむことがない。なぜなら文明化は、文化が自らの固有性や他者との差異を強調するのと異なり、自らの普遍性、他者との共通性を強調するからだ。ノルベルト・エリアスが述べたように、「文明化」を遂げた者たちは、「自分たちのことを本質的には、現行の、もしくは達成された文明化を他に伝達する者、外へ向けての文明化の旗手と感じる」（エリアス、1977：135）。つまり文明化とは、自らを普遍的なものとして定義し、その領域を押し広げることで、外部の社会が持つ固有性を書き換えていく自律的な運動なのだ。事実、文明化の進行は、始点となったヨーロッパ圏の内部だけでなく、その外部であるアジア・アフリカ地域においても大きな反応を引き起こした。それは、文明なるものの一方から他方への一方向的、一元的な伝達過程などではなく、さまざまな形での葛藤や衝突、抵抗、その他の付随現象を伴う多元的なプロセスだった。本書が照準を定めるのは、近代のヨーロッパとアジア・アフリカで生じた、そのような文明化の作用の力学であり、そこでは文明化の波及（作用）のプロセスを、文明化に対する抵抗や文明化が招いた反動（反作用）、さらには文明化の運動の予期せぬ屈折（副作用）といった側面を含めて記述することが目指される。

2　文明化をめぐる論点

　では、文明化の作用をどのように検討していくべきか。まずはいくつか論点をあげて、本書で行う議論を整理しておきたい。

　概して、文明化という言葉は、ヨーロッパ世界の外的拡張、すなわち帝国支

配の拡大との関係で用いられることが多い。なかでも、文明化の使命（mission civilisatrice）を表看板に掲げて植民地の獲得を進めていったのは、フランスであった。日本でフランス帝国史研究を主導する平野千果子は、文明化と植民地主義が結びつくきっかけを、奴隷制に焦点をあてながら考察している。平野によると、フランスにおいて植民地化との関係で文明化という言葉が自覚的に使用される転機となったのは、1830年から始まるアルジェリア征服であった。当時のフランスでは、アルジェリアへの派兵を正当化するために、北アフリカのアラブ人をオスマン帝国のくびきから解放するとか、地中海に出没するムスリム海賊がキリスト教徒を奴隷にするのを阻止するなどの主張がなされた。その後、アルジェリア征服の過程で、北アフリカに残る奴隷制が注目を集めるようになると、奴隷制は野蛮な制度であり、それを打破することが「文明化」であるという言説が普及していった。こうして、アルジェリア征服は奴隷制を廃止するための大義ある戦争と解釈され、それが「文明化の使命」という語句で表現されるようになったのである。その後、フランスでは、奴隷制という指標にとどまらず、広く「野蛮」とされた地域に「文明」を教授することを積極的に肯定する傾向がますます強まっていった（平野、2002：65-71）。こうした意味での文明化は、フランスに限らず、同時代のイギリスなどでも顕著になっていく。

　その一方で、文明化のベクトルは西洋諸国の外部のみならず内部にも向くことがあった。19世紀のフランスは、植民地においては非白人の文明化に取り組む一方で、国内では一般国民を対象とした文明化のプロジェクトを推進した。そこで重視されたのは教育であり、教育を通じた下層民衆の引き上げと国民意識の涵養により、フランス国民全体の進歩が目指された（平野、2002：78-79）。他方、イギリスの帝国において、文明化の事業を担った主要なアクターは宣教師であった。イギリスでは18世紀後半から19世紀前半にかけて海外宣教が国民運動となり、多くの宣教師が世界各地に旅立っていったのだが、それと同時に、この時期には、国内の貧民を対象とする国内宣教も活発に展開された。アリソン・トウェルズ（Alison Twells）は、18世紀末から19世紀前半にかけて展開した、国内の貧民を対象とするフィランスロピーおよびモラル改革運動（国内宣教）と、海外の非白人を対象とするキリスト教布教運動（海外宣教）を、中流階級の福音主義者が主導する「宣教・フィランスロピー運動（missionary philanthropy movement）」の両軸として把握し、二つの運動を一体としてみる必要性を強調している。そこでは、国内の貧民も海外の非

白人もともに「異教徒（heathen）」として認識され、キリスト教化と文明化の対象とされた。宣教活動に積極的に参加したのは富裕な中間層であったが、彼ら／彼女らはこうした運動への参加を通じて中流階級という独自のアイデンティティを構築し、自らの社会的役割と存在意義に対する自信を深めていったのである（Twells, 2009）★2。以上を踏まえると、ヨーロッパにおける文明化という問題を考える際には、その外向するベクトルと内向するベクトルの双方を検討しなければならないということになるだろう。

　次に、文明化の対象となった側に目を向けてみよう。ヨーロッパ諸国の拡張を契機とする文明化は、世界各地に巨大なインパクトを与えた。とはいえ、文明化の対象となった地域で、ヨーロッパから伝わった思想がそっくりそのまま受容されたわけではない。和魂洋才、中体西用、東道西器という表現が示すように、文明を受容する側は、自らの文化の固有性を主張しつつ、既存の社会体制や文化規範の枠組みを維持しながら、外来の思想や技芸を 領 有／ブリコ^{アプロプリエイト}ラージュして選択的・戦略的に取り入れようとした。もちろん、だからといって、文明化の対象となった側の行為主体性や内的一体性を過大評価することはできない。文明化の作用の強度と深度は、あくまでも文明化の主体と客体の間で行われる交渉（しばしば両者は非対称的関係にあった）や、後者の内部における諸勢力や諸言説の布置によって決定されたとみるべきだろう。さらに、文明化の作用はここで終わらない。かつては文明化の客体であった側が、今度は自ら主体となって、新たに習得した思想、生活様式、振る舞いを他の人々に伝えていくこともあったからである。文明化の客体が新たな文明化の主体となる過程では、いまだ文明化されていない人々を見下す差別のまなざしが形成されることもあった。西洋教育を受けたアジアやアフリカのナショナリストが、伝統的な生活や規範に固執する同胞をしばしば蔑視し、教導の対象とみなしたことは周知の事実である。その一方で、西洋文化と在地文化を組み合わせることで、新たなネイションとナショナリズムの構築を模索する動きもあった。文明化の過程においては、文明の直接的な伝え手とともに、それを各地域で媒介した中間者がきわめて重要な役割を果たしたと考えられる。文明化の主体と客体という二分法にとらわれることなく、さまざまなアクターによって文明化がどのように受け止められ、それが新たな運動をどう引きおこしていったのかを考察していかなくてはならない。

　さて、ここまでは、主に西洋を始点とする運動を念頭に置きながら文明化という言葉を用いてきた。だが、文明はもちろん西洋の専売特許ではない。メソ

ポタミア、エジプト、インド、中国、アンデスなど、文明はいずれの時代のどの地域にも成立していた。この自明の事実を踏まえるならば、近代における文明と文明化という問題を、西洋という要素を相対化しながら語る試みもなされねばなるまい。例えば、本書のもととなる共同研究で報告を行った岡田浩樹は、近代朝鮮における文明化という問題を読み解くには、ヨーロッパのみならず、アジアにおいて長期にわたり中核的地位を占めてきた中国（当時は清）およびそれに由来する文化的伝統と規範の影響力、西洋のインパクトを受けて近代化と国民国家形成を推し進める日本の動向なども考慮しなければならないと言う（岡田、2019：47-74）。実際、本書でも触れるように、漢字文化圏では、「文明」や「文明化」（あるいは「文化」）という言葉は古くから存在しており、それぞれ独自の意味をもっていた。近代以降、これらの言葉は「西洋」や「西洋化」と結びつけられるようになるが、重要なのは、それによって、必ずしも新しい意味が古い意味を上書きしたわけではなかったという点である。つまり、「文明」や「文明化」は、新たな意味（「西洋」、「西洋化」）を取り入れながらも、従来からの意味も保持することで、新旧の意味を併せもつ多義的な用語になっていったのである。したがって、東アジアにおける文明化の態様は、各国の内部における諸勢力の動向やさまざまな外部アクターとの交渉・関係に規定されながら、多様なヴァリエーションとして現れたのであった。西洋に限らないさまざまな主体に注目しながら、文明化のナラティヴを編んでいくことが求められる。

3　本書の特長と構成

　以上を踏まえたうえで、本書は、主に19世紀から20世紀のヨーロッパ、アジア、アフリカを対象に、それぞれの地域・時代の文脈に照らしながら文明化という問題を検討していく。それにより、文明化の作用の内実を、一般的・抽象的な水準においてではなく、歴史の具体的な相において捉えることを目指す。

　本書の特長は次の二点にある。第一に、ヨーロッパ、アジア、アフリカを分析対象とすることで、個別の地域研究にとどまらない、地域横断的な比較の視座を有していること。第二に、歴史学、思想史、法哲学、人類学の専門家がそれぞれの視点から文明化について考察することで、この問題を学際的に検討していること。このように「地域横断（inter-regional）」と「領域横断（interdisciplinary）」という二つの視角から問題に迫ろうとする立場を、本書の副題では「「交域」の視座」と表現した。以上により、文明化とそれが引

きおこした作用、反作用、副作用について新たな知見を提供することが、本書の目的である。

　本書の構成は次の通りである。第1部「ヨーロッパの内と外——文明化の試みとその帰結」には、主にヨーロッパを取り上げた三つの論文を配した。近代における文明化といった場合、やはりそのアクターとしてまず頭に浮かぶのはヨーロッパである。近年、ヨーロッパに対して過度に特権的な地位を与える思考や叙述の様式に各方面から批判が投げかけられており、そうした批判は有益かつ有効である。そのことを認めたうえで、それでもなお、近現代における文明化という問題を検討する際には、ヨーロッパをひとつの起点としなければならないと考える。ヨーロッパないし西洋が近現代世界に与えたインパクトは巨大であり、それを無視した近現代史の叙述は過度にヨーロッパ中心主義的なそれと同様に無益なものであろう。ヨーロッパが外的に拡張していく過程で、西洋文明（思想や技芸とともにキリスト教もそこに含まれるだろう）をどのように伝えようとし、それがいかなる帰結をもたらしたのかは、やはり文明化の作用を考察するうえで避けては通れない問題なのである（第1章）。その一方で、既述の通り、文明化の力はヨーロッパ諸国の国内においても作用していた。19世紀ドイツでは衛生が文明化と結びつけられたし（第2章）、第二次世界大戦後のフランスでは対独協力者の処罰をめぐり「野蛮」や「文明」という語彙が使用された（第3章）。この点は、先行研究では必ずしも明確に意識されてこなかった側面でもあり、文明化を国内問題に引きつけて考えることの可能性と意義を検討することで、ヨーロッパにおける文明化という問題をより総体的に考察していきたい。

　第2部「客体の向こう側——アジア・アフリカにおける文明化の諸相」は、アジア・アフリカの各地域に焦点をあてて、文明化の対象となった人々がそれをどのように受け止め、ローカルな文脈でいかに行動したのかを検討する。第2部は、日本（第4章）、中国（第5章）、ベトナム（第6章）、エチオピア（第7章）をそれぞれ扱う4本の論文からなる。列強諸国による帝国支配の拡大は、アジア・アフリカ諸地域の歴史的道程に大きな影響を及ぼした。文明化にどう対峙したかは全面的な抵抗から部分的な受容までグラデーションがあるが、新たな思想との出会いを契機として、自らの社会の再編をはかる動きは各地でみられた。「文明化の客体の主体性」を個別の地域的・歴史的文脈に即して具体的に解明するのが、第2部のひとつの目的である。他方で、アジア・アフリカの歴史をより長いタイムスパンでみれば、当然のことながら、西洋の進出が始

まる以前からさまざまなローカル勢力のせめぎあいがみられたのであり、そこにも「文明化」という言葉で表現しうる諸力の作用があったと考えられる。ここでは、西洋化とは異なる文脈での文明化の語りも試みたい。

注

★1　スタロバンスキー（1993：12）の訳文を、原文を参照のうえ一部変更。

★2　なお、この点については、金澤（2008：173-184）も、インドにおける宣教師らの活動に触れつつ、国内のフィランスロピーと海外のフィランスロピーの密接な関係を示唆している。

参考文献

エリアス、ノルベルト（赤井慧爾・中村元保・吉田正勝訳）『文明化の過程（上）——ヨーロッパ上流階層の風俗の変遷』法政大学出版局、1977年。

岡田浩樹「普遍性を夢見るナショナリズム——近現代東アジア（朝鮮半島と日本）における文明化の諸問題」『近代のヨーロッパとアジアにおける「文明化」の作用　2018年度中間報告』南山大学地域研究センター、2019年、47-74頁。

金澤周作『チャリティとイギリス近代』京都大学学術出版会、2008年。

スタロバンスキー、ジャン（小池健男・川那部保明訳）「civilisation という語」『病のうちなる治療薬——啓蒙の時代の人為に対する批判と正当化』法政大学出版局、1993年。

平野千果子『フランス植民地主義の歴史——奴隷制廃止から植民地帝国の崩壊まで』人文書院、2002年。

Starobinski, Jean, *Le Remède dans le mal. Critique et légitimation de l'artifice à l'âge des Lumières*, Gallimard, 1989.

Twells, Alison, *The Civilising Mission and the English Middle Class, 1792-1850: The 'Heathen' at Home and Overseas*, Basingstoke: Palgrave Macmillan, 2009.

目次

ヨーロッパの内と外

文明化の試みとその帰結

第1章

宣教と文明化

19世紀ベチュアナランドにおけるロンドン宣教師協会とアフリカ人

大澤 広晃

はじめに

　本稿は、イギリス帝国の観点から「文明化」を考察する。フランス帝国は文明化の使命を大々的に掲げたが（平野、2002）、イギリス帝国もまた、時代や地域により程度の差はあれ、自国の制度、生活様式、価値観、言語、宗教などの普及による非ヨーロッパ世界の西洋化に熱心に取り組んだ。その根底には、「優越した位置にある自分たちが、大国イギリスの庇護のもとにある人々に、文明の恩恵を与えていき、「劣った」存在である彼らを文明の高みに、あるいはそれに近いところまで引き上げようとしているのだ」（木畑、2008：47）という意識、すなわち「文明化の使命感」があった。キプリングによる著名な詩「白人の責務」は、まさにそうした理念を代表し具現するものであろう。イギリス帝国ではさまざまな主体が文明化のプロジェクトにかかわったが、ここでは、帝国の最前線で西洋の価値観と文化を非西洋人に伝えようとしたキリスト教宣教師に注目する。

　舞台は19世紀のベチュアナランドである。当時においてベチュアナランドとは、現在の南部アフリカ内陸部、とくに南アフリカ共和国北西部とボツワナおよびその周辺地域を指す地理概念であった。ベチュアナランドにはさまざまな宣教団体が進出したが、本稿ではそのなかでもとくに大規模な活動を展開したロンドン宣教師協会（London Missionary Society: LMS）に着目し、そこに所属する宣教師たちの動向を検討する。

　ベチュアナランドにおけるLMSの活動については、豊かな研究史が存在す

る。わけても、歴史人類学者のジーン・コマロフとジョン・コマロフによる『啓示と革命について』は、LMSを含む宣教関連史料を渉猟し、白人宣教師と現地アフリカ人の接触および前者による後者の「意識の植民地化」の過程を跡づけようとした記念碑的著作である（Comaroff and Comaroff, 1991, 1997）。他方で、コマロフの研究については、「近代性の弁証法」という副題（Comaroff and Comaroff, 1997）が示すとおり、西洋近代と資本主義を体現する宣教師とそのアンチ・テーゼとして把握されるアフリカ人の関係を二分法的にみて、両者の対立と衝突を強調し過ぎているという批判もある。例えば、同じくLMS関連史料を用いて19世紀前半のケープ植民地における先住民（コイ）キリスト教徒の動向を分析したエリザベス・エルボーンは、宣教師とキリスト教へのアフリカ人の多様な対応の仕方を強調している。エルボーンによれば、アフリカ人はキリスト教を独自に解釈し、それをベースに自らの文化世界を構築したのであり、キリスト教と西洋文明への向き合い方も、その場の状況にあわせて協調と対決の選択肢を使い分けるなど、さまざまであった（Elbourne, 2002）。概して、現在の研究はアフリカ人キリスト教徒の動向を解明することに力点が置かれるようになってきている。ベチュアナランドの一集団ングワトに焦点をあてたポール・ランドゥ（Landau, 1995）や同地での宣教活動に参加したアフリカ人信徒たちに着目したスティーヴン・ヴォルツ（Voltz, 2011）の仕事はその代表例である。これらの研究は、ベチュアナランドでのキリスト教拡大におけるアフリカ人の行為主体性を強調し、宣教師の役割とインパクトを相対化する傾向にある。

　以上の研究動向を踏まえたうえで、本稿は改めて宣教師に焦点をあてて、彼らによる文明化の取り組みおよびその帝国支配との関係を考えてみたい。結論を先取りすれば、近年の研究を踏まえたうえで改めて史料を読み直してみた時、そこに立ち現れてくるのは、文明化のアクター、帝国支配の尖兵としての（男性）宣教師像（Dachs, 1972; Hall, 1975）[1]とともに、それとは対照的な、拡大する植民地支配とアフリカ人の巧みな立ち回りに翻弄されて苦悩する宣教師たちの姿である。以下では、アフリカ人の主体性に関心を払う最近の研究にも依拠しつつ、まず文明化への宣教師のかかわりとそれに対するアフリカ人の反応を検討し、次に19世紀末のベチュアナランド植民地化の過程における宣教師とアフリカ人の動向およびそこでの両者の関係の変化を考察する。なお、史料としては、ロンドン大学東洋アフリカ研究院が所蔵するLMS関連文書を用いる。

図1　19世紀南部アフリカ（ポーター、1996：116を一部改変）

1　南部アフリカの植民地化とLMS
——ベチュアナランドを中心に

1・1　植民地支配の拡大

　南部アフリカの植民地化は、17世紀中葉に始まる。1652年にオランダ東イ
ンド会社（Verenigde Oost-Indische Compagnie: VOC）が喜望峰にアジ
ア貿易の補給拠点を建設することで、ケープ植民地が成立した。ケープにはオ
ランダをはじめとするヨーロッパ諸国から移民が入植し、その領域は徐々に拡
大していった。これら初期移民の子孫たちは、やがてブール人と呼ばれるよう
になる（のちにアフリカーナーを自称する）。ケープには牧畜を生業とするコ
イや狩猟採集民のサンが先住していたが、白人支配の拡大に伴い植民地外への
移動を強いられるか、白人に奉仕する労働力として植民地社会に組み込まれて
いった。さらにVOCは、労働力確保の目的で、アフリカの他地域やアジアか

ら奴隷を輸入した。この結果、ケープは多人種社会になっていった。19世紀初頭、イギリスがケープの支配権を握る。イギリスはアフリカ人の土地を次々と征服して植民地支配を拡大していった。その一方で、ケープ東部に住むブール人の一部は内陸部に移動して、トランスヴァール（1852年、正式名称は南アフリカ共和国）とオレンジ自由国（1854年）という独自の国家を樹立した。

　19世紀の南部アフリカで、内陸中央部はベチュアナランドと呼ばれていた。ベチュアナランドの主たる先住民は、ツワナである。ツワナの経済基盤は牧畜と農耕で、男が牧畜、女が農耕を担当していた。ツワナの内部はいくつもの集団に分かれており、集団の中心にはコシ（kgosi）と呼ばれる指導者がいた。コシは、土地の分配、交易の管理、儀礼の主宰などを行った。もっとも、当時のベチュアナランドはさまざまなアフリカ人の集団が頻繁に移動する動態的な場所であり、そこで形成される社会は集権的で固定的なものというよりも、多様な人々の緩やかな連合体という性格が強いものであった。その結果、集団の結合・分裂は頻繁におこり、コシの地位もしばしば不安定なものだった。19世紀中頃まで、ベチュアナランドを植民地化しようという動きは顕著ではなかった。しかし、1860年代に隣接地域（のちにイギリスに併合されてグリカランドウェストという植民地になる）で豊かなダイヤモンド鉱脈が発見されて鉱業が急速に発展し、また、ブール人共和国とイギリスの争いが激化すると、植民地化の波がベチュアナランドにも本格的に押し寄せるようになった。

1・2　LMSの活動

　次に、本稿で主に論じるLMSとその宣教師たちについて言及しておきたい。LMSは1795年にイングランドで創設された。さまざまな教派のプロテスタントが参加したが、その主力はカルヴァン主義の立場を取る会衆派であった。LMSの設立は、18世紀イギリスで進行中だった福音主義信仰復興の所産である。聖書、回心経験、キリストの贖罪を重視し、宗教規範に即した行動と神の言葉の普及（宣教）を奨励する福音主義の興隆を受けて、1790年代にはバプテスト宣教師協会（1792年）、グラスゴー宣教師協会（1796年）、教会宣教師協会（1799年）などが創設され、世界のキリスト教化が目指された。LMSもこの潮流のなかで産声をあげた（Elbourne, 2002: ch.1）。

　南部アフリカでのLMSの活動は1799年に始まる。1801年にはベチュアナランド南部のディタコン（Dithakong）で、ツワナ系のタピン（Tlhaping）を対象に宣教活動が開始された。1813年にはクルマン（Kuruman）に拠点

が築かれ、1820 年代からはここがベチュアナランドにおける LMS 宣教団の根拠地となった。その後、モティト（Motito）、ディハトン（Dikgatlhong）、タウン（Taung）などに宣教基地が作られた。19 世紀中頃以降、LMS はベチュアナランド北部に進出し、ングワト（Ngwato）、クウェナ（Kwena）、ングワケツェ（Ngwaketse）などを対象に宣教活動を展開した。

　キリスト教を伝えるために南部アフリカにやってきた宣教師たちは、どのような人々だったのだろうか。初期の LMS 宣教師の多くは、職人・労働者階層出身だった。困窮した貧民ではなく字も読めるが、さりとて正規の神学教育や中等以上の教育を受けた経験もない。彼らの多くは既にイギリス国内で説教師として活動しており、そうした経験と回心を経て獲得した信仰心を拠り所に、異国での宣教活動に志願した。彼らには独特のエートスがあり、自助努力による向上と自立、その手段としての勤勉な労働が重視された。また、聖書を読んで信仰心を強化するためには識字能力の獲得が必要であるとして、教育にも力点が置かれた。さらに、宣教師たちは、当時のイギリス福音主義者の間で支配的だった、男は労働による稼得と公的領域での活動を担い、女は私的領域で家事や育児を担当すべきというジェンダー規範も信奉していた（Comaroff and Comaroff, 1991: ch.2; Voltz, 2011: 79-80; Elbourne, 2002: 89-102）★2。

2　宣教と文明化

2・1　宣教師、ツワナ、文明化

　キリスト教の布教を一義的な目的とする宣教師たちは、どのように文明化のプロジェクトとかかわるようになっていったのか。18 世紀末から 19 世紀初頭に来訪した初期宣教師たちは、アフリカ人の慣習を一定程度尊重する姿勢を示した。アフリカ人がひとたび福音主義の教えを受容すれば、それを生活や社会に適用することで必然的に文明を獲得できる。そう考えられたのである。「科学」に基づく人種の体系的分類という思想はいまだ主流ではなく、アフリカ人は人種よりも階級という観点から把握された。宣教師は、アフリカ人をイギリス社会の底辺をなす労働者層と比定し、信仰心と勤労精神が欠如している限りでは悲惨な現状にとどまったままだが、福音主義キリスト教を受け容れてたゆまぬ自己改革の努力を重ねることで、自らの社会的地位と生活状態を向上させる機会を得られると考えた。福音主義の規範とそれに基づく生活態度を身につけ、聖書読解に必要な識字能力を獲得することこそが何よりも重要であり、西洋の

慣習や文化でアフリカ人のそれを置換する文明化は副次的な目標だった。実際、南部アフリカにおけるLMS宣教団の初代総責任者（superintendent）を務めたヨハネス・ファン・デル・ケンプは、先住民コイの女性と結婚し、アフリカ人は従来の慣習を維持したままでもキリスト教徒になれると説いた。同様に、ベチュアナランドでの宣教の先駆者であるジェイムズ・リードもコイ女性と結婚し、二人から生まれた息子も父と同じく宣教師として活躍した。初期の宣教師たちはまた、現地人キリスト教徒のうち、ツワナ語を解するコイや、白人とアフリカ人の混血の人々を積極的に登用し、宣教活動に活用しようとした（Elbourne, 2002: 148-154; Voltz, 2011: 31-45）。

　しかし、1820年代頃から宣教師たちのアフリカ人に対する姿勢に変化がみえはじめた。新たに南部アフリカにやってきた若手のLMS宣教師たちは、従来の宣教方針に異議を唱え、白人宣教師のより強力な統制下でアフリカ人信徒を管理するべきだと訴え始めたのである。こうした主張の背景には、宣教団の現状への危機意識、とくに性関係の乱れについての懸念があった。当時、宣教基地で性病が増加しているという報告があり、アフリカ人信徒の信仰態度とそれを管理する宣教師たちの姿勢が疑問視されるようになっていた。1817年にはベテラン宣教師のジェイムズ・リードが不倫の廉で罷免されるというスキャンダルがおこり、第一世代の宣教師たちとその宣教方針は厳しい批判にさらされるようになった。強い危機感を抱いた新世代の宣教師たちは、アフリカ人信徒をより強力な管理・統制下に置きつつ、現地の文化や慣習を西洋文明で置換することの必要性を唱え始めた。1819年にLMSの現地総責任者に任命されたジョン・フィリップは、経済的な進歩と教育を通じた個人および社会の改良を信奉する啓蒙主義の申し子でもあった。LMS宣教団に付着したネガティブな印象を払拭するために、フィリップは、アフリカ人を文明化して植民地社会におけるリスペクタブルな個人に仕立て上げることで、宣教団のイメージアップをはかろうとした。同時代のイギリスを模範に、アフリカ人に福音主義キリスト教の規範とそれを基礎とする文明的生活および勤労精神を教え込もうとしたのである。こうして、宣教師の職務規程に、文明化の使命が書き加えられることになった。この流れのなかで、宣教活動におけるアフリカ人の活用にも制約がかけられるようになった。アフリカ人は白人と同程度の知的能力を潜在的にもっている。しかし、彼らはまだ十分に文明化されておらず、その知的能力も開発されていない。よって、現地人信徒が宣教事業において主要な役割を担うのは時期尚早だ。そう考えられるようになったのである（Elbourne,

2002: 233-254)。ベチュアナランドで活動する若手宣教師たちも、こうした考え方を共有していた。1821年に赴任し、以後半世紀にわたってベチュアナランドで宣教に従事したロバート・モファットは、アフリカ人の文化に寛容なそれまでの教会を「朽ちた土台に建てられている」と厳しく批判した。そのうえで、白人がアフリカ人社会に適応するよりも、「我々〔白人〕が彼ら〔アフリカ人〕を我々の水準まで引き上げるべきである」（Voltz, 2011: 47より再引用）と主張した。19世紀中葉以降、アフリカ人を劣等視する姿勢は白人宣教師のなかで顕著になっていった。

　では、宣教の対象となったツワナは、キリスト教と宣教師にどのように向き合ったのだろうか。当初ツワナは、キリスト教のメッセージとその世界観にほとんど関心を示さなかったとされる。未知の教えを理解できず、それが既存社会の秩序や構造を掘り崩すことを恐れたからである。実際、初期改宗者の多くは、貧民、迫害や差別を受けている者、障がいを持つ者など、社会の周縁に来歴をもつ人々であった。コシなどの有力者とその一族のなかにも好奇心から宣教師を招聘したり礼拝に参加したりする者もいたが、洗礼にまで至ることはほとんどなかった。他方で、現地人信徒が宣教師やヨーロッパ人商人を通じて入手した西洋由来の品々は、ツワナの注目を集めた。なかでも関心を引きつけたのは、武器である。1820年代から30年代にかけて、アフリカ人の大規模な移動とそれに伴う混乱（ムフェカネ）がおこると、馬に乗り洋式銃で武装した現地人信徒は多くのツワナに強い印象を与え、西洋の技術・文明およびそれと表裏一体の関係にあったキリスト教への関心が徐々に高まった。同時に、ムフェカネにより生活基盤を失った人々のなかからも、LMSの宣教基地に移住する者が出始めた。ミッション学校で学ぶ生徒の数も増え、説教もツワナ語で行われるようになると、宣教団と関係もつようになった人々のなかからはキリスト教に改宗する者も現れ始め、1830年代以降はコシなど有力者の一族からも改宗者が出るようになった（Voltz, 2011: chs. 2-3）。

　改宗者が徐々に増え始めると、ツワナ信徒のなかからは、キリスト教の教義に基づきツワナ社会の伝統儀礼への参加を拒む者も出てきた。これらの信徒たちは、伝統儀礼を主宰するコシらとしばしば対立した。しかし、多くのツワナ信徒はそれまで帰属していた社会と完全に断絶することはなく、一定の関係を維持し続けた。改宗により、自らのアイデンティティと文化的属性を刷新することはきわめて困難だった。ツワナとキリスト教徒という二つのアイデンティティを一つの身体のなかに共存させるために、ツワナ信徒たちはしばしば

キリスト教を自己流に解釈し、内面化しようとした。その結果、キリスト教と現地の文化が混交し、独特のキリスト教文化や社会体制が生まれてくることになる（後述）。他方で、キリスト教を唯一絶対の排他的宗教と考える宣教師は、そのようなツワナ信徒の態度をキリスト教への無知と信仰心の欠如と解釈した。こうして宣教師たちは、「正しい」キリスト教を定着させるためには、西洋の文化規範や生活様式の教授を通じてツワナの意識と社会制度そのものを改革すること、すなわち文明化が必要であると考えるようになっていった（Comaroff and Comaroff, 1997: 117-118; Voltz, 2011: ch.3）。

2・2　文明化と帝国支配

　文明化のプロジェクトを通じて、LMS宣教師たちはイギリスのプロテスタント福音主義キリスト教を参照基準に、その規範や生活様式・態度をツワナに伝授しようとした。キリスト教徒としての規範に則った生活を送り、日曜礼拝や安息日を遵守し、アフリカ社会に特有の祭典や催事といった「異教的」儀礼に参加しないよう求めた。生活様式という点では、洋服の着用や西洋式住居での居住が奨励された。加えて、宣教師が並々ならぬ情熱を注いだのが、ツワナ社会におけるジェンダー関係の刷新であった。ツワナ社会は一夫多妻制で、夫である男が牧畜を担当し、妻である女が農耕を担当するという性別役割分業がみられた。男たちの間でも社会的地位や年齢に応じた分業構造があり、実際に家畜の世話をするのは若者や従属的な地位にある者たちだった。こうした社会を目にした宣教師たちは、ツワナの男たち（とくに複数の妻をもち資産を有する年長者）が重労働である農業を女に押しつけたり牧畜の実務を従属的立場にある者たちに任せたりすることで、「怠惰な」生活を送っていると考えた。「女に重労働を強要する怠惰なツワナの男」という言説は多くの宣教師に共有されていたが、そうした現状は、一夫一婦制を基本として、男が外で労働と公的活動に従事し女は内で家事と育児を担当すべきという同時代のイギリスにおけるジェンダー規範と家族理念に照らして、受け容れられるものではなかった（Voltz, 2011: 190-196）。理想的なクリスチャンホームの構築はキリスト教普及の必須条件であり、そのためには「適切な」ジェンダー関係を定着させねばならない。それゆえ、宣教師たちは、ツワナ社会におけるジェンダー関係の刷新を最重要課題に定めたのであった。

　ジェンダー関係の改革を含む文明化を推進するためには、ツワナの思想や行為を規定する従来の社会構造を再編しなければならない。そのための方策とし

て、宣教師のなかにはイギリスによるベチュアナランドの植民地化を提唱する者もいた。イギリスの支配下で現地政治社会の中核に位置すると考えられたアフリカ人指導者（コシ）の権威と権力を抑制することで、ツワナ社会の改造が効率的に進むと考えられたのである。19世紀後半のベチュアナランドで活発な政治活動を行ったLMS宣教師ジョン・マッケンジーは、「〔ツワナは〕チーフ（コシ）の支配下よりもイギリス支配下でより繁栄できるはずだ」★3 と述べ、イギリスの農業技術やイギリス法（コモンロー）の導入、西洋教育の普及、文明化した者への市民権付与などを提言した。神と文明の名のもとにツワナの世界を再構築しようとする宣教師にとって、植民地支配はそうした事業を円滑に遂行するためのよりよい基盤を提供してくれるものと考えられたのであった（五十嵐、2016：97-101；Comaroff and Comaroff, 1991: 6）。

2・3　文明化のプロジェクトとその帰結

　文明化のプロジェクトの具体的な展開について、ここでは農業に焦点をあててみたい。マッケンジーは、「アフリカ人を引き上げるためには、文明の技芸を教えなくてはならない。アフリカ人に剣の代わりに鋤をもたせよう。土地を耕し、作物を収穫するやり方を教えよう」（Comaroff and Comaroff, 1997: 122より再引用）と述べている。具体的には、井戸や用水路といった灌漑設備の建設、鋤を用いた農法の導入などが奨励された（Comaroff and Comaroff, 1997: 132-136）。

　LMS宣教師たちが農業を重視した背景のひとつには、同時代のイギリスに特有の社会観があった。当時のイギリスでは、農業こそが、穏和で遵法精神に富み、教育を通じた自己修養を尊ぶ人間を育むという考えが強かった。土地に定住し、勤労の日々を送ることで、優れた人格が陶冶されるというのである。これとは対照的に、牧畜を基盤とする社会では、人は常に家畜が必要とする牧草地を求めて移動しなければならない。遊牧生活は他者の領域を侵犯する可能性をはらみ、野蛮で非文明的である。ならば、牧畜を主とするツワナ社会には農業を教えなければならない。そうすることで、ツワナは文明の階段を昇ることができるだろう。さらに、農業を基盤とする社会を構築してツワナが定住傾向を強めれば、持続的なキリスト教と西洋文化の教育が可能となる。遊牧生活で絶えず移動している人々に、継続的な教育を施すことは困難だからである。農業は宣教活動の効率を高め文明の段階を押し上げる効果がある、そう宣教師たちは考えたのであった（Comaroff and Comaroff, 2000: 57）。

それと同時に、宣教師たちは、農業の振興がツワナ社会のジェンダー関係再編の契機になると考えていた。農業の重要性が増せば、それまで主に牧畜に従事していた男たちが農耕に取り組むようになる。その結果、それまで農耕を担当していた女性たちは農作業の現場から解放され、家の内部で家事や育児に専念できるようになるはずだ。男は外で勤勉に働き女は内で家事を担うというジェンダー関係が普及し、理想的なクリスチャンホームのかたちがベチュアナランドに根付くことになるだろう。さらに、ひとつの土地に腰を据えて継続的に農作業に取り組むことで、ツワナの男たちは「怠惰」を克服し勤勉さを身につけるだろう。宣教師たちは、農業の振興がジェンダー関係の改革とクリスチャンホームの普及を促す動力となることを期待していた（Comaroff and Comaroff, 1997: 121-132）。

　宣教師たちが唱えた農業改革を積極的に受容するアフリカ人もいた。とくに、コシの親族など現地社会の有力者や宣教基地に居住する改宗者たちの一部は、西洋の農業技術を導入することで農業生産の増大に成功し、富を蓄えていった。他方で、大多数の人々は、従来の農業のやり方や生活様式を容易に放棄しようとはしなかった。ましてや、宣教師が主張するジェンダー関係の再編は、強い抵抗に直面した。宣教師たちにとっては皮肉なことに、とくに強い反対の姿勢を示したのは女性たちだった。現地社会の通念によると、農耕を担当する女性たちは、収穫物に対する一定の権限を有していた。そうしたなかで、宣教師が唱える農業改革により男が農業で主導権を握るようになると、女は収穫物に対する伝統的な権限を喪失するかもしれない。こうして、女を農業のくびきから解放することを目指した宣教師たちの思惑とは裏腹に、農業の改革を通じてジェンダー関係の再編を促す試みはむしろ女たちの反発を引き起こすことになったのである。実際、女たちは農業に従事し続けた。1860年代に隣接する地域でダイヤモンド鉱脈が発見され、鉱業が急速に発展すると、ベチュアナランドは激増する鉱山労働者へ食料を供給する役割を期待されるようになった。この結果、ベチュアナランドでも農業生産の増大がみられるようになり、一部の男も農業に従事するようになった。宣教師の考えでは、男が農業に参入することで女はそこから退出して家事に専念するはずであったが、現実には、増加する農作物需要に対応するために女は男とともに引き続き農作業に勤しんだ。ことは宣教師の思惑通りには進まなかったのである。長期的な視点では、西洋の農機具や農法を取り入れることで、ツワナ社会の農業のありようは一部変化した。西洋農法を導入したツワナは農業生産を拡大し、それを基盤にしてより大きな

土地を占有するようになっていった。だが、新規に農機具を購入したり灌漑設備を建設したりするためには一定の資力が必要であり、大部分のツワナはそのような経済力を有していなかった。結果として、新たな農法を導入できた比較的富裕な人々と下層の人々の間で格差が拡大した（Comaroff and Comaroff, 1997: 126-165）。他方で、そもそも宣教師や白人との接触が少ない地域では、西洋の農業技術の普及は進まなかった。農業を通じた文明化のインパクトは多様であり、地域偏差も顕著であった。

3　植民地支配とアフリカ人のはざまで
——1880年代のベチュアナランド南部

3・1　1880年代前半の争乱

　前節までは、キリスト教の布教とともに文明化の遂行に邁進するLMS宣教師たちと、そうした活動に対するツワナの反応をみてきた。そこでは、自らの言動に確信をもち強い使命感のもとで自身の職責を果たそうとする宣教師たちのイメージが描かれた。しかし、実際には、文明化の主体である宣教師の立場は脆弱で不安定であることも多かった。本節と次節でみていくように、拡大する植民地支配と文明・キリスト教を逆手にとって巧みに生存戦略をめぐらせるアフリカ人の間で、宣教師たちは翻弄され、苦悩したのである。

　ベチュアナランド南部において、1880年代前半は争乱の時代であった。主因は、イギリスによる南アフリカ連邦化構想の破綻と、その帰結としての第一次ブール戦争およびアフリカ人諸集団間の争いの激化にある。1870年代から1880年代初頭にかけて、イギリスは自らの政治的・経済的覇権の強化を目的に、南部アフリカの英領植民地とブール人共和国（トランスヴァール、オレンジ自由国）を統合した英領南アフリカ連邦の創設を試みた（Goodfellow, 1966; Etherington, 1979; Cope, 1987）。連邦化が推進される過程で、トランスヴァールは1877年4月にイギリスに併合された。だが、イギリス支配への不満はやがて武装蜂起（第一次ブール戦争）に発展し、ブール人はイギリス軍を打ち破った。同じ頃、トランスヴァールに隣接するベチュアナランド南部でも、アフリカ人同士の対立が生じていた。本節では、タウン（Taung）を拠点としLMSとも密接な関係を有していたツワナ系タピンの動向に焦点をあてて、南部ベチュアナランドの動乱と植民地化を契機にタピンと宣教師の関係がどう変化したのか、また、その過程で前者が文明やキリスト教をどう利用し

ようとしたのかをみていく。

　1880年代前半、マンクルワネ（Mankurwane）をコシとするタウンのタピンは、近隣に居住するコラ（Kora）と支配領域や家畜の争奪をめぐり対立を深めていた。ここに、第一次ブール戦争に勝利したトランスヴァールのブール人を主体とする白人勢力が介入することで、混乱に拍車がかかった。コラが白人勢力の支援を得てタウンのタピンを攻め立てると、マンクルワネはイギリスに支援を依頼した。しかし、ブール人とのさらなる対立を避けたいイギリスは、介入を躊躇した。1882年9月、マンクルワネは降伏し、白人勢力との間で良質な土地の割譲を含む「講和条約」を締結した。白人たちは、タピンから奪った土地にステラランド共和国という国家の樹立を宣言した。1884年2月、ベチュアナランドの混乱をめぐるイギリス政府とトランスヴァール代表団との協議の結果、ロンドン協定が結ばれた。同協定のもとで、ベチュアナランドはイギリスの保護下に置かれることとなった。現地でイギリス政府を代表する弁務官代理には、LMS宣教師でイギリスによるベチュアナランド併合を強く主張してきたジョン・マッケンジーが任命された。しかし、ロンドン協定の締結は、ベチュアナランドに秩序をもたらさなかった。行政組織の整備の遅れ、わけても警察力の不足のため、混乱はその後も続いた。同年6月にツワナに対する白人勢力の攻撃が再開されると、マッケンジーは辞任を強要され、ブール人との和解を志向するケープ植民地政府の意を受けたケープ議会議員セシル・ローズが後任に据えられた。

　1884年後半になると、イギリス国内ではベチュアナランドへの介入を求める世論が高まりをみせる。そうしたなかで、同年8月にドイツがベチュアナランドに隣接する地域で南西アフリカ植民地（現在のナミビア）の創設を宣言すると、トランスヴァールとドイツが協調して南部アフリカのイギリス権益を脅かす可能性が取り沙汰されるようになる。この状況下で、イギリス政府はついに帝国拡大政策に転じ、1885年1月にベチュアナランドの併合を宣言した。同年9月、ベチュアナランドは二分され、モロポ川を境に南部は直轄植民地英領ベチュアナランドに、北部はより間接的な支配形態をとるベチュアナランド保護領[4]になった（Schreuder, 1980: ch.8; Shillington, 1985: 168-174）。

3・2　タピンとLMS宣教団──1880年代前半の争乱への対応をめぐって

　LMSは、長年にわたりタウンのタピンを対象に宣教活動を行ってきた。コ

シのマンクルワネも、改宗こそしなかったものの、自身の子どもたちをLMS
のミッション学校に送るなど宣教団と友好的な関係を築いてきた。ゆえに、
1880年代前半の争乱でタピンが窮地に立つと、宣教師たちはタピンを敵対勢
力の攻撃から保護すべくイギリス政府の介入を要請した。ベテラン宣教師のウ
ィリアム・アシュトンは、南部アフリカのイギリス植民地行政を統轄する南ア
フリカ高等弁務官ロビンソンに書簡を送り、「白人勢力がタピンの土地を占領
するのを防ぐためにイギリスの介入」★5 を求めた。同様に、LMS宣教師のA・
J・ウーキーも、「イギリス政府が介入するかこの土地を併合するかしなけれ
ば私たちの前途は暗い」★6 として、迅速な対応を促した。

　LMS宣教師のなかで、この時期に最も目立った政治活動を行ったのはジョ
ン・マッケンジーであった。当時、休暇でイギリスに滞在中だったマッケンジ
ーは、さまざまな雑誌や新聞に寄稿して、ベチュアナランドの重要性を訴えた。
『パル・マル・ガゼット』紙に寄稿した記事で、マッケンジーは次のように主
張してイギリスによるベチュアナランド併合の意義を唱えた。

　　もしベチュアナランドがトランスヴァール領になれば、イングランド人の
　　事業によって開拓された南部アフリカにおけるもっとも美しく、豊かで、
　　魅力的な土地を自ら手放すことになるだろう。ベチュアナランドは〔アフ
　　リカ大陸〕内陸部へと至る要衝であり、南部アフリカにおける政治的覇権
　　の要諦なのだ。　　　　　　　　　　　　　　（Sillery, 1971: 77 より再引用）

宣教師でありながら政治活動に長け、イギリスの政治家や経済人の信頼を得た
マッケンジーは、上述のように1884年2月のロンドン協定締結後に弁務官代
理に任命された。もっとも、マッケンジーのあまりに直接的な植民地化の唱道
と彼の行政官への就任に対して、疑義を示す同僚もいた。LMS宣教師ジョン・
ブラウンは、以下のように述べている。

　　私見では、〔ヨーロッパ人によるベチュアナランドの植民地化が〕大多数
　　のツワナにとって歓迎すべきこととは到底思えない。その緊急性と合理性
　　をよく理解したうえで、私は、宣教師がそれに関与する度合いが少ない方
　　が望ましいと考える。〔…〕私は、最近のマッケンジー氏の言動に少々嫌
　　気がさしていると言わざるを得ない。彼は今、イギリスによる植民地化の
　　唱道者として振る舞っているようにみえる。白人植民者が原住民の土地を

併合することを唱えて宣教師がケープ植民地を遊説して回るという光景
は、間違いなく前代未聞のことである★7。

宣教師がどこまで政治問題に介入すべきかについて、宣教師の間でも意見の相
違があったのである。

　その一方で、LMS宣教団がその保護を唱えたタピンも決して一枚岩ではな
かった。タピン内部にもさまざまな集団があり、それぞれの思惑は多様であっ
た。ディハトンを拠点とするタピンのコシであるルカ・ヤンィキ（Luka
Jantjie）は、当時、タウンのマンクルワネと対抗関係にあった。ルカは、マ
ンクルワネがあたかもタピン全体の最高権力者のごとく振る舞っていることに
憤慨しており、そうした不満をイギリス政府に伝達するようLMS宣教師に求
めた。宣教師たちはルカの要請を無下に断ることができなかった。ディハトン
は長年に渡りLMSの拠点であり、ルカの父親も有力なキリスト教徒だったか
らである。実際、1878年にルカとその父親がイギリス政府との土地をめぐる
係争から反乱を企てたとして逮捕された時も★8、一部のLMS宣教師はイギリ
ス政府が現地住民の同意なく土地を没収したことが反乱の原因だとして、むし
ろツワナを擁護する姿勢をみせた★9。

　ルカとマンクルワネの双方と密接な関係を有していたことは、LMS宣教団
を困難な状況に追い込むことになった。対立する両者から支援を求められた宣
教師たちは、マンクルワネとルカの間で板挟みとなってしまったからである。
結局、宣教師たちはどちらにも肩入れせずに中立を維持するという方針を選ん
だ。「異なる部族の教師としての立場からすると、宣教師は中立的姿勢を維持し、
すべての関係者と友好的な姿勢を取らざるを得ない」★10のであった。

　しかし、LMS宣教師の支援をあてにしていたツワナからすると、中立とい
う方針は受け容れがたいものであった。この頃から、アフリカ人と宣教師の関
係は大きく転回し始める。ルカは、ベチュアナランドにおけるLMSの本拠地
であるクルマンの領有権を主張することで宣教団の活動を妨害しようとし、さ
らにはケープ植民地の白人植民者の助力を得てマンクルワネの勢力を攻撃しよ
うとした。マンクルワネは、元LMS宣教師で弁務官代理のマッケンジーに助
言を求めたが、後者はイギリス政府を信頼するように諭すだけで具体的な支援
を提供しようとはしなかった。LMS宣教師たちの姿勢に失望したマンクルワ
ネは、「宣教師であれそれ以外の人々であれ、自分の権威を弱める言動をする
者はみなこの国から出ていけ」と述べるなど宣教団への苛立ちを強めていった。

さらに彼は、「自分はだまされた」と言い、「イギリス人はブール人以上の敵である」と考えるようになっていった★11。

3・3　ツワナと宣教師の対立——土地法廷と教会の分裂

　1880年代後半、マンクルワネとLMS宣教師たちの関係は悪化の一途をたどった。両者の亀裂は、LMS宣教団の土地所有をめぐる法廷での対立、およびマンクルワネの拠点であるタウンの教会の分裂というかたちで顕在化した。二つの事例は相互に関連し合っていたが、まずは土地法廷からみていきたい。

　1885年に英領ベチュアナランドとしてイギリスの直轄植民地となったベチュアナランド南部では、アフリカ人に対する植民地支配の確立と強化がはかられた。その第一歩となったのが、1886年の南ベチュアナランド土地法廷である。英領ベチュアナランド統治官シドニー・シッパードを長とするこの裁判では、1880年代前半の争乱の後処理として土地所有の問題が審議されたが、そこではアフリカ人の主張の多くが棄却された。とりわけ、経済生活の基盤たる牧畜の営為に不可欠な牧草地が無主の荒地と認定され、その所有が否定されたことは、ツワナ社会に大きな打撃を与えた。土地法廷の最終判決では、先住民に植民地全領域のわずか8％の土地が割り当てられる一方、白人植民者には13％の土地が付与された。残りは王領とされ、順次売却される方針がとられた。さらに、土地法廷はアフリカ人の土地所有そのものを否定した。その結果、先住民は居留地（reserve）に居住を限定されることとなった（Hall, 1973; Shillington, 1985: 174-179）。

　土地法廷では、マンクルワネとLMS宣教団の対立が浮き彫りになった。同法廷で、LMSは宣教拠点の土地所有権を主張したが、ドノヴァンという白人商人がこれに異議を申し立てた。審理の過程でドノヴァン側証人として証言台に立ったのは、他ならぬマンクルワネだった。ドノヴァンと商業上の関係が深かったマンクルワネは、法廷でLMSに不利な証言をして宣教団を窮地に陥れた★12。最終的にLMSの主張の多くは認められたが、宣教団の中心地クルマンの水利権が政府に没収されてしまった。LMSにとって手痛い打撃だった。

　土地法廷での対決に加えて、マンクルワネとLMSはタウンの教会運営をめぐっても対立状態にあった。この頃、タウン駐在の宣教師ジョン・ブラウンは、教会員で教師でもあるマツァウ（Matsau）と献金の管理をめぐり対立していた。ブラウンはマツァウを罷免し、さらに後者を支持した有力な信徒たちも処罰した。その一方で、罷免されたマツァウはマンクルワネと親しかったので、

マツァウの処分をめぐりコシと宣教師の関係は悪化していった。一連の出来事は前述した土地法廷の審理と並行して継起しており、同法廷でのマンクルワネの振る舞いの背景にタウンの教会をめぐるブラウンとの対立があったことは想像に難くない★13。教会が分裂状態にあると知ったマンクルワネは、混乱に乗じて教会と教会員を自らの統制下に置くことを企んだ。彼はまずブラウンに説教中止を通告し、以降の礼拝は自身の住居でマツァウが執り行うことを宣言した。すると、約二十名の信徒が教会を去りマツァウに合流した。その後、マツァウと彼の支持者たちは新しい教会を創設し、マンクルワネをその首長に据えた。アフリカ人のコシをトップに戴く教会は一見すると奇異に映るが、マンクルワネらは英・国教会を引き合いにこれを正当化しようとした。国教会では、イギリス国王が「至高の統治者（supreme governor）」の地位を占めている。ならば、コシであるマンクルワネを首長とする教会を創設することに何の問題があろうか。予期せぬツワナ信徒らの動きに、ブラウンは明らかに狼狽したようである。

> 自らが支配する人々に対して宗教を教える体制を整えるのはチーフ〔コシ〕の排他的権利である、とチーフ〔マンクルワネ〕は主張しています。誰かが〔イギリスにおける〕女王の立場について説明したに違いありません★14。

　結果として、新教会は勢力を拡大できず、のちにマンクルワネとマツァウはLMSと和解した。以上の顛末は先行研究でも触れられているが（例えば、Comaroff and Comaroff, 1997: 93-96）、本稿で強調したいのは次のことである。すなわち、1880年代における南部ベチュアナランド情勢のめまぐるしい変化の過程で、LMS宣教師たちは植民地化とそれをひとつの契機とするアフリカ人同士の対立に否応なく絡め取られていった。ツワナは、政体の自立と統合を維持するために、状況に応じて異なる勢力と連携したり、「文明国」イギリスの制度を模倣したりするなど複雑な動きをみせたが、それは時に宣教師を窮地に追い込むこととなった。先行研究は帝国主義の尖兵、文明化の強力なエージェントとしての宣教師像を描く傾向が強く、それ自体はもちろん正しい。だがその一方で、宣教の現場をつぶさに観察すると、変化する政治社会情勢に振り回されて苦悩する宣教師たちの姿もみえてくる。文明化の主体である宣教師たちの立場は、常に盤石なわけではなかったのである。

4　翻弄される宣教師
—— 1880〜90年代のベチュアナランド北部

4・1　ベチュアナランド保護領とイギリス南アフリカ会社

　1885年にベチュアナランドがイギリスに併合されたとき、モロポ川以北の地域はより間接的な統治形態をとるベチュアナランド保護領とされた。1880年代後半になると、現地の英領植民地が主導するかたちでイギリス帝国の拡大を目指す動きが顕著になってくる。ここで中心的な役割を果たしたのが、ケープ植民地首相セシル・ローズである。地域経済を牽引するダイヤモンド鉱業と金鉱業の大立者であるローズは、南部アフリカにおけるイギリスの覇権をケープの主導下で確立する構想を抱いていた。自らの野心を実現するために、ローズはヴィクトリア女王から特許状を得て1889年にイギリス南アフリカ会社（British South Africa Company: BSAC）を設立した。BSACはベチュアナランド北方に位置するマタベレランドとマショナランド（現ジンバブエ）の征服を開始したが、その過程でローズの関心はベチュアナランド保護領に向いた。中央アフリカ進出を企むBSACにとって、同地が絶好の前線基地になると思われたからである。こうしてローズは、ベチュアナランド保護領の統治権をBSACに委譲するようイギリス政府に打診した。イギリス政府もまた、帝国統治費用削減の観点からローズの申し出に前向きな姿勢を示した（Maylam, 1980）。

　BSACの動きは、ベチュアナランド保護領に住むツワナの強い反発を引き起こした。1895年、保護領内に拠点をもつ三人のツワナ・コシがロンドンに赴き、BSACへの権限委譲撤回を求めてイギリス政府と直接交渉に臨んだ。折しも、南アフリカでは、トランスヴァールで反乱を誘発して同地を占領しようとしたローズの試み（ジェイムソン侵攻事件）が失敗に終わり、ローズは失脚した。ローズとBSACへの風当たりは強まり、ベチュアナランド保護領の統治権委譲は取りやめとなった。

4・2　文明とキリスト教の受容と活用

　のちにベチュアナランド保護領と呼ばれる地域において、LMSが宣教活動を開始したのは、19世紀半ばであった。同地での宣教は、いずれもツワナ系のクウェナ、ングワト、ングワケツェを主たる対象に行われたが、ここではク

ウェナとングワトに対する宣教活動の展開をみておきたい。

　クウェナでは、コシのセチェレが1848年に改宗してキリスト教徒となった。彼は自ら西洋文明を受け容れて、洋服を着用したり西洋料理を食したりした。また、読み書きを学び伝道師として活動しつつ、自身の子どもたちをミッション学校で学ばせた。宣教師たちは、「文明の点で驚くほど進んでいる」としてセチェレを高く評価した（Voltz, 2011: 142より再引用）。その一方で、彼は改宗後もツワナのコシとしての務めを果たそうとし、雨乞いやイニシエーションなどの行事を取り仕切ったり（一部は弟に委任）、一夫多妻制を許容したりした（自らは一人しか妻を持たなかった）。敬虔なキリスト教徒でありながら「異教的」儀礼や慣習を容認するセチェレの姿勢★15に、宣教師たちは戸惑いを隠せなかった。1866年には、LMS宣教師ロジャー・プライスが伝統儀礼への参加を理由にセチェレの礼拝出席を拒否するという事件がおきたが、この時には教会員の支持を取り付けたセチェレが反撃し、逆にプライスを追い出すことに成功している（Chirenje, 1976: 406-411; Voltz, 2011: 142-147, 240）。

　さらに興味深いのは、キリスト教についての深い知識をもつセチェレが、「文明国」のキリスト教徒（白人）を批判している点である。例えば彼は、領土獲得のための戦争に明け暮れる白人に言及しつつ、「〔宣教師は〕まず自国の同胞のもとに行き改宗させなさい。その後で私たちの所に来なさい」（Voltz, 2011: 148より再引用）と述べている。また、ベチュアナランド支配を目論むブール人やイギリスを評して、「イングランド人は神の言葉を知らないのか？ブール人は神の言葉を知らないのか？〔…〕私たちは神の言葉とその教えを知っている。ブール人は私たちを殺すことばかり考えているので、自分自身の魂について考える時間がないのだろう」（Voltz, 2011: 149より再引用）と皮肉めいた発言も残してもいる。ここには、西洋文明とキリスト教を受容したアフリカ人が、新たに獲得した知識を拠り所に逆に「文明」を批判する姿がみられる。

　19世紀後半から20世紀初頭のベチュアナランドで、キリスト教徒のコシとしてセチェレと並ぶ名声を博したのが、ングワトのカーマであった。カーマは父親からコシの地位を簒奪し、1872年にングワトの支配者としての地位を確立した。有力者の多くもキリスト教徒であったングワト社会において、キリスト教徒としての立場とコシとしての立場を両立するために、カーマは宣教師の助言を受けながら、伝統儀礼の再編をはかった。農作物の収穫を祝う感謝祭でキリスト教式の祝禱を導入したり、キリスト教式の祈禱により雨乞いの儀式を

執り行ったりするなど、「伝統」と「キリスト教」が融合した新たな儀礼が考案された。カーマは西洋文明とキリスト教を受容した理想のアフリカ人指導者として、イギリスで賞賛された（Landau, 1995: 7-8, 24-29, 61-64）。

　もっとも、セチェレと同様、カーマも宣教師にとって一筋縄ではいかない相手だった。敬虔なキリスト教徒としての顔の一方で、カーマは宗教を自らの政治権力の強化に利用しようとした。そうした姿勢は時に、宣教師との対立を招くこともあった。1890年代初頭、長年に渡りングワト社会で活動しカーマの信頼を得てきたLMS宣教師J・D・ヘップバーンは、新しい教会堂の建設を計画していた。カーマは工事を手伝うための人足を派遣したが、その多くがキリスト教徒ではなかったので、ヘップバーンは支援を謝絶した。こうした姿勢はイギリスにおけるプロテスタント教会の規範に則ったものだったが、カーマはこれを自身に対する侮辱と受け取った。クリスチャン・コシであるカーマは教会堂の建設を自らが主催する「国家事業」と考えており、その推進を手伝おうとしたにもかかわらず、宣教師は支援を断った。せっかくの好意を拒絶され、面子をつぶされた。そう考えたカーマは、ングワトの信徒たちを集めて「お前たちを呼び出したのは私だ。お前たちはヘップバーンの信徒ではない。〔…〕私の信徒だ」（Landau, 1995: 34より再引用）と警告した。こうして、ヘップバーンとカーマの関係に修復しがたい亀裂が生じた（Landau, 1995: 31-34）。

　カーマとのいさかいに加えて、この頃のヘップバーンは同僚宣教師たちとの関係にも悩んでいた。LMS宣教団が決して一枚岩ではなかったことは前節でも述べたが、1880年代末から90年代初頭の宣教団内部では宣教師たちの対立が表面化していた。19世紀後半のベチュアナランドでは、同地の宣教事業のパイオニアでイギリス本国でも高名なロバート・モファットが隠然たる影響力を保持していた。モファットの影響力に批判的な宣教師も少なくないなかで[16]、彼の引退後に指導的な立場に就いたのがロジャー・プライスだった。しかし、プライスはモファットの娘婿であったことから、「プライスがかつてのモファットになるのを阻止する」動きが一部LMS宣教師の間でみられた。反プライス派はヘップバーンに接触したが、彼がそれを批判する書簡[17]を公にしたことから宣教団の内部対立は決定的なものとなり[18]、ヘップバーンは多くの同僚を敵に回すことになった。

　その後、心身ともに疲弊してケープタウンでの療養を余儀なくされていたヘップバーンのもとに、カーマから書簡が届いた。そこには、「教会は私のものだ。

議論は無用」（Landau, 1995: 34より再引用）としたためられていた。「完全にうちひしがれた」（Landau, 1995: 35）ヘップバーンは、1895年にケープタウンで息を引き取った。

　カーマと宣教師の対立の背景には、「宗教」と「政治」の関係についての異なる理解があったとされる。19世紀後半のイギリスでは、公定教会としての国教会は存在するものの、国教会に属さない非国教徒も自らの方式や教義で神を崇拝することが許容されており、政治と宗教を分けて考える姿勢が大勢になりつつあった。しかし、ツワナ社会では、政治的な指導者であるコシが同時に祖霊信仰に基づく儀礼を主宰するなど、（西洋的な意味での）「宗教」と「政治」は密接不可分の関係にあった。宣教師たちは、政治指導者としてのカーマの権威を承認する一方で、自らは宗教の領域（教会運営）における指導者として振る舞おうとしたが、そのような区別はツワナにとってなじみのないものであり、理解することができなかった。カーマもまた「政治」と「宗教」を分けるという西洋近代に特有の思想を受け容れることができず、ツワナのコシである自分が双方の領域で卓越的地位にあるのは当然だと考えていた。ングワト社会に成立した独自の支配体系は、キリスト教と文明を自己流に受容したカーマが、伝統的政治指導者として、また、キリスト教徒として、日常生活を実践していくなかで新たに構築された秩序であった。あるべき社会のあり方に対する認識の違いが、宣教師とカーマの間で対立を生じさせたと言える（Voltz, 2011: ch.3）。

　その後も、LMS宣教師たちは、教会運営の権限をカーマから取り戻そうと試みたが、カーマとングワト信徒たちの反対にあって挫折した。最終的に、LMSもカーマの主張を認めることとし、ングワトの教会は文字通り「カーマの教会」になった。1920年代までにキリスト教はエリート層以外にも徐々に拡大し、ある研究者の言葉を借りれば、キリスト教を信仰してキリスト教徒として適切に振る舞うことがングワトの「ナショナリズム」の柱となっていった（Landau, 1995: 51-52, 77-80）。ベチュアナランド北部において、ツワナは西洋文明とキリスト教を自らの文化の体系にあてはめながら受容し、それをさまざまな目的に活用しようとしたのであった。

4・3　宣教師、ツワナ、イギリス帝国

　LMS宣教師は、コシや改宗者がキリスト教を政治的に利用したり教会運営の権限を独占したりすることに批判的だった。そうした振る舞いを抑制すべく、彼らはベチュアナランド保護領でのイギリス支配の強化を求めることもあっ

た。A・J・ウーキーは、次のように述べている。

> イギリス政府は、すべての部族に十分な土地を与え、残りを〔ヨーロッパ人の〕農地とすることで、この国を併合し治めることができる。〔…〕政府はまず、すべての人々の要望と必要を綿密に検討し、この地を平定し、その後、チーフたちの悪行を阻止するためにその権限を抑制すべきである。チーフではなく、人々が何を必要としているのかを調査してもらいたい。そのうえで、十分に練りあげられ着実に履行される確固たる政策を求めたい[19]。

この発言からは、ウーキーが、統治者（チーフ／コシ）と人々を区別し、前者の言動と権限を取り締まることが後者の幸福と安寧につながると考え、その実行を求めていたことが分かる。それは為政者と市民社会を分けて考える西洋特有の政治社会観を反映しており、そうした原理に依拠した社会がベチュアナランドで実現すること──すなわち文明化──への強い期待の表明でもあった。

　宣教師たちから懐疑的にみられていたツワナの有力者たちは、自らの権力と権威を維持するためにイギリスのさらなる介入を警戒する一方で、必要とあらば宣教師とイギリスを活用することをいとわなかった。上述の通り、1890年代にセシル・ローズがベチュアナランド保護領統治権のBSACへの移管を提起すると、保護領のツワナ・コシらは反対を唱えた。BSACの統治下で白人入植者が増加し、土地と権威を失うことで自らの地位と共同体の存立が脅かされるのを恐れたからである[20]。英領ベチュアナランドでの土地法廷の展開をみれば、そうした懸念は決して根拠のないものではなかった。ローズの計画を阻止すべく、ツワナは行動をおこすことを決めた。正式なルートに則れば、植民地支配に関わる要望はまず南部アフリカのイギリス領を統轄する高等弁務官に提出されねばならない。しかし、ツワナは高等弁務官を不信の目でみていた。LMS宣教師W・C・ウィロビーは、ングワトのカーマが「高等弁務官をまったく信用していない。〔というのも、〕彼が正しく認識している通り、高等弁務官はローズの操り人形に過ぎない〔からだ〕」[21]と報告している。高等弁務官が当てにならないとすれば、残された手段はイギリス植民地行政全般を監督するロンドンの帝国政府との直接交渉に限られる。1895年、BSACへの保護領統治権委譲に反対するために、三人のコシ──ングワトのカーマ、ングワケツェのバトエン、クウェナのセベレ──がイギリスに赴いて帝国政府に直接ツワ

ナの要望を伝えようとした。三人はLMSの支援を取り付け、ウィロビーの引率で海を渡った。結果は既に述べた通りで、保護領統治権のBSACへの委譲は撤回された。こうして、ローズの自滅という偶然に助けられたとは言え、三人のツワナ・コシはイギリス政府から望み通りの回答を得て帰路についたのであった（Parsons, 1998）。

　以上のエピソードは、宣教師、ツワナ、イギリス帝国の協調関係を象徴するものかのようにみえる。しかし、これによって三者の関係が相互の信頼に基づく強固なものへと発展したわけではなかった。表面的な友好にもかかわらず、水面下では相互不信が続いた。まず宣教師の反応をみると、彼らの一部、例えばジョン・マッケンジーは、今後も同様の事態がおこりえるとの懸念から、保護領という間接的な統治形態を存続させるイギリス政府の方針に疑問を呈した★22。他方で、ロジャー・プライスは、保護領支配が維持されることでアフリカ人有力者の権力が十分に監視されない状態が続くことに懸念を表明した。とりわけカーマの「独裁的傾向」を憂慮していた彼は、次のように述べている。

　　〔カーマの〕理想は、自らが支配する人々が今後も自身の忠実なしもべでいることであり、それこそが人々と自身の利益になると考えている。〔…〕カーマは我々にこのように言った。英語やその他の教育は必要ない。ただ自分の民に神の言葉を教えてくれるだけでよいのだ★23。

宣教師が嫌うコシらによる「宗教の政治利用」を抑制できない以上、保護領という統治形態が存続することは「物事の本質に照らして恒久的であってはならない」★24というのがプライスの見解であった。

　他方で、ツワナもまた、今回の件を経てもなお、西洋文明の総本山にして宗主国であるイギリスを完全に信用したわけではなかった。1896年、南部アフリカで大規模なリンダーペスト（牛疫）が発生すると、ベチュアナランド保護領でも病気に罹患した家畜が多く死に、現地のツワナ社会は危機的状況に陥った。アフリカ人が直面した困難をみて、ロンドンでは南アフリカ高等弁務官ロックを発起人とするチャリティ基金が設立され、ベチュアナランドに支援の手が差し伸べられることになった。ところが、保護領のコシたちは救援を受け取るのを拒否したのである。クウェナのセベレはその理由をこう語る。

　　支援の申し出は誤った経路でなされた。政府の役人が宣教師に状況報告を

依頼したという事実を知り、私たちは支援の申し出を疑いの目でみるように
なった。政府のこれまでの対応が誠実であったとは言い難い★25。

最終的に破談になったとは言え、一時はアフリカ人の声を無視して保護領統治
の委譲に前向きだったイギリス政府に対する不信感はいまだに拭われていなか
った。ここで高等弁務官を発起人とするチャリティ基金──形式的には民間事
業だが公的な色合いが強い──からの支援を受け取れば、それにつけ込むかた
ちで今後イギリスの介入が強まるかもしれない。セベレの言葉からは、温情を
受け取ることでイギリスに「借り」を作りたくないという警戒心を読み取るこ
とができる。同様に、ングワトのカーマもまた、「政府から助けを受けることで、
〔政府が〕人々の心を奪ってしまうのではないか」★26との理由から救援を謝絶
した。救済は当事者を権力関係のもとに編成する。救済する側は救済される側
に対して立場が強く、両者の関係は対等ではないからである。そのことを理解
しているカーマは、イギリスの支援を受け取ることで、支配下にある人々がコ
シよりもイギリスの方が上位の立場にあることを分かってしまい、それが自ら
の権威を損なうことを憂慮したのである。

　植民地化の波が押し寄せるなかで、ツワナは、キリスト教化および文明化を
推進する宣教師とイギリス帝国を自らの都合にあわせて巧妙に利用しようとし
た。卓越した政治力をもつツワナ指導者のもとでは、宣教師の立場は時に不安
定で受動的でもあった。文明化の主体である白人がその客体であるアフリカ人
に対して、常に主導権を握れたわけではなかったのである。

おわりに

　本稿は、19世紀ベチュアナランドにおけるLMS宣教師の動向を中心に、「文
明化の作用」という問題を考察してきた。宣教師たちは、同時代のイギリスに
おける福音主義キリスト教の規範と社会観を拠り所に、ベチュアナランドにキ
リスト教と西洋文明を移植しようとした。そして、それが成功するためには「適
切な」性別役割分業に基づくクリスチャンホームの構築と普及が不可欠だと考
え、とくにツワナ社会におけるジェンダー関係の刷新に熱心に取り組んだ。ま
た、宣教師のなかには、イギリス帝国支配のもとでこそ宣教と文明化の事業が
より効率的に推進されると考え、植民地の拡大を唱道する者もいた。

　しかし、宣教師による文明化のプロジェクトは、常に計画通りに進展したわ

けではなかった。西洋式農業を普及させることでツワナのジェンダー規範をも再編しようという試みは、しばしば強い抵抗に直面したし、現地社会内部の格差を拡大させるという予期せぬ結果をもたらすことにもなった。さらに、ツワナのなかには、文明とキリスト教を逆手に取って、「文明国」による植民地支配に対抗したり、自らの権威と権力の強化に利用したりする動きもみられた。ツワナは西洋の思想を自らの文化体系や所与の歴史状況に即して受容し、それを基盤に時に新しい制度や儀礼を創出しながら、帝国主義の時代を生き抜こうとした。アフリカ人の巧妙な戦略の前に、文明化の主体である宣教師はしばしば翻弄され苦悩したのであった。19世紀ベチュアナランドにおける文明化の試みは、さまざまな作用、反作用、副作用を引きおこしながら、そこを舞台に活動したアクターたちの動向と相互関係を複雑に規定していたのである。

注

★1　なお、宣教師自身のジェンダー表象はきわめて興味深い問題だが、本稿では十分に扱っておらず、別稿での検討課題としたい。この問題については、さしあたり Cleall, 2012を参照。

★2　こうした一般化にあてはまらない宣教師もいる。例えば、すぐ後にでてくるヨハネス・ファン・デル・ケンプは、オランダの裕福な家に生まれた元軍人、医師であった。

★3　Council for World Mission Archive（以下、CWM）, London Missionary Society（以下、LMS）, South Africa Incoming Correspondence（以下、SAIC）, 40/1/C Mackenzie to Acting Foreign Secretary, 3 Jun 1879.

★4　保護領は、イギリスの帝国支配地域のうち、間接的な統治の形態をとる地域を言う。そこでは、現地指導者の地位と支配権の温存がはかられ、従来までの政治・社会制度を利用した間接的な支配体制がとられた。

★5　CWM, LMS, SAIC, 42/1/A, Ashton to Whitehouse, 16 Jan 1883.

★6　CWM, LMS, SAIC, 42/1/A, Wookey to Whitehouse, 12 Jan 1883.

★7　CWM, LMS, SAIC, 42/3/D, Brown to Thompson, 16 Dec 16 1884.

★8　1878年の反乱については、次を参照。Shillington, 1985: 74-82; Theron, 2003: 34-35.

★9　CWM, LMS, SAIC, 39/3/B, Ashton to Mullens, 25 Jun 1878; CWM, LMS, SAIC, 39/3/C, Ashton to Mullens, 3 Sep 1878.

★10　CWM, LMS, SAIC, 41/3/D, Brown to Thompson, 29 Sep 1882.

★11　CWM, LMS, SAIC, 41/3/D, Brown to Thompson, 29 Sep 1882.

★12　CWM, LMS, SAIC, 44/1/A, Brown to Thompson, 8 Mar 1886.

★13　土地法廷には、マンクルワネだけでなくマツァウとその支持者たちもドノヴァン側証人として出廷し、LMSの主張を論駁しようとした。

★14　CWM, LMS, SAIC, 46/1/A, Brown to Thompson, 12 Jan 1889.

★15　ただし、セチェレは『旧約聖書』に描かれたダヴィデの生涯を例えに出して、一夫多妻制が神の教えに背くものではないと反論した。

★16　ジョン・ブラウン、ジョン・マッケンジー、ウィリアム・アシュトンらは、「モファット王朝」への批判を述べている（例えば、CWM, LMS, SAIC, 38/1/B, Mackenzie to Mullens, 29 Oct 1875）。

★17　CWM, LMS, SAIC, 46/1/B, Hepburn to Thompson, 21 Mar 1889.

★18　CWM, LMS, SAIC, 46/1/B, Ashton to Thomson, 26 Mar 1889.

★19　CWM, LMS, SAIC, 45/4/E, Wookey to Thompson, 15 Nov 1888.

★20　CWM, LMS, SAIC, 51/1/B, Willoughby to Thompson, 16 Mar 1894.

★21　CWM, LMS, SAIC, 51/1/B, Willoughby to Thompson, 31 Dec 1894.

★22　CWM, LMS, SAIC, 53/5/A, Mackenzie to Thompson, 16 Jan 1896.

★23　CWM, LMS, SAIC, 53/1/A, Price to Thompson, 10 Jan 1896.

★24　CWM, LMS, SAIC, 53/1/A, Price to Thompson, 10 Jan 1896.

★25　CWM, LMS, SAIC, 53/3/A, Williams to Thompson, 21 Jul 1896.

★26　CWM, LMS, SAIC, 53/3/B, Willoughby to Thompson, 12 Oct 1896.

参考文献

五十嵐元道『支配する人道主義——植民地統治から平和構築まで』岩波書店、2016年。

木畑洋一『イギリス帝国と帝国主義——比較と関係の視座』有志舎、2008年。

平野千果子『フランス植民地主義の歴史——奴隷制廃止から植民地帝国の崩壊まで』人文書院、2002年。

ポーター、アンドリュー・N編著（横井勝彦・山本正訳）『大英帝国歴史地図——イギリス海外進出の軌跡［1480年〜現代］』東洋書林、1996年。

Chirenje, J. M., "Church, State, and Education in Bechuanaland in the Nineteenth Century," *International Journal of African Historical Studies*, Vol. 9, Issue 3, 1976, pp. 401-418.

Cleall, Esme, *Missionary Discourses of Difference: Negotiation Otherness in the British Empire, 1840-1900*, Basingstoke: Palgrave Macmillan, 2012.

Comaroff, Jean and Comaroff, John, *Of Revelation and Revolution* vol. 1: Christianity, *Colonialism, and Consciousness in South Africa*, Chicago; London: University of Chicago Press, 1991.

―――, *Of Revelation and Revolution* vol. 2: *The Dialectics of Modernity on a South African Frontie*r, Chicago; London: University of Chicago Press, 1997.

Comaroff, John and Comaroff, Jean, "Cultivation, Christiantiy and Colonialism: Towards a New African Genesis", in John de Gruchy ed., *The London Missionary Society in Southern Africa, 1799-1999: Historical Essays in Celebration of the Bicentenary of the LMS in Southern Africa*, Athens, OH: Ohio University Press, 2000, pp.55-81.

Cope, R. L., "Local Imperatives and Imperial Policy: The Sources of Lord

Carnarvon's South African Policy," *International Journal of African Historical Studies*, Vol. 20, Issue 4, 1987, pp. 601-626.

Dachs, A. J., "Missionary Imperialism: The Case of Bechuanaland," *Journal of African History*, Vol. 13, Issue 4, 1972, pp. 647-658.

Elbourne, Elizabeth, *Blood Ground: Colonialism, Missions, and the Contest for Christianity in the Cape Colony and Britain, 1799-1853*, Montreal; Kingston: McGill-Queen's University Press, 2002.

Etherington, N. A., "Labour Supply and the Genesis of South African Confederation in the 1870s," *Journal of African History*, vol. 20, Issue 2, 1979, pp. 235-253.

Goodfellow, C. F., *Great Britain and South African Confederation 1870-1881*, Cape Town: Oxford University Press, 1966.

Hall, K. O., "British Bechuanaland: The Price of Protection," *International Journal of African Historical Studies*, Vol. 6, Issue 2, 1973, pp. 183-197.

―――,"Humanitarianism and Racial Subordination: John Mackenzie and the Transformation of Tswana Society," *International Journal of African Historical Studies*, Vol. 8, Issue 1, 1975, pp. 97-110.

Landau, P. S., *The Realm of the Word: Language, Gender, and Christianity in a Southern African Kingdom*, Portsmouth, NH: Heinemann; Cape Town: David Philip; London: James Currey, 1995.

Maylam, Paul, *Rhodes, the Tswana, and the British: Colonisation, Collaboration, and Conflict in the Bechuanaland Protectorate, 1885-1899*, Westport; London: Greenwood, 1980.

Parsons, N. Q., *King Khama, Emperor Joe, and the Great White Queen: Victorian Britain through African Eyes*, Chicago; London: University of Chicago Press, 1998.

Schreuder, D. M., *The Scramble for Southern Africa 1877-1895*, Cambridge: Cambridge University Press, 1980.

Shillington, Kevin, *The Colonisation of the Southern Tswana 1870-1900*, Johannesburg: Ravan Press, 1985.

Sillery, Anthony, *John Mackenzie of Bechuanaland: A Study in Humanitarian Imperialism, 1835-1899*, Cape Town: A. A. Balkema, 1971.

Theron, Bridget, "Civilising Colonial Communities: Owen Lanyon's Imperialism in Southern Africa in the Late Nineteenth Century," *South African Historical Journal*, vol. 49, Issue 1, 2003, pp. 27-52.

Voltz, Stephen C., *African Teachers on the Colonial Frontier: Tswana Evangelists and Their Communities during the Nineteenth Century*, New York: Peter Lang, 2011.
〈史料〉
Council for World Mission Archive, School of Oriental and African Studies,

University of London

London Missionary Society, South Africa, Incoming Correspondence: Box 37-58.

第2章

文明化の理路としての衛生

19世紀後半のドイツにおける衛生学の展開

高岡 佑介

はじめに

　ノルベルト・エリアスは著書『文明化の過程』の中で次のように述べている。

> 紙面の都合から、あるいは、文明化の流れの理解のために何ら本質的に新しい問題を提供しないと思われたので、本書で扱わなかった礼儀作法の文明化に関する資料のうちから、注目に値するひとつの特殊問題をここでなお付録として述べることにしたい。清潔・洗浄・入浴に対するヨーロッパ人の考え方は、おおよそのところは、本書において他の多くの面から検討された変遷過程と同じ進行具合を示している。(エリアス、1977：410-411)

　エリアスのことばが示唆しているのは、「清潔・洗浄・入浴」の歴史を辿ることは同時に「文明化の過程」を考察することにつながる、より具体的に言えば、「清潔・洗浄・入浴」の歴史は、「文明化の過程」を観察するための視角になりうるということである[1]。
　ところで、文明化の過程を清潔、洗浄、入浴の歴史に即して考察するといった場合、ただちに思い浮かぶのが「衛生」というテーマである。というのも、清潔、洗浄、入浴という実践によって実現されるものは何かと言えば、衛生状態であると考えられるからだ。たとえば、清潔にしていないと「不衛生」と言われたり、洗浄されていない食器を「不衛生な食器」と表現することがある。

長いあいだ入浴していないと、やはり「不衛生」だと言われる。要するに清潔、洗浄、入浴を怠ったときに引き起こされるのは、不衛生な状態である。もしこうした連想がそれほど的外れなものでないとすれば、エリアスが示した「清潔・洗浄・入浴」の歴史という観点から、文明化の過程を考察するための手がかりとして「衛生」という主題を導出することは、必ずしも牽強付会であるとは言えないだろう。

　「衛生」を扱った歴史研究は、これまでにもすでに一定程度蓄積されている。いくつか主要なものを挙げれば、たとえば荒俣宏は、19世紀後半から20世紀前半にかけて世界各地で行われた「衛生博覧会」に焦点を当て、「都市防衛や保健意識の改革といった社会問題の推移」とともに「「都市的」頽廃文化の展開」（荒俣、2011：27）を詳細に跡づけた★2。また、成田龍一は、日本における公衆衛生概念の登場を文明化の進行過程における新たな身体規範の形成として位置づけ、分析を行っている（成田、1995）。

　これらの研究成果を踏まえた上で、本論文では、19世紀後半のドイツで活躍した衛生学者のテキストを取り上げ、この時期に展開された衛生運動のいくつかの局面を跡づけることで、ドイツにおける文明化の作用について考察する。

　なお、ここで本論に入る前に若干の補足をしておきたい。歴史学者のイェルク・フィッシュによれば、ドイツでは「文化（Kultur）」という語が19世紀の初頭に一般的な言葉として定着してからというもの、その後ますます広まり、一種の標語として用いられるに至った。そうしたなか、「文明（Zivilisation）」という語は日常の語彙として存続したものの、「文化」ほど好んで用いられる語とはならず、1880年代に至るまで、多くの場合「文化」と同じような意味で使用されたという。フィッシュは次のように述べている。「「文化」と「文明」が類義語として使用される場合、一方の表現よりも他方の表現を優先する明確な基準を確認することはできない」（Fisch, 1992: 746）。本稿ではフィッシュの指摘に従って、19世紀のドイツ語の用法においては、「文化」と「文明」は、必ずしも明確に区別できない相互に置き換え可能な概念であったという仮説に立って考察を進めていくことにする。

　本稿の構成について簡単に述べておこう。第1節では、19世紀のドイツで衛生学の実践が生まれた社会的背景について理解を深めるため、当時ヨーロッパ各地を襲ったコレラの流行について検討を加える。続く第2節、第3節では、カール・ボック（Carl Bock, 1809-1874）やヘルマン・クレンケ（Hermann Klencke, 1813-1881）、カール・レクラム（Carl Reclam, 1821-1887）など、

衛生に関する知識の普及に努めた医師や学者のテキストを取り上げる。19 世紀後半のドイツにおいて、衛生に関する言説は書籍やパンフレット、ハンドブック、事典などさまざまな媒体で展開されたが（Frevert, 1985: 431）、それらの多くは大衆作家として執筆活動を行う医師や学者の手によるものだった（たとえばボックは、当時のドイツでもっともポピュラーだった家庭雑誌『ガルテンラウベ』の寄稿者であった）。本稿では、衛生学を学術共同体の内部で形成された専門知としてよりも、人々の生活空間の中で展開された実践知の一形態として捉える。医師や学者といった専門知の担い手によって発信され、パンフレットやハンドブックなどのポピュラーな媒体に展開された衛生をめぐる言説を手がかりにして、文明化の作用について考察を進めることが本稿の主な作業となる。

1　伝染病の流行が意味すること

　そもそも衛生学はどのような経緯で発達したのだろうか。細菌学者・医学史家の川喜田愛郎は、近代衛生学の成立を促した契機として三つの点を挙げている。すなわち、思想的背景としての「啓蒙期思想」、19 世紀を通じて繰り返し生じた「伝染病の流行」、そして産業化による「都市住民の生活環境の悪化」である（川喜田、1953：1004）。ここではまず、川喜田が指摘した第二のポイントである伝染病の流行に注目したい。

　19 世紀のヨーロッパを襲った伝染病は何かと問われたとき、答えとして真っ先に思い浮かぶのがコレラだろう。コレラがいかに猛威を振るったかは、当時の刊行物にコレラ流行を扱った論説や記事が多く見られることからうかがい知ることができる。1832 年にはプロイセン統計局長ホフマンによって「1831 年のプロイセン国家におけるアジアコレラの影響」（Hoffmann, 1834）と題する報告が行われ、1851 年にはエアランゲンで『世界の伝染病コレラ』（Pruner-Bey, 1851）なる本が出版された。また、1866 年に統計学者のエンゲルが著した記事（「1866 年のコレラ流行。以前の流行を振り返りながら」）は、次のような文章から始まっている。「1866 年のコレラの流行は、その激しさの点でも地理的な拡がりの点でも、1831 年以来プロイセン国家を襲ったコレラ流行の中でもっとも程度の著しいものだった」（Engel, 1869: 70）。

　こうした度重なるコレラの流行は、いったい何を意味しているだろうか。当時の伝染病に対する考え方の一例として、病理学者ルドルフ・フィルヒョウ

（1821-1902）の解釈を見てみよう。フィルヒョウは「伝染病」と題する記事の中で、友人ザロモン・ノイマンの考えに依拠して、伝染病を「自然によるもの」と「人為によるもの」（Virchow, 1856: 55）に区別した。「自然の流行病」は、生活条件の「おのずから」の変化（たとえば季節や天候の移り変わり）によるものであり、これまでにもつねにあったものである。しかし「人為の流行病」はそうではない。それは自然現象に付随するものではなく、社会に付属するものである。フィルヒョウは次のように述べている。

　　人為の伝染病はむしろ社会に備わるものである。〔…〕人為の伝染病が示しているのは、国家や社会の構造から生じる欠乏であり、それは主として文化の利益を享受していない階級に集中する。　　　（Virchow, 1856: 55）

　人為の伝染病の流行は、国家や社会の構成に何らかの不足が存在することの発露にほかならない。それゆえ人為の伝染病は、国家や社会の利益にあずかることができない特定の人々のあいだでとくに広まる。またフィルヒョウは同じ箇所で、「それまでなじみのない性質をもった伝染病が現れ、文化的に新しい時代が始まると、跡形もなく消えることがある」と述べているが、これも同様の観点から理解できる。つまり文化の発展が新しい段階に入ることで、国家や社会がそれまで抱えていた構造上の欠乏が解消されるに伴い、人為の伝染病も姿を消すというわけである。フィルヒョウはこうした考えから、伝染病の流行を文化の進展と相関関係にあるものとして位置づける。

　　人為の伝染病の歴史はそれゆえ、人類の文化が経験してきた乱調の歴史である。人為の伝染病の変化は、文化が新たな方向へ向かう転換期にあることを私たちに示している。真の文化の革命の後には伝染病が生じる。なぜなら住民の大部分は、後になってからだんだんと、新しい文化の動きに入り、その恩恵にあずかるからである。　　　（Virchow, 1856: 55）

　ここから、人為の伝染病の克服は、医学の発展だけでなく、「社会状態の変革」によってよりよく達成されるという発想が生まれる。社会改革によって、文化の利益の外に身を置く人々を包摂することに成功すれば、おのずと伝染病も解消されるというわけである。この「社会状態の変革」を担うのは、政治家だけに限られない。病が社会現象であるとすれば、その治癒を任務とする医師もま

た、社会改革の運動に取り組まなければならないのである。「医学は一つの社会科学であり、政治とは広義の医学にほかならない」（Virchow, 1879: 34）とはフィルヒョウの言葉であり、そこには衛生学者、医療行政家としても活躍したこの人物の本質的側面が表れている。

　1830年代から始まるコレラ流行の最中、こうした社会状態の変革という問題意識がもっとも尖鋭化したのは、労働者の貧困問題への対応においてであった。ドイツの社会史家ウーテ・フレーフェルトによれば、当時、人々のあいだでは、コレラは国家や社会がもたらす利益にアクセスできない人々、すなわち貧困に苦しむ労働者の人々が罹患しやすい病気であるという認識が広まっていた（Frevert, 1986: 125）。この貧困問題は、当時「大衆貧困（Pauperismus）」と呼ばれた。

　大衆貧困とは何か。それは、産業化の進展に伴い19世紀前半から中頃にかけて生じた大規模な窮乏を指す。同時代人の証言を借りて、より子細に見てみよう。「大衆貧困の災禍は、労働者階級だけに降りかかるものである。大衆貧困のもとにある者は、たんに言葉の通常の意味で貧者なのではない。それは、個人の労働能力が原因で自らの生計費を捻出できなかったり、一時的に、十分な仕事が見つからないがゆえに同胞から援助を受けることになるような、どんな身分の者にも起こる貧困ではないのだ。そうではなく、大衆貧困に陥っているのは人口の中のある部分、集団全体であり、それは個別の主観的な原因によってではなく、全般的な国家生活の発展にその根を持つ外的事象によって引き起こされるものである」（Jantke, 1965: 270）。

　大衆貧困は、二重の意味で社会を脅かす危険現象として認識された。一つは、貧困状態に陥った労働者のあいだでコレラが流行し、多くの人の生命が危機にさらされたという問題であり、もう一つは、この伝染病は貧困下にある人々のもとにとどまらず、容易に拡大するのではないかという、コレラの流行を脅威と感じる市民層のあいだで沸き起こった不安の問題である。貧困にあえぐ人々が頻繁にコレラに罹患するという見解が広がるにつれて、貧困問題に対する訴えも増していった（Frevert, 1986: 127）。貧困と病は相互に関連するものとして認識され、社会生活を根底から脅かす現象として理解された。

　コレラの流行に対する人々の危機意識の高まりは、この病気の発生と拡大に関する情報への強い欲求となって表れた。誰もがコレラ流行のメカニズムを理解するための説明を求めるようになり、コレラは、新聞や雑誌など、当時の刊行物の紙面を賑わせる主要なトピックとなった。それは一般誌だけでなく医学

の専門誌においても同様であった。そこでは決定的な結論に至ることのないまま、推測を含めて、多くの議論が交わされた。1834年に刊行された医学雑誌のある記事には、自己批判を含む次のようなコメントが載せられている。「コレラによって、理論の面でも実践の面でも続いている医学の動揺は、内部においても外部においても、コレラそのものよりも明らかな知名度を獲得するに至った。コレラによって医学の従来の基盤、病理学の基礎概念はますます朽ちていくという意識が広く生まれていった」（Frevert, 1986: 129）。

　当時の医学にはコレラに対する有効な治療法が欠けていた。そこで医師たちは、コレラ対策として、「暮らしぶり」や「生活規則」の重要性を強調した。すなわち、普段の生活における「苦悩の緩和、消化のよい質素な食事、飲酒の断念、清潔の維持」が「コレラ流行時の健康維持と感染予防」に役立つものとして推奨され、その他、家庭における衛生、たとえばこまめな掃除や洗浄によって住居や衣服を清潔な状態に保つことが有効な対抗策であると考えられた（Frevert, 1986: 134）。

　フレーフェルトによれば、「不潔さ」と「清潔感覚の欠如」は、患者自身に起因する伝染病罹患の原因として、当時の医師たちが頻繁に言及した問題であった。先に引用したフィルヒョウもまた、1848年、オーバーシュレジエンにおけるチフスの流行を視察した際に次のように述べていた。「オーバーシュレジエンの人々は、たいてい身体を洗わない。身体にたまった垢は、天気にまかせて、ときおり降る激しい雨にあたって洗い流すのである」（Frevert, 1986: 140-141）。19世紀の中頃には、汚れと病気の因果関係はいまだ特定されてはいなかったが、大勢の人々のあいだで確かな事実とみなされた。そのようにして、伝染病の流行はその日暮らしの生活を送る貧民の生活様式の放縦さ、「道徳心のなさ」と関連づけられ、その対策として、貧民に対する「自己管理、規律、清潔に関する教育」が開始されるべきであるという考えが広まっていった（Frevert, 1986: 141）。

　衛生学は、そのような貧民に対する啓蒙の活動の担い手として展開されることになる。

2　内面を映し出す鏡としての皮膚

　伝染病が蔓延する19世紀中頃のドイツでは、「清潔であること」は、伝染病罹患の予防だけでなく、自己管理に支えられた規律正しい暮らしを可能にする、

放縦な生活に陥らないために人々が守るべきモラルであるとされた。清潔をモラルとする価値観の中でとりわけ重要視されたのが、「洗う」という行為である。洗うことなしに清潔を維持することはできず、身体を洗わない者は、清潔でない、言い換えれば、要求されるモラルを無視し違反を犯した人間、なすべきことを怠った怠惰な人間と見なされた。身体を洗う習慣があるかどうかは、その人間がどのような人物であるかを判断する際の基準となるほど、重要な意味を持っていた。

　このことは同時代の言説を観察すれば比較的容易に確認することができる。石鹸は、身体や衣類、食器を洗う際に汚れを落とし清潔を維持するために古くから用いられている身近なアイテムの一つだが、その石鹸の意義を、ドイツの化学者ユストゥス・リービッヒ（1803-1873）は一般知識人・大衆に向けた啓蒙書『化学通信』（1844年初版）の中で次のように強調している。

　　石鹸は、国家の豊かさと文化の程度をはかる尺度ともいうべきものです。〔…〕同数の住民を有する二つの国家を比較するとき、石鹸をより多く消費する国の方がより裕福で繁栄した、文化の進んでいる国であると断言しうることだけは確かです。なぜなら石鹸の購買や消費は、流行や趣味の問題ではなく、美しさ、健やかさ、心地よさといった、清潔さに由来する感情に左右されるからです。　　　　　（リービッヒ、1952：71-72）★3

　ある国で石鹸がどの程度流通しているかを見れば、その国の文化がどの程度発展しているかを知ることができる。なぜなら、石鹸の日常的な購入と使用は、金銭と引き換えにしてまでも清潔な状態を生み出し維持しようとする意志の表れと考えられるからである。リービッヒによれば、こうした清潔さを求める感情の有無は、近代と中世の隔絶を示すものである。「〔…〕一度も石鹸に触れたことのない肌や衣服から発散する不快な臭気を、芳しい高価な香料によってごまかす余裕を持っていた中世の富豪たちは、飲食におごり、衣服をかざり、乗馬に戯れ、私たちよりはるかに贅沢な日を過ごしていました。汚濁や不潔が困窮や耐え難い不幸と同じ意味を持っている私たちとのあいだには、なんという隔たりがあることでしょう」（リービッヒ、1952：72）★4。

　もしリービッヒの述べる通り、石鹸の購買や消費が文化の進展の度合いを示すものであるとするならば、清潔さを求める感覚、身体を洗う習慣の有無といったことも、文化の内実を表す指標となるはずである。ここではとくに後者に

着目し、19世紀後半のドイツの言説空間において、「身体を洗う」という行為がいかなる意味を持つものとして説かれたかを見ていく。

　身体を洗う際、その行為の現場となっているのは、まずなによりも皮膚である。身体を洗うという行為は、動作を担う手、あるいはそれが持つ石鹸や布が、身体を覆う皮膚に接触することで行われる。洗う主体が同時に洗われる対象でもあるという、行為における主体と客体の一致もこの行為の特殊性を構成していると考えられるが、ここではまず、身体を洗うという行為の意味を問うにあたり、その現場となっている皮膚（肌）に着目してみたい。

　人間にとって、皮膚とは何だろうか。解剖学者カール・ボックが著した『健康な人、病める人』という書物の中の説明を見てみよう。この本は1855年に初版が出版され、その後、版を重ねて1893年には第15版が出版されたほど、多くの読者を獲得した。

　　　私たちの身体の表面は包皮によって保護され覆われている。これは外皮あ
　　　るいはたんに皮膚、一般的な覆いと呼ばれる。それは体温を制御したり、
　　　身体の内部を保護するものとして働いているだけでなく、血液を浄化する
　　　ための分泌器官でもあり、皮膚感覚（触覚、温度感覚）の座でもある。

　　　　　　　　　　　　　　　　　　　　　　　　　　　　（Bock, 1893: 224）

　ここには皮膚に関する当時の一般的な理解が示されているだろう。すなわち、皮膚は第一に、外界の刺激から身体の内部を守る覆いであること。第二に、体温調節などにより身体のシステムの均衡、統一性を保つものであること。第三に、新陳代謝に見られるように汗などの分泌によって内部から外部へと老廃物質の排出を行う一方、触感や寒暖など外部からの刺激を身体内部へ伝える器官であるということだ。

　しかし人間にとって皮膚が持つ意味は、こうした身体の物理的なプロセスに関連するばかりではない。それはまた人間の意識に関わる。1898年、ライプツィヒのある皮膚科医は自著の中で次のように述べている。「皮膚とは、「私」と外界とのあいだの生きた仕切りであり、それが外部の力によって傷つくことは、「私」の人格全体が傷つくことと同じです」（Sarasin, 2001: 290）。肌に負った傷がしばしば象徴的な意味を持つことがあるように、外皮であるに過ぎないはずの皮膚の損傷が、その人物の自我が傷つくことと同じことを意味する場合がある。

　外面がたんなる外面にとどまらず、内面にまでリンクしているという発想は、上に引いた皮膚科医独特の考えというわけではない。じじつ、同時代の衛生学の言説には、皮膚が身体の内部の表れであるという考えが頻繁に観察される。一般大衆向けに作家活動を行っていたドイツの医師カール・レクラムは、1878 年の著作『家庭、学校、仕事のための健康の秘訣』の中で次のように述べている。

　　外見は内面を映す鏡です。人間を外側から見たとき清潔でなかったり身だしなみが整っていないように見える場合、その人間の内面もまた、きちんとしていない、ぞんざいであるという疑いがあります。〔…〕外見はまた健康状態も示してくれます。多くの都市住民の赤みのない青ざめた顔が教えてくれるのは、彼らが病弱で、澄んだ空気をごくわずかしか吸っておらず、森や畑、庭園を訪れる時間もほとんどなく、十分に身体を動かす機会もないということです。さらに言えば、貧者や多くの女性、子どもの顔が語るのは、彼らがひどい栄養状態にあり、きちんとした食事をとれていないということです。　　　　　　　　　　　　　　　　　　　　（Reclam, 1878: 60）

　皮膚は、人間を外部の世界から区切る境界である。それは境界であるがゆえに、身体の内部にも接触しつつ外部にも触れている。皮膚を通して外界から内面への作用が及び、反対に身体内部の変化は皮膚を通して外面へと現れる。レクラムは、皮膚が有する、内部の状態や変化を示す徴候が現れる界面としての性格を強調し、そこへ働きかけることの重要性を訴える。

　　人間の外面がその内奥と関わっていないとしたら、いかにして前者は後者の鏡像でありうるでしょうか。両者は関連しています。それどころか相互関係にあるのです！　体の健康が外側の皮膚の健康に影響を及ぼすように、皮膚の健康はその人間の全体に影響を及ぼします。それゆえ「肌の手入れ」は不可欠なのです！　　　　　　　　　　　　（Reclam, 1878: 60）

　レクラムのテキストの中で「肌の手入れ」として具体的にどのような行為が念頭に置かれているかというと、身体を洗い、こすり、汚れを落とすことである。ここで注目されるのは、レクラムのこの著作をはじめ、当時の衛生学のテキストにおいては、しばしば身体の多孔性の維持による透過性が好んで強調さ

れるということである。すなわちそこでは皮膚を洗い、汚れをとることが推奨されるのだが、その目的は、皮膚の腺に汚れがたまらないようにすること、より具体的には身体の孔を開いておくことで、汚れを身体の内部にせき止めないようにすることが重要だと述べられている。衛生学の知見を紹介した当時の教本やハンドブックには次のような生活指南がなされている。「皮膚の表面が清潔であるためには、皮膚の孔がつねに開いているように、いつも熱心に徹底的に洗い、頻繁に入浴しなければなりません」（Klencke, 1864 : 287）。「清潔さを維持するためには、毎日朝晩、顔と手を注意深く入念に洗うだけでなく、少なくとも週に一度は全身を洗う（冬には就寝前の夜に、夏には起床直後の朝に）ことが必要です。さらにその際冷水を用いることで、肌を強くし風邪から身を守ります」（Reclam, 1878: 65）。

　清潔さを維持し健康を保つためには、毎日脇目もふらず自己へと視線を向け、自らの身体の状態を確認することが求められる。19世紀の中頃から末葉にかけてドイツでは、このように日々自身の身体を手入れするべきであるという声が高まっていった（Sarasin, 2001: 311）。たえず自己の身体をモニターし、汚れが見つかれば洗い流すという細やかさ、几帳面さは、日常生活における習慣となり、やがてつねに自己を磨き、洗練させるという態度、人間存在の在り方を生み出していく。ドイツの医師ヘルマン・クレンケによれば、こうした身なりの自己管理は、人間が社会の中で自らの場所を占めるために必要な行為だという。クレンケの言葉を見てみよう。

　　精神と身体が一体となって調和することは、文明化された社会における人間の通常の地位にとってだけでなく、また健康な生存にとっても重要である。
　　　　　　　　　　　　　　　　　　　　　　　（Klencke, 1864: 280-281）

文明化された人間の本性が示されるのは、知識や技能、高貴なものとそうでないものを見分ける判断感覚、美しいものに対する好み、倫理的なものに対する理解によってだけではない。それはまた彼の外見全体においても認識されうる。〔…〕ある人間がその精神において粗野である、あるいは退行している場合、彼は体の手入れ、清潔さ、皮膚、髪、歯の手入れにおいても自らの粗野さと退行を示している。〔…〕われわれの感覚が語っているのは、清潔でない人間は外見に注意を払わず、ぼさぼさの髪や磨かれていない歯、整えられていない爪に不快感を感じず、そしてまた清廉な思

想や澄んだ感情も持ち得ないということである。（Klencke, 1864: 282）

　クレンケのテキストに示されているのは、心身を相関関係のもとに捉え、それにとどまらず、両者を相互の反映であるとする考え方である。自己の身体を整える者は、それによって精神も洗練させているのであり、清廉な人物の精神は、澄んだ身なりとなって表れる。身体と精神はそのような相互関係にある、あるいはあるべきだという認識がクレンケのテキストの叙述を支える基礎となっている。肌が手入れされ身なりが整えられているかということに、市民が守るべき道徳が表されているのであり、当時の衛生学の社会観、人間観では、洗うという行為は「市民社会への入場券」（Sarasin, 2001: 293）として認識されていた。

3　暮らしの快適さ

　コレラの流行に対する人々の不安は、罹患の予防につながるとされるさまざまな衛生の実践を生み出す推進力となった。多くの衛生学の専門家が、定期的に身体を洗い、家屋の通気性をよくしておくことをコレラの感染予防や健康維持のための条件として挙げ、人々の生活指南を行った。たとえばミュンヘン大学の衛生学教授マックス・フォン・ペッテンコーファーは、「コレラ対策として何ができるか」と題する講演において「肌の手入れ」の重要性を強調した。「身体の各部位や皮膚全体を洗うこと。このことは弱って元気のない人だけでなく、健康な人にとってもよい効果があります。〔…〕洗うことは、皮膚から汚れを取り去るだけでなく、皮膚や神経を強くします。身体の清潔は、健康のもっとも重要な必要条件の一つです」（Pettenkoffer, 1873: 29-30）。

　コレラの流行という問題に直面した各地域では、身体の清潔を保つため定期的に身体を洗うことが推奨された。そのようにして入浴の社会的重要性が高まるなか、全身を隈なく洗うことを可能にする装置として注目を集めたのが、蒸し風呂を利用した入浴、すなわち蒸気浴であった。歴史学者のマニュエル・フレイは、19世紀のドイツ社会における蒸気浴の登場について次のように述べている。「産業化の時代を特徴づける新しいエネルギー形態の利用は、市民のあいだで感染の不安と相まって、より効果的な身体衛生の形成へとつながった」（Frey, 1997: 269）。蒸気機関という先端的な技術をどのように利用できるか、身体の清潔を保つためにより有効な手段は何か。この二つの問題意識を背景と

して、蒸気浴は人々のあいだで関心を集めることになった。

蒸気浴という営みがいつから行われるようになったのか、残念ながらその起源をここで辿ることはできないが、自著の中で「入浴の機械化」の歴史を扱った文化史家のジークフリート・ギーディオンによれば、ドイツでは蒸気浴室は1830年代には登場していたという。「19世紀の初頭には、原始的な造りの家庭用蒸気風呂が各国で提案され、特許がおりた。〔…〕30年代にはドイツでも、各種の移動可能な組立て式の家庭用蒸気風呂が製作されていたことは間違いない」（ギーディオン、2008：635）。当時、蒸気浴室は誰にでも利用できるものではなく、暮らしに余裕のある一部の人々にのみアクセス可能なものであったが、温かい水蒸気を利用したこの入浴装置は、その新奇性もあって話題を呼んだ。

蒸気浴室は、当時どのようなものとして喧伝されただろうか。同時代の証言を借りて、具体的に見てみよう。ヴュルツブルクの整形外科医ヨーゼフ・アントン・マイヤは、1829年に診療施設として自宅の階下に蒸気浴室を設け、さらにその後、利用者の増加から1835年、自宅付近に蒸気浴室を新たに建て直した人物である。マイヤは蒸気浴室の効用について次のように述べている。「〔…〕蒸気浴はあらゆる種類の入浴の中でも異論の余地なく皮膚の最良の洗浄手段です。それによってきわめて容易に皮膚上の汚れを取り除き、除去することができます。皮膚の孔は開き、皮膚の活動は強まり、また弱まったり消え入っていた皮膚の活動も活発になります」（Meyer, 1835: 14）。こうした蒸気浴室の効能は、汚れの洗浄や皮膚の活性化だけでなく、流行病の罹患の予防と治療に役立つものとしても紹介された。「インフルエンザや東アジアのコレラにおいても、蒸気浴による温かさを予防手段や治療手段として用いることが真であることは経験によって証明されている」（Meyer, 1835: 22）。

やがて19世紀中頃になると、蒸気浴室は医師だけでなく土木や建築作業に関わる人々にも利用されるようになり、蒸気浴による衛生の実践は次第に拡大していった。特徴的なのは、この頃になると、医師や教養市民層、商人といった人々だけでなく、中産階級の人々もまた、蒸気浴室をはじめとする衛生家具（Hygienemöbel）を利用するようになったということである（Frey, 1997: 276）。もとより病気の治癒を任務とする医師だけが健康維持の専門家というわけではない。日々の食事や休息が行われる家庭もまた毎日の健康を生み出す現場である。「清潔」を目的とした洗浄という衛生の実践は、病気の治療や予防という医療のフィールドから、家庭へと舞台を移すことになる。

　ドイツの衛生学者エスターレンも自著『衛生学ハンドブック』の中で述べているとおり、人間にとって住居とは、自然から分かたれた保護の空間であり、自然の野蛮さ、粗野さから逃れて、人間自身の手で作り上げることのできる空間である（Oesterlen, 1857: 479）。それは、入浴、睡眠、衣服、温度、空気など、人間の身体の状態に関わるさまざまな要素を調整することができる場である。そうしたなか、衛生に役立つ暮らしの家具は、清潔や健康の維持だけでなく、快適さを約束するものとして利用されるようになった。

　快適さとはいかなる概念か。1864年にライプツィヒで発刊された『家庭の快適さ』という書籍では次のように説明されている。

> 　快適さ（Comfort）とは何か。快適さとはイギリスの言葉であるが、それは援助や支援、慰安を意味すると同時に、その派生的意味においては援助の後に続く充足という状態の呼称として用いられる。〔…〕快適さとは、物質的な生活の配置であり、くつろぎ、安楽さ、淀みのない平穏な生活の喜びを目的としているが、無制限の享楽や苛まれるような渇望からは離れたものである。それはある程度の所有を要求するが、裕福であるために富を求めるのではなく、気分の平穏が続くことを確保するためであり、この気分の平穏こそ快適さの固有の本質をなす。（著者不明, 1864: 3, 6）★5。

　快適さは、制限のない快楽や享楽、放埓とは異なる。その本質は心の平穏を達成することにあり、富を求める場合も、裕福であることへの欲望や渇望に衝き動かされて追い求めるのではなく、欲求が充足され、その状態が持続することを目指して行われる。したがって快適さの追求においては、無計画に浪費することはありえず、むしろ倹約や節制に重きを置く姿勢が求められる。なぜなら前者のような態度では、心の平穏の持続が危ぶまれるからだ。快適さとは、刹那的な快楽というよりは、持続的な安楽を求めることであり、そのために生活における身の回りのものを配置し直し、自分で自らの環境を整えていくことにその特徴がある。快適さという概念について、ギーディオンは次のように述べている。

> 　快適さ（コンフォート）という言葉は、ラテン語の語源では「強化する」ということを意味した。西洋では、18世紀以降、「快適さ」は「便利さ」と同じ意味に用いられてきた。つまり、できる限り安楽であるように、人

間は自分の身の回りの環境を整え、そしてコントロールしなければならないという考え方である。　　　　　　　　　　（ギーディオン、2008：253）

　快適さの追求は、清潔さの追求と同様、たゆまぬ自己管理の一環として考えることができる。衛生の実践が生み出したのは、生活において自己自身を監視する、規律に貫かれた態度だけではない。それはまた暮らしにおける快適さの追求という文脈の中で、心の平穏という、節約や倹約、計画性に根ざした欲求の充足を求める態度の形成にもつながった。

おわりに

　本稿では、文明化の作用について考察するための事例として、19世紀後半のドイツにおける衛生学の実践を取り上げ、検討を加えた。最後に、今後の研究課題として以下の二点を挙げることで、結びに代えたい。

　第一に、本稿の主題であった衛生運動のさらなる詳細な調査が求められる。残念ながら本稿では、何人かの衛生学者を取り上げはしたものの、一部の主要なテキストを参照するにとどまり、十分な資料の精査を行うことができなかった。また19世紀後半には、ベルリン市の下水道整備や「帝国保健局（Kaiserliches Gesundheitsamt）」の設立など、衛生をめぐってさまざまな施策がなされたが、それらについても扱うことができなかった★6。今後、さらに研究が進められる必要があるだろう。

　二点目として、「学知の派生と伝播」というテーマに触れておきたい。本稿で扱った「衛生」は主に暮らしの衛生、家庭の衛生だったが、19世紀後半には、衛生の分野が細分化し、さまざまな「衛生」が登場する。具体的には、学校衛生の興隆が挙げられる（梅原、2015）。また、労働における衛生、職場の衛生にも注目が集まり、1890年代中頃には、精神科医のエミール・クレペリンが「労働衛生について」（1896）と題するテキストを発表している。こうした学知の派生に加えて、さらに伝播の問題、すなわち衛生に関する研究の知見がいかにして他の地域へ伝わったのか（あるいは、伝わらなかったのか）ということも興味深い論点であると思われる。

注
★1　一例として、フランスの歴史家ジョルジュ・ヴィガレロによる研究が挙げられる。「清潔は文明化の過程を反映する。身体的な感覚がじょじょに形成され、磨きをかけられ、

ひたすら繊細になっていく過程。清潔の歴史とは、振舞いが垢抜けし、私的な空間が拡大し、自己拘束が厳しくなっていく歴史である」（ジョルジュ・ヴィガレロ『清潔になる〈私〉——身体管理の文化誌』同文館、1994 年、4 頁）。また、ドイツ語圏における同様のテーマを扱った研究としては、次のものがある。Herbert Lachmayer u.a. (Hg.), *Das Bad. Körperkultur und Hygiene im 19. und 20. Jahrhundert* (Ausstellungskatalog zur gleichnamigen Ausstellung im Historischen Museum der Stadt Wien, Hermesvilla), Wien 1991.

★ 2　この他に衛生博覧会を扱った研究として、以下のものがある。石原あえか「ドレスデン衛生博覧会（1911/1930）——二度の国際博覧会参加にみる近代日独医学交流史」真野倫平編著『近代科学と芸術創造——19 〜 20 世紀のヨーロッパにおける科学と文学の関係』行路社、2015 年、169-186 頁。田中聡『衛生展覧会の欲望』青弓社、1994 年。村上宏昭「コッホ細菌学と衛生博覧会——ドイツ衛生運動史序説」『史境』(68)、2014 年、33-52 頁。

★ 3　原文を参照のうえ、訳文を一部変更した。

★ 4　原文を参照のうえ、訳文を一部変更した。

★ 5　*Der häusliche Comfort als Bedingung des Wohlseins im Hause*, Leipzig 1864, S. 3, 6.

★ 6　19 世紀におけるベルリンの下水道整備については、次の研究が詳しい。金子光男『汚水処理の社会史——19 世紀ベルリン市の再生』日本評論社、2008 年。

参考文献

アッカークネヒト、E・H（舘野之男ほか訳）『ウィルヒョウの生涯』サイエンス社、1984 年。

荒俣宏『衛生博覧会を求めて』角川書店、2011 年。

石原あえか「ドレスデン衛生博覧会（1911/1930）——二度の国際博覧会参加にみる近代日独医学交流史」真野倫平編著『近代科学と芸術創造——19 〜 20 世紀のヨーロッパにおける科学と文学の関係』行路社、2015 年、169-186 頁。

市野川容孝「社会的なものの概念と生命——福祉国家と優生学」『思想』(908)、2000 年、34-64 頁。

ヴィガレロ、ジョルジュ『清潔になる〈私〉——身体管理の文化誌』同文館、1994 年。

梅原秀元「19 世紀後半ドイツにおける学校衛生」『大原社会問題研究所雑誌』488 号、1999 年、11-29 頁。

————「健康な子どもと健康な学校——19 世紀から 20 世紀初頭におけるドイツの学校衛生の歴史研究をめぐって」『三田学会雑誌』108 (1)、2015 年、71-95 頁。

エリアス、ノルベルト（赤井慧爾・中村元保・吉田正勝訳）『文明化の過程（上）——ヨーロッパ上流階層の風俗の変遷』法政大学出版局、1977 年。

金子光男『汚水処理の社会史——19 世紀ベルリン市の再生』日本評論社、2008 年。

川喜田愛郎「19 世紀衛生学の諸問題」『近代医学の史的基盤（下）』岩波書店、1953 年。

ギーディオン、ジークフリート（榮久庵祥二訳）『機械化の文化史——ものいわぬものの歴史』鹿島出版会、2008 年。

田中聡『衛生展覧会の欲望』青弓社、1994年。

成田龍一「身体と公衆衛生——日本の文明化と国民化」『講座世界史4　資本主義は人をどう
変えてきたか』東京大学出版会、1995年、375-401頁。

村上宏昭「コッホ細菌学と衛生博覧会——ドイツ衛生運動史序説」『史境』(68)、2014年、
33-52頁。

ラービッシュ、A「文明化の過程における健康概念と医療」『思想』(878)、1997年、121-
153頁。

リービッヒ（柏木肇訳）『化学通信（二）』岩波文庫、1952年。

Bleker, Johanna, »Die Stadt als Krankheitsfaktor. Eine Analyse ärztlicher
Auffassungen im 19. Jahrhundert«, in: *Medizinhistorisches Journal*, Bd. 18, H.
1/2 (1983), S. 118-136.

Bock, Carl Ernst, *Das Buch vom gesunden und kranken Menschen*, Leipzig 1893 (15.
Aufage; 1. Auflage 1855)

Engel, Ernst, »Die Cholera-Epidemie des Jahres 1866 mit einem Rückblick auf
die früheren Epidemien«, in: *Zeitschrift des Königlich Preussischen Statistischen
Bureaus*, 9 (1869), S. 70-98.

Fisch, Jörg, »Zivilisation, Kultur«, in: Brunner, Otto, Conze, Werner und
Koselleck, Reinhart (hg.), *Geschichtliche Grundbegriffe: Historisches Lexikon zur
politisch-sozialen Sprache in Deutschland*, Bd. 7, Klett-Cotta, Stuttgart 1992.

Frevert, Ute, »"Fürsorgliche Belagerung": Hygienebewegung und Arbeiterfrauen
im 19. und frühen 20. Jahrhundert«, in: *Geschichte und Gesellschaft*, 11. Jg., H.
4, (1985), S. 420-446.

————, *Krankheit als politisches Problem, 1770-1880 : Soziale Unterschichten in
Preussen zwischen medizinischer Polizei und staatlicher Sozialversicherung*,
Göttingen 1986.

Frey, Manuel, *Der reinliche Bürger: Entstehung und Verbreitung bürgerlicher Tugenden
in Deutschland, 1760-1860*, Göttingen 1997.

Hoffmann, Johann Gottfried, »Die Wirkung der asiatischen Cholera im
preussischen Staate wahrend des Jahres 1831. Nach den bei dem
statistischen Bureau eingegangenen Nachrichten«, in: *Abhandlungen der
Koniglichen Akademie der Wissenschaften zu Berlin aus dem Jahre 1832. Historisch-
Philologische Klasse*, Berlin 1834, S. 31-90.

Jantke, Carl, Hilger, Dietrich, *Die Eigentumslosen: der deutsche Pauperismus und die
Emanzipationskrise in Darstellungen und Deutungen der zeitgenössischen Literatur*,
München 1965.

Klencke, Hermann, *Die physische Lebenskunst oder praktische Anwendung der Natur-
wissenschaften auf Förderung des persönlichen Dasein. Ein Familienbuch*, Leipzig
1864.

Labisch, Alfons, »Die gesundhheitspolitischen Vorstellungen der deutschen

Sozialdemokratie von ihrer Gründung bis zur Parteispaltung (1863-1917)«, in: *Archiv für Sozialgeschichte* 16 (1976), S. 325-370.

—————, »»Hygiene ist Moral - Moral ist Hygiene«: Soziale Disziplinierung durch Ärzte und Medizin«, in: Sachsse/Tennstedt (Hg.), *Soziale Sicherheit und Soziale Disziplinierung, Beiträge zu einer historischen Theorie der Sozialpolitik*, Frankfurt am Main, 1986, S. 265-285.

—————, *Homo Hygienicus: Gesundheit und Medizin in der Neuzeit*, Frankfurt am Main, New York 1992.

Liebig, Justus, *Chemische Briefe: Dritte umgearbeitete und vermehrte Auflage*, Heidelberg 1851.

Mann, Günter, »Führende deutsche Hygieniker des 19. Jahrhunderts, Eine Übersicht«, in: Artelt, Walter, u. a. (Hg.), *Städte-, Wohnungs- und Kleidungshygiene des 19. Jahrhunderts in Deutschland*, Stuttgart 1969.

Meyer, Joseph Anton, *Das neue Dampf-Bad. Programm bei Eröffnung seiner Badeanstalt*, Würzburg 1835.

Oesterlen, Friedrich, *Handbuch der Hygiene, der Privaten und Öffentlichen*, Tübingen 1857.

Pettenkoffer, Max von, *Was man gegen die Cholera thun kann. Ansprache an das Publikum. Im Auftrage des Gesundheitsrathes der königl. Haupt- und Residenzstadt München*, München 1873.

Pruner-Bey, *Die Weltseuche Cholera oder die Polizei der Natur*, Erlangen 1851.

Reclam, Carl, *Gesundheits-Schlüssel für Haus, Schule und Arbeit*, Leipzig 1878.

Rosen, George, *A History of Public Health, Revised Expanded Edition*, Baltimore: Johns Hopkins University Press, 2015.

Sarasin, Phillip, *Reizbare Maschienen*, Suhrkamp, Frankfurt am Main 2001.

Virchow, Rudolf, »Die Seuche«, in: *Gesammelte Abhandlungen zur wisseschaftlichen Medicin*, Frankfurt am Main 1856, S. 54-56.

—————, »Der Armenarzt«, in: *Gesammelte Abhandlungen aus dem Gebiete der öffentlichen Medicin und der Seuchenlehre*, 1. Bd, Berlin 1879, S. 34-37.

Der häusliche Comfort als Bedingung des Wohlseins im Hause, Leipzig 1864.

第3章

文明的粛清の可能性

『ウエスト・エクレール』裁判の基礎的考察

中村 督

はじめに──第二次世界大戦後の「文明化」の作用

「文明化」（civilisation）という言葉はフランスでは独特の響きをもってきた。というのも、「文明化」は西洋の非西洋に対する優越を前提とした意味を持つ言葉で、とくに19世紀以降、長きにわたってフランスの植民地主義を正当化してきた「文明化の使命」を連想させるものだからである。別言すれば、フランスは、普遍主義的な共和国理念の普及を旗印として、「文明化の使命」を唱えながら植民地主義を推し進めてきた歴史をもっており、それが今日もこの国に重くのしかかっているのである（平野、2002：25-81；柳沢、2019：1-19）。

それでは、植民地拡大の推進力となってきた「文明化（の使命）」という言葉は、第二次世界大戦後のフランスではいかなる意味を持ってきたのか。少なくとも次の三つの文脈を考慮しなければならないだろう。第一は、インドシナ戦争とアルジェリア戦争という二つの植民地戦争である。そこでは植民地を維持するためのイデオロギーとなった。とくにフランスのアルジェリアを守りぬくためには、アルジェリア人が啓蒙を受けるべき立場にあることを主張する必要があった（ロス、2019：154-155）。第二は、フランス国内の社会問題が論じられるときである。一例に過ぎないが、哲学者のアンドレ・ゴルツが1960年代にヴァカンスの普及をうったえる記事を書いたとき、「人生を文明化する」（civiliser la vie）というように表現している（*Le Nouvel Observateur*, 26 avril 1966）。この言葉は、余暇を享受してこそ人生がより充実したものになるという意味であるが、重要なのは、それが「文明化」の意味が反転して、む

しろフランス国内に差し向けられていることだろう★1。第三は、ナチス・ドイ
ツの占領から解放された時期、いわゆる解放期に見られた「粛清」(épuration)
が問題になるときである★2。これも第二と同様、フランス国内を扱った文脈で
あるが、話がやや複雑である。

　「対独協力者」(collaborateur)に対して行われたこの制裁、すなわち粛清が、
なぜ「文明化」が語られる文脈と関係があるのかというと、それは「野蛮な粛
清」(épuration sauvage)という言葉があるからである。1944年6月4日の
連合軍のノルマンディ上陸前後に、フランス各地でレジスタンスの活動家によ
る対独協力者の超法規的な粛清が行われた。同年6月2日にアルジェで、シャ
ルル・ド・ゴールを首班とする共和国臨時政府が成立し、粛清に関する法令を定
めていくことになるが、それが、少なくとも同時期の国内レジスタンスの組織
や活動家には及ばなかったことになる。かくして法手続きのないままに、対独
協力者は、暴力行為の対象となり、結果的に9千人近くが略式処刑を受けた
(Rousso, 2001: 528; Rouquet et Virgili, 2018: 136-140)。また、対独協力
に加担したとされる女性が丸刈りにされて公衆に晒されたことは、当時の粛清
のなかでもよく知られた光景である(藤森、2016)。「野蛮な粛清」と呼ばれ
るのは、こうした法手続きを経ない粛清のことにほかならない。

　ところで、注意したいのは「野蛮な粛清」という言葉そのものである。「野
蛮な粛清」とは1988年に出版されたフィリップ・ブールドレルの著作名であ
り、ここでいう「野蛮」とは明らかに「文明化」に対置されている。この点に
ついて、歴史家のフィリップ・ルーケとフランソワ・ヴィルジリが以下のよう
に述べている――「この表現〔「野蛮な粛清」〕は「文明的」(「文明化された」)
(civilisé)に対置される「野蛮な」という表現を参照したものだ。つまり、「文
明化」の価値と対照をなす原住民のいわゆる酷さ。暗然に白人的男性の価値体
系に従属しない人びとが示す客観的な危うさ。「野蛮な粛清」という表現の一
般化は、つまり、権力の濫用を、野蛮な産物として、国内の野蛮な人びとによ
るものとして考えるようにさせた」(Rouquet et Virgili, 2018: 141)。つまり、
「野蛮な粛清」とは、「文明化」を前提として成立している言葉であり、その意
味において、戦後の「文明化」が語られる文脈の一つに数えることができる。
ただし、第一と第二の文脈とは異なり、この文脈は、過去の出来事について事
後的に生み出されたものであることに注意したい。すなわち、第二次世界大戦
におけるレジスタンス神話が解体され、当時の出来事が問い直されるなかで、
結果として「文明化」にまつわる語彙が出てきたのである★3。

　以上を考慮して、法手続きに則らない粛清を「野蛮な粛清」と呼ぶのであれば、当然ながらその反対は司法に基づく粛清、すなわち「文明的粛清（文明化された粛清）」がありえたのかが問われるべきだろう。そこで本稿では、「プレスの粛清」ともいうべき、新聞社の関係者が裁かれた粛清を対象として、「文明的粛清」の可能性について探っていきたい。ただ、後述するように、プレスの粛清はきわめて広範な規模で行われたので、ここでは『ウエスト・エクレール（*L'Ouest-Eclair*）』（以下、『O.E.』と略記）にのみ焦点を当てることにする[4]。『O.E.』は、文字どおりフランス西部、とくに今日のブルターニュ地方やノルマンディ地方を覆う地域で発行されていた地方紙であった。『O.E.』は、ナチス・ドイツの占領下でも発行を停止しなかったことを理由として、関係者らが裁判にかけられることになる。本稿は、『O.E.』裁判の要点を整理したうえで、記録からごく一部を取り上げて、粛清裁判の輪郭を浮かび上がらせることを目的としている。また、被告となった関係者たちのなかでも、占領当時、代表取締役の地位にあったピエール・アルチュール（Pierre Artur, 1892-1982）の証言を対象としたい。

1　『ウエスト・エクレール』の概要

　まずは、『O.E.』に関する基本的な情報を整理しておきたい。『O.E.』は1899年8月2日にフェリックス・トロシュ神父（Félix Troche）とエマニュエル・デグレ゠デュ゠ルー（Emmanuel Désgrées du Loû）によって創刊された新聞で、本社はイル・エ・ヴィレーヌ県の県庁所在地レンヌに置かれた[5]。『O.E.』は基本的には政治的・社会的情報から地域の情報を掲載する地方紙であったが、編集方針の目的には教皇レオ13世の教義、とくに社会正義に関する普及が掲げられた。とくに1891年にレオ13世が出した回勅『レールム・ノヴァルム』に基づく社会正義、さらにはこの回勅の影響を受けてマルク・サンニエ（Marc Sangnier）が率いた運動「ル・シヨン」が展開する社会的カトリシズムは『O.E.』の重要な思想的基盤となった[6]。創刊当初こそ印刷部数は1800部ほどであったが、1901年には12万部となった（Cadore, 2003: 59）。そして1930年代半ばには25万部ほどの販売部数を誇る、フランスで屈指の地方紙に成長していった（Cadore, 2003: 78）。

　第二次世界大戦が勃発し、1940年6月18日（フランスとドイツの休戦協定が6月22日）にドイツ軍がレンヌに到着すると、『O.E.』の幹部たちは新聞の

発行停止を決めた。しかし、1940年7月4日、ドイツ軍当局の指令を受けて、同日、再刊に至った。紙面タイトルの下にあった「共和派の朝刊紙」という言葉が削除され、たんに「地方紙」という言葉だけが掲げられることになった（中村、2017：114）。その後、『O.E.』は、1944年8月1日まで、ナチス占領下で発行されつづけた。アメリカ軍によってレンヌが解放されたのが8月4日なので、解放直前まで『O.E.』は出ていたことになる[7]。ナチス占領下で発行していた新聞・雑誌は、基本的には対独協力派であるとされ、ジャーナリストを含めて関係者らは解放後に裁判にかけられることになった。

　ここで指摘しておきたいのは、ドイツ軍のレンヌ到着を受けて発行停止を決めてから、ドイツ軍当局の指令を受けて再発行に至る間に内部で決裂があったということである。後述するように、代表取締役のアルチュールは、ドイツ当局が紙面に関して出すであろう指図などは自分たちで適当に修正できると考えていた。また、彼には自分たちが再発行を拒否して、ドイツ当局に『O.E.』が完全に掌握される方が危険であるという考えもあった。さらにいうと、アルチュールにとっては、『O.E.』の発行停止によって従業員を路頭に迷わせることの懸念も大きかった。実際、この新聞社は600世帯の生計を支える地方の一大企業であった（Delorme, 2004: 13）。その一方で、アルチュールの決定に反対して、『O.E.』を離れたジャーナリストも多かった。とくにデグレ=デュ=ルーの義理の息子であるポール・ユタン（Paul Hutin）は、『O.E.』の再発行はドイツのプロパガンダの道具として利用されるだけだと考えた。そのほか、ユタンの義理の兄であるフランソワ・デグレ=デュ=ルー（François Dégrées du Loû）や『O.E.』の地方情報部長エミール・コシェ（Émile Cochet）らもレジスタンス運動に身を投じることになった（Delorme, 2004: 24; Hisard, 1955: 280）。

　つまり、ドイツによるレンヌ占領の時点で『O.E.』に残る者と去る者で分かれたわけであるが、この点が解放後に肝要となってくる。前者については後で検討するとして、後者に関して簡単に説明すると、要するに、『O.E.』の再発行に反対して去った者は、解放後にレジスタンス神話が構築されていくなかで、名誉を授かる側となった。具体的にいうと、レジスタンス活動に身を投じた（とされる）者は、新たに新聞を創刊するのに有利な条件を得ることができた。『O.E.』関係者の場合、それに該当するのがユタンであった。ユタンの場合、1940年の時点で51歳であったので、本格的なレジスタンス組織で活動することはなかったが、一貫して反独的な態度をとり、レンヌの監獄に入れられたこ

ともあった。また、彼は占領下でレジスタンスの活動家たちとも接触していた。こうした行動が認められ、ユタンは新聞を創刊することができた。その新聞こそ、1944年8月7日に創刊された『ウエスト・フランス』である。解放期に創刊の許可が下りた新聞は、対独協力新聞を一掃する狙いがあったが、『ウエスト・フランス』においてはまずもって人的資源の点において『O.E.』と一貫性を持つに至った。さらに社屋や設備などでも『ウエスト・フランス』は『O.E.』を引き継ぐかたちとなった（中村、2017：122-127）。

　かくして、1944年の『O.E.』の発行停止は『ウエスト・フランス』の創刊に至る結節点となった。この辺りの意義は先行研究と照らし合わせてもう少し説明する必要がある。とくに、大前提としてフランスのジャーナリズム界における『ウエスト・フランス』の占める位置が重要となってくる。この新聞は地方紙でありながら、1975年以来、国内最大販売部数を誇る新聞であり、量の点では『ル・モンド』や『ル・フィガロ』といった全国紙を圧倒している。とくにフランス西部の世論形成に影響力をもつものと考えてよいだろう（中村、2017：110）。これは『O.E.』についても同様である。上述のように、大部数を売り上げる『O.E.』は、ブルターニュ地方を中心に地域の情報を届けると同時に、社会的カトリシズムを牽引した新聞である。このような背景もあって、『O.E.』も『ウエスト・フランス』もジャーナリズム史や政治史を中心に様々な観点から論じられてきた★8。しかしながら、『O.E.』から『ウエスト・フランス』に移行していくなかで、もっとも重要な時期である占領下での状況や解放期の粛清裁判に関する詳細はほとんど論じられていない★9。したがって、以下では、その一端を少しでも明らかにするために、『O.E.』の粛清裁判に焦点を当てて考察を進めていきたい。

2　『ウエスト・エクレール』裁判（1）
——アンリ・フレヴィルの記録から

2・1　裁判形態について
　プレスの粛清を論じる前に、そもそも粛清に関して複数の裁判形態があったことを指摘しておきたい（Novik, 1985; Rousso, 2001; Rouquet et Virgili, 2018; 南、2018）★10。対独協力者の裁判といえば、まずは軍事裁判所がある。これはフランス国内軍との戦闘で捕えられた協力者たちを対象とする文字どおり軍事の裁判所であった。しかし、ここで重要なのは、対独協力者を裁くこと

写真1 『ウエスト・エクレール』の社屋（36
　　　番地、ル・プレ・ボッテ通り）。現在
　　　は『ウエスト・フランス』の社屋（出
　　　典：Coll. YRG et AmR 44Z2950.
　　　http://www.wiki-rennes.fr/
　　　L%27Ouest-%C3%89clair）

写真2 『ウエスト・エクレール』1899年8月17
　　　号。ドレイフュス事件の記事を掲載
　　　（出典：https://gallica.bnf.fr/
　　　ark:/12148/bpt6k581726b）

を目的とした裁判である。この裁判は3種類に分けることができる。第一は、
高等特別法廷（Haute Cour de justice）で、ここでは対独協力という点で、
もっとも重大な罪を犯したとされる者たちが裁かれた。フランス国の首席フィ
リップ・ペタンや、ペタンの下で首相を務めたピエール・ラヴァルら、重要人
物を中心に108件の裁判が行われた。第二は、特別法廷（Cours de justice）
である。特別法廷は、1944年6月26日のオルドナンス（委任立法）によって
創設され、1名の司法官と4名の陪審員で構成された。対独協力の疑いをかけ
られた者の多くがここで裁かれ、その件数は5万95件に上った。判決の種類は、
死刑、強制労働刑、懲役刑、禁固刑、公民権剥奪刑と複数あり、このことはそ
れだけ「対独協力」の程度に差があったことを示すものである。第三は、公民
法廷（Chambre civique）で、1944年8月26日オルドナンスによって設置
された。公民法廷は特別法廷に付属し、国家反逆罪（indignité nationale）
の罪を疑われた者たちが裁かれ、有罪となった場合は公民権剥奪（dégradation

nationale）の刑に処されることになった。公民法廷は、特別法廷よりも比較的軽微な罪を問う場であったが、6万7965件という数の裁判を行った。

　ジャーナリストの粛清に関していうと、ほかの職業とは異なって、全般的により複雑であった。というのも、二つの粛清があったからである。一つは前述の粛清裁判であり、もう一つは職業団体内部での粛清である。とくにジャーナリズム業界では、占領下で発行し続けた新聞・雑誌に関与したジャーナリストたちの身分証停止というかたちで、徹底的に粛清が行われた。実際、法廷で裁かれた関係者は一部であり、多くの場合は業界内で処罰を受けた（Delporte, 1995: 28-31）。そして、肝心の『O.E.』の関係者たちに関していうと、彼らはまずは特別法廷で裁かれることになった。

2・2　アンリ・フレヴィル『ブルターニュ地方におけるプレスの騒乱』について

　次に『O.E.』の裁判の基本的な情報について整理しておこう。同裁判の概要は、アンリ・フレヴィル（Henri Freville）による『ブルターニュ地方におけるプレスの騒乱』のなかに、ある程度記されている[11]。この著書の信憑性を測るためにフレヴィルという人物を知っておく必要がある。1905年にパ・ド・カレで生まれたフレヴィルは、ソルボンヌで学んだ後、中高等教授資格者となり、1932年にレンヌの高校教師の職に就いた。また、フレヴィルは若い頃、サンニエの影響を受け、「ジュヌ・レピュブリック」（Jeune République）に加わり、キリスト教民主主義に傾倒していった。占領下では、レジスタンス運動に参加し、とくにレンヌの一般研究委員会（Comité général d'études：通称CGE）の情報部門に所属しながら、ブルターニュ地方の対独協力新聞を監視する立場を担った。そして解放期には地方情報監査官という役職を与えられ、プレスの粛清に携わるようになった。戦後は人民共和運動（Mouvement républicain populaire：通称MRP）の創設にも関わり、政治家として活動する一方で、レンヌ大学の教授となった。また、1953年から1977年まで、実に四半世紀近くにわたってレンヌ市長を務めた[12]。こうしたフレヴィルの経歴の一部をとってみるだけで、彼が、解放期のブルターニュ地方におけるプレスの粛清に精通していたことがわかるだろう。さらに、歴史学者という本職の強みも手伝って、フレヴィルの記録はある程度信頼できる内容となっているといってよい[13]。

　フレヴィルによれば、『O.E.』裁判は、1946年2月11日、2月12日の2日

にわたってレンヌに設置された特別法廷にて行われた★14。被告は3名である。代表取締役のピエール・アルチュール、監査役会代表で政治部門の責任者ジャン・デ・コニェ（Jean des Cognets）、パリ控訴院の弁護士でジャック・ファヴィエール（Jacques Favières）の筆名で活動していたアンドレ・コシナル（André Cochinal）である。また、組織として、『O.E.』の発行元であるプレス・レジオナル・ド・ルエスト社（la Société Presse régionale de l'Ouest、直訳すれば西部地方新聞社で、通称PRO。以下PROと略記）も裁きの対象となった。編集長のアンリ・ジャン（Henry Jan）と発行責任者のフランシス・ラリエ（Francis Rallier）は、とくに対独協力に利する行為はなかったとして免訴となった。とくにジャンは、ドイツ軍による圧力の下、否応なく編集長を継続したこと、さらにフランス人兵士に様々な便宜を図ったことも示された（Delorme, 2004: 32）。弁護人については、アルチュールとPROを弁護士会会長のモーリス・ボーデ（Maurice Baudet）が、コニェをフィリップ・ド・ラスカズ（Philippe de Lascazes）が、コシナルをジョルジュ・ブールドン（Georges Bourdon）が担当した。フレヴィルによれば、「押しも押されもせぬ有能な弁護士たちが次々と法廷に入ってきた」（Fréville, 1979: 138）という。司法官は、レジスタンス運動に参加し、強制収容所に入った経験ももつピエール・オルヴァン（Pierre Orvain）が務めた★15。

　司法官のオルヴァンが嘆いたのは、「〔『O.E.』の〕すべてが、対独協力のために取り扱われた」（Fréville, 1979: 138）ことで、占領下で世論を扇動したと考えられる記事がすべて取り上げられた。しかし、弁護人はもちろん、様々な証言者が3人の被告人の擁護にまわった。後述するように、様々な証言者が、レジスタンスに加わった従業員たちが残した家族の面倒をアルチュールがみたことなどを語り、彼の愛国心を称賛した。弁護人のボーデは「公務員や鉄道員と同様、当局の区画や国の成り行きを任された者たちと同様、彼は残らなければならなかった。彼は新聞を停止するべきだったのか。それができたのか」（Fréville, 1979: 143）といい、アルチュールが否応なく再発行を決心したのだと主張した★16。コシナルについては、ドイツ当局の検閲を受け入れ、より鋭く対独協力的な意味をもつ記事に修正したことが責められた。しかし、フレヴィルによると、コシナルは、とくにナチス的イデオロギーに染まっていたわけでもなく、心優しいフランス人そのものであり、ペタン政府の指示や検閲の遵守にしたがっただけなのだという。コシナルは、ペタン政府が定めた「最小限の悪」（Fréville, 1979: 141）の政策を実行していると信じていた。そして、

オルヴァンがもっともその責任を指摘しようとしたのがデ・コニェだった。というのも、デ・コニェこそが政治的記事──『O.E.』は地方紙であり、ブルターニュ地方の三面記事が多かった──の掲載に携わっていたからである。1939年春に政治部門の責任者のポール・シモンが、次いで編集長のアタナズ・モルが退職したことで、デ・コニェがシモンの後を引き継ぐことになった。しかし、デ・コニェはそれまでは女性ファッション誌『ル・プティ・エコー・ド・ラ・モード（Le Petit Écho de la Mode）』の運営に専心しており、『O.E.』では実質的に文芸欄を担当するのみだった。端的にいって彼は政治的なジャーナリストではなかったのである。占領下ではデ・コニェは、二枚舌でドイツ当局を欺きながら、会社を守ろうとしたという──「毎日、私はフランス語のスペースを増やそうと努力しました」。そのうえでデ・コニェは「この時代は私にとってはある種の受難でした」と述べた（Fréville, 1979: 140）。

　つまり、3人の被告人にしたがえば、それぞれ否応なく『O.E.』を発行しつづけたのであって、けっして積極的に対独協力をしたわけではなかった。また、フレヴィルが「マルク・サンニエを含む被告人の個人的な友人にくわえて、出版労組書記でレジスタンスの有名なメンバーたるアンジェ氏を含む労組の責任者たちの証言は強烈な印象を呼び起こすものだった」（Fréville, 1979: 146）というように、多くの証言者の支援もあって、判決は比較的穏当なものとなった。アルチュールは10年の市民権剥奪、デ・コニェとコシナルは2年の禁固刑と終身市民権剥奪の判決が下された。ただ、フレヴィルによれば、この時代、新聞・雑誌の裁判がより公平に行われるのは稀であったという。つまり、彼の視点では、占領後の切迫した状況のなかで『O.E.』の関係者がなしえた選択はきわめて限定されており、裁判ではこの点が考慮されていないということである。とはいえ、こうした判断は、彼と『O.E.』の関係者たちの親しい間柄を思わせるものであって、すべてを鵜呑みにすることもできないだろう。

3　『ウエスト・エクレール』裁判（2）
──裁判記録から

3・1　ピエール・アルチュールの弁明
　ここで確認すべきなのが、『O.E.』裁判の記録である。これは、裁判の速記録事務所BLUETによって寄贈されたもので、国立文書館（ピエールフィット・シュル・セーヌ館）に所蔵されている（334 AP/81 : Cour de justice de

Rennes, L'Ouest-Éclair. 11 et 12 février 1946、以下334 AP/81, ANと略記)。ここでは、この史料に依拠して、アルチュールの証言の要点を整理することにする。

　記録には、最初にピエール・アルチュールの基本情報が掲載されている。名前はPierre, Emile, Marie, Joseph、年齢は53歳、職業は会社経営者、居住地はレンヌである。そして、冒頭で、裁判長（Le Président）は以下のように述べ、アルチュールの対独協力に関する容疑を簡潔に伝える。

> 資料を読んだ結果、あなた、ピエール・アルチュールは、1940年から1944年にかけて、当該期間、政府の発行許可なく、敵国であるドイツとの連絡あるいは関係を、あるいはその国民や関係者たちとの関係を維持してきました。とくにドイツによる占領下で、『ウエスト・エクレール』の代表として、敵の計略やフランスおよび連合軍に対するプロパガンダに利するような企図に加わりました。（334 AP/81, AN　以下、強調は筆者）★17

そして裁判長とアルチュールの長いやりとりがつづくので、以下ではそれらを確認していきたい。

　まずは、人物確認で、家族構成や簡単な経歴が述べられる。1930年、アルチュールは、創刊者のトルシュの退職にともなって、『O.E.』で営業管理部門の一員として招かれた——それに応じてレンヌに来たように思われる。そして1930年から1933年まで同様の地位で働いていた。

　ここから占領下での発行に関する具体的な証言が出てくる。最初にアルチュールが主張するのは、偶然性についてである。アルチュールは、1933年にエマニュエル・デグレ・デュ・ルーが亡くなった後に、PROの代表取締役の地位に就いた。そして、ドイツ軍がレンヌを占領した1940年6月18日に、自分自身が代表取締役であったのは偶然でしかないという論理である★18。

　次にアルチュールが強調するのは、パリを拠点とする全国紙と地方紙とでは、新聞経営の状況がまったく異なるというものである。彼は、その点が裁判では考慮されるべきであるという。

> 地方紙は〔その地方の〕誰もが知る発行元で成立しています。『ウエスト・エクレール』、『ル・プティ・ジロンド（Le Petite Gironde）』、『ル・プティ・マルセイエ（Le Petit Marseillais）』、『ル・プティ・ドーフィノワ（Le

Petit Dauphinois）』のような新聞を出し、地方で成長し、地方で深く根をはった発行元はまさにそうです。　　　　　　　　　（334 AP/81, AN）

地方における『O.E.』が占める位置の大きさについてはフレヴィルの説明にもあったように重要な論点である。というのも、大部数を売り上げる地方紙の発行元は、住民の生計を支えるいわば地方経済を回す原動力となっていたからである。裁判長も「フランスで最大部数の地方紙でした」（334 AP/81, AN）といって、アルチュールの証言の助けとなる発言をしている。これを受けてアルチュールは、具体的な数字を挙げて次のように述べる。

　　自分の弁護にはそれが道徳的に重要であると考えています。レンヌで600
　　人の従業員、レンヌのほかで100人ほど、さらに西部のさまざまな地域で
　　6000の委託販売業者を集めていたこの新聞は──もしここでジャーナリ
　　ストがいたなら彼らは私の主張を理解してくれるでしょう──一種のミ
　　ツバチの巣箱だったのです。そこで24時間中24時間誰かが働いていま
　　した。〔…〕皆、私たちにいいました。「必要なのは手当ではない。尊厳
　　のなかで生計を立てることだ」と。施しは必要ではないのです。
　　　　　　　　　　　　　　　　　　　　　　　　　　　　（334 AP/81, AN）

アルチュールによれば、占領直前、『O.E.』の印刷部数は45万部に上り、流通や印刷に関わる人たちを含めて相当数の労働者を抱えていた。つまり、彼は『O.E.』の発行は従業員の生活のために必要だったという弁明を展開したのだった。
　第三に出てくるのが、自治主義者（autonomistes）たちとの対立である。自治主義者たちとの対立については、アルチュールも裁判長も詳細を語っていないが、それは彼らからすればあまりに自明の出来事だったからだろう。ブルターニュ地方では、以前からブルトン人による独立運動が盛んであった★19。留意すべきなのは、この独立運動が、フランスからの独立を目指す以上、反国家的な性格を持っており、その点でナチス・ドイツと思惑が一致していたことである。当時の文脈でいうと、ブルトン国家党（Parti national breton）のナショナリズムの高まりが危険なかたちでナチズムと結びついていた。アルチュールの主張では、自治主義者たちが『O.E.』に接近して、それを利用しようとしていたという。

当時の雰囲気のなかに身を置かなければなりません。当時、ドイツ軍は、自分たちのしたいようにすることができました。とくに新聞・雑誌に関してはそうです。明らかに『ウエスト・エクレール』のような新聞にブルトン自治党のような組織を参加させてしまうのは、プロパガンダの手段、比類ない普及の手段でした。これが私の感覚です。

(334 AP/81, AN) ★20

　以上に関連して、第四は、アルチュールはドイツ軍の圧力によって強制的に『O.E.』の発行をつづけさせられたという弁明である。彼の証言では、1940年7月22日、ドイツ人将校が『O.E.』に来て、新聞が売られているかどうかを聞いてきたという。そして彼が発行停止している旨を伝えると、ドイツ人将校は「『ウエスト・エクレール』が固有の方向性で再発行しないのなら、自分たちの指示する方向性で、ドイツ軍当局の下で再発行させることになる」(334 AP/81, AN) といった。つまり、アルチュールの立場からすれば、検閲を受けながらも自分たちの手で『O.E.』を発行するか、それともドイツ当局に社屋を明け渡すかの選択を迫られることになった。そして彼は前者を選んだのだった。

3・2　裁判長による被告の擁護
　以上が、アルチュールの弁明だが、ここからは裁判長による擁護する場面が見られるようになる。まずは、きわめて直接的な擁護で、裁判長が被告のアルチュールの貢献を述べるのである。

　社会的観点からあなたは多くのことをしました。〔…〕あなたはいなくなった従業員のために給与を取っておきました。あなたは占領下でいつもロンドンの特派員の妻に給与を払ってきました。社会的観点から、あなたは従業員のために多くのことをしました。私はあなたの有利な点として、占領下でけっして一度も記事を書かなかったことも挙げるべきでしょう。戦前も書いていないと思いますが。しかし、あなたは占領下で一度も書かなかった。あなた個人の不利になるような、『ウエスト・エクレール』に掲載された嘆かわしい記事をまったく書かなかったのは明らかです。あなたは会社の管理および新聞の経営を負っていましたから。(334 AP/81, AN)

つまり、裁判長によれば、アルチュールは二つの側面から擁護されるべきであることになる。一つは、上述のように、アルチュールが実際に従業員の生活を守っていたことである。もう一つは、アルチュールが『O.E.』に記事を書かなかったことである。彼は経営者の立場ではあったのでこれは当然でもあるが、裁判長の論理からすれば、対独協力を問う物証として敵国に利する——あるいはフランスを貶める——記事があったどうかは、判決に際しての重要な判断材料であったということである。

　裁判長の擁護でいうと、間接的なものもあった。すなわち、アルチュールの弁明を誘導するかような尋問があった。以下は最後の方で出てくる問いかけである——「しかし、占領中、あなたは、少なくとも1年は「対独協力」（Collaboration）グループにいました。あなたはその点、占領当局を前にしていわば仕方ない状況だったのだといいます。どうした状況でこれが発生したのですか。どれくらいの期間、そこにいたのですか」（334 AP/81, AN）。要するに、これは、アルチュールが『O.E.』での活動のほかに対独協力的な行為があったかどうかを確認する質問である。もし『O.E.』以外で対独協力的な活動がなかったと判断されれば、職業上もそうでなかったという蓋然性が高まる。他方、もしあったと判断されれば、職業上でも同様だったととられても仕方がない。つまり、職務以外での活動もまた被告の対独協力の有無あるいは程度を示す指標となったのである。

　さて、上記の問いかけに対してアルチュールが答えるには、ある日、一人の女性の訪問を受けたことをきっかけに「対独協力」のグループと関係をもったという。アルチュールは以下のようにつづける。

　　デシャン夫人です。私は、彼女が個人的な事情でやって来たのだと思いました。それから、レンヌでも「対独協力」のグループが創設され、編集のために誰かを必要としていることを知ったのです。私は大いに悩みました。誰かが被らなければならない犠牲だと思いました。というのも、この加入はかたちだけだったからです。私はそこで二つの条件をつけました。1）いかなる政治的活動もしないこと。2）私たちにとって執行部や委員会に入ることはないこと。数日後、デシャン夫人は、電話でしつこくいってきました。巧みな女性です。彼女はいうわけです、シャトーブリアンの学会があるが誰も議長の引き受け手がいない、絶対に男性たちの委員会を構成しないといけない、議長を務めてほしい、と。私は答えました、「いや、

デシャンさん、無理です。なぜって、加入の条件に反するし、私は政治は
しないという約束ですから」と〔…〕。　　　　　　　　（334 AP/81, AN）

つまり、アルチュールはデシャン夫人による協力の要請を受け入れざるをえな
かったと主張した。とくにドイツ当局に監視されている以上、『O.E.』が「対
独協力」グループの編集を断ることはできなかったのだろう。そして裁判長は、
「おそらく、あなたの状況に鑑みると断るのは難しいでしょう。それはあなた
の弁明たりえます」（334 AP/81, AN）と述べている。かくして裁判長は、ア
ルチュールが『O.E.』以外ではとくに対独協力的な活動をしなかったことを
示したわけである。とはいえ、最後は、「そのほか、いわなければならないのは、
先ほども申しましたが、それしかないとしたら、たんに公民法廷の問いです」
（334 AP/81, AN）とも付言している。すなわち、こうした影響力を持たない
市民の対独協力組織での活動を問うのは公民法廷の役割であり、アルチュール
がいる特別法廷はより重大な事案を扱っているというわけである。この辺りは
プレスの粛清が徹底的であったとされる理由でもある。
　そして最後にアルチュールは、自らの行動がけっして間違えてはなかったこ
とを説明した。とくにアルチュールの後、証言台に出てくる者たちの名を挙げ、
自らの正当性を訴えたのであった。

　　解放時、サン・ローラン近くの私の状況に動揺した私たちの協力者たち
　〔collaborateurとcollaborationnisteを区別しており、アルチュールは
　前者を単なる協力者、後者を対独協力者としている。この協力者は前者〕は、
　私を探しに来ました。私たちはこの最後の夜を『ウエスト・エクレール』
　の地下で過ごしました。占領されて最初の夜に私が隠れた場所です。私は、
　翌日に諸々の権利を手放しました。会社を去るべく支度を整えたとき、輪
　転機のある部屋（ここには大きな社食があります）の若い従業員が私のと
　ころに来ました。ここには全従業員と全労働者が集まっていました。〔エ
　ミール・〕コシェが話しはじめ、私にいいました。「アルチュールはここ
　を離れます。あなたがたは彼に負っているものをご存じのはずだ」。皆さ
　ん〔法廷にいる人たち〕、私は、このとき、従業員の喝采を受けました。
　この日、私はすべてが報われました。　　　　　　　（334 AP/81, AN）

ドイツ当局による圧力の下、葛藤を繰り返したことを窺わせるアルチュールの

証言が示すのは、周囲もまた彼の責任感や正義感を認めてくれているという自負である。レンヌ解放の直前、アルチュールも重々しい任務から解放されたという話で、彼の証言は閉じられた。

おわりに

　以上、プレスの粛清がいかなるものであったのかを理解するために『O.E.』裁判の特徴を整理してきた。なかでもアルチュールの証言に依拠して、彼がいかにして対独協力的ではないことを示そうとしたのかを確認した。要約すると、代表取締役という地位にあったのは偶然に過ぎないこと（つまり、誰もが同じ立場でありえたこと）、多くの従業員を抱える新聞社の代表として彼らの生活を守る必要があったこと、発行をしないとドイツ当局やナチスに共感する自治主義者たちに乗っ取られる可能性があったこと、記事を書かなかったことが弁明として挙げられた。また、彼は『O.E.』の代表であることを除けば、ほかに対独協力的な活動をしていかったことも重要な論点であった。

　それでは、プレスの粛清の一つである『O.E.』裁判が果たして文明的でありうるのかどうかを答えなければならない。これは両方の答えが考えられる。一つは、「文明的であった」とする答えである。「文明的粛清」を司法に基づく粛清と読むのであれば、裁判が開かれた以上、文明的であったといってよい。とくに「野蛮な粛清」と状況を比較すれば、そう表現することも可能であろう。

　その一方、「文明的たりえない」ということもできる。その理由は、本文で確認したように、著名な弁護士がつき、有力な証言者たちがアルチュールの擁護にまわったという事実にくわえて、裁判長でさえ彼に有利な証言を引き出そうとしているかのようだったからである。元来、中立的な立場に立つべき裁判長が、アルチュールの擁護を思わせる発言をするのは、それだけで意味を持つものだった。弁護士や裁判長も含めて裁判に立ち会った者の多くがアルチュールという人物を知っており、この点は判決にも有利に響いたように考えられる。さらにいうと、プレスの粛清は徹底的であったとされるが、『O.E.』に関しては微妙な側面を残すことになった。というのも、『O.E.』は間を空けることなく『ウエスト・フランス』に引き継がれ、両者の連続性は明白だったからである。つまり、もし仮にも『O.E.』の関係者たちに対して重い判決を出すのであれば、『ウエスト・フランス』の正当性自体が危ぶまれる事態に陥ってしまう。しかし、1946年の時点で『ウエスト・フランス』は健在であり、また、その

周囲には新聞改革の主導者たちが多くいた（中村、2017：122-127）[21]。こうした状況を踏まえれば、『O.E.』裁判が司法を経た粛清だったとはいえ、完遂されたとはいい切れない部分が残っているようにみえる。

　最後に、いま一度問い返すべきは、「野蛮な粛清」という言葉そのものだろう。この言葉は、戦後フランスに過去を批判的に問い直すため、つまりレジスタンス神話で覆い隠された負の側面を再検討するために出てきたものだった。とくに植民地支配を正当化するために用いられた「野蛮」という語は、戦後、フランスにこそ送り返すべき言葉であるという主張は、一定の意義があったように思われる。しかし、それでも「野蛮」が文明を前提とした二項対立に基づく言葉である以上、この構図ではみえてこないものがあるだろう。実際、『O.E.』裁判が実に両義的かつ矛盾を含む裁判であったように、地域や業種によってもそのあり方は変わってくる可能性が高いからである。したがって、「野蛮」か「文明的」かとは異なるかたちで、各地方、各業種の粛清が検証されていく必要があるだろう[22]。

　くわえて、『O.E.』裁判をより深く理解するという点では、占領下の諸状況を検討すること、地方史の観点と議論を擦り合わせることなどが求められる[23]。さらに本稿での考察はアルチュールの証言にのみとどまっており、他の証言も同様に検討しなければならない。これらの点については別稿の課題としたい。

付記　本稿は、科学研究費補助金若手研究（B）（課題番号：15K21482）および2019年度南山大学パッヘ奨励金I-A-2の助成による研究成果の一部である。

注
- [1]　今後、検討を要するが、おそらく1960年代、かつて植民地（支配）に対して用いた言葉をフランス国内の問題に適用するといった状況があったように思われる。ほかにも、左派の関係者が集結した1966年の「グルノーブルの集い」において、当時、統一社会党の代表であったミシェル・ロカールが、「地方を脱植民地化する」という講演を行っている。これはロカールが地方分権化あるいは地方の発展を促すことを意図した講演であるが、ここで彼があえて「脱植民地化」という言葉を用いている点に注意したい。記録は以下にまとめられている。Rencontre socialiste de Grenoble, « Décoloniser la province », rapport général proposé par le Comité d'initiative aux délibérations des colloques sur la vie régionale en France, 1966.
- [2]　「épuration」は「エピュラシオン」としてそのまま表記されることもあるが、ここでは「粛清」とする。
- [3]　こうした負の歴史が問い直されていった過程については、平野（2018：85-107）を参照。ここではとくに占領下のユダヤ人迫害と植民地支配が挙げられている。

★ 4　プレスの粛清の簡潔な記述については、Bergère（2018: 70［宇京訳、2019：76-79］）を参照。

★ 5　『O.E.』の歴史については Lagrée et al.（2003）を参照。また、トロシュ神父の伝記的研究については Delorme（2000）がある。

★ 6　サンニエの「シオン」の展開に関しては伊達（2013）を参照。また、『O.E.』とカトリックの関係については Cadore（2003）に詳しい。

★ 7　ちなみにパリ解放が 1944 年 8 月 25 日なので、それに比べてレンヌはずっと早い時期に解放された。その理由はレンヌが地理的にノルマンディに近いことと関係している。こうした側面も含めて、当時のレンヌの歴史については Sainclivier（1996; 1997）を参照。

★ 8　ジャーナリズム史では Martin（1997; 2002）を参照。また、『O.E.』とキリスト教民主主義政党の人民民主党（Parti démocrate populaire）の関係については Delbreil（2000）を参照。

★ 9　この『O.E.』から『ウエスト・フランス』に至る連続性が一つの問題を構成していると考えることもできる。繰り返すと、解放期の新聞改革の主たる目的は、占領下で発行していた新聞・雑誌を一掃することにあったが、『ウエスト・フランス』の場合、従業員の多くがそのまま『ウエスト・フランス』の従業員となり、改革は徹底されなかった。この点は対独協力者に対する記憶の問題とも関わっているように思われる。『ウエスト・フランス』の創刊事情を考察するならば、『O.E.』裁判の分析を避けて通れないが、この作業は地方の負の歴史に踏み込むことでもあり、距離が近いほど繊細な作業にならざるをえないはずである。たとえば、ギー・ドロルムは『O.E.』および『ウエスト・フランス』に関する複数の著作を出版してきた。しかし、まさにドロルムは『ウエスト・フランス』のジャーナリストであり、『O.E.』裁判にはほとんど言及していない。また、対独協力者に関する記憶の問題については剣持（2008）が詳しく論じている。

★ 10　裁判の制度は複雑であるが、南（2018）が簡潔にまとめおり、以下の記述は基本的にそれに依拠する。

★ 11　そのほか、『O.E.』裁判に関しては Gosselin（1988）にも部分的に記されている。

★ 12　フレヴィルの経歴に関する詳細は、以下の元老院のウェブページを参照（2019 年 10 月 1 日確認）。https://www.senat.fr/senateur/freville_henri000139.html

★ 13　とはいえ、フレヴィルも『O.E.』の関係者たちと距離が近いこともあって、その記述は過剰に慎重だったり、回りくどかったりするように思われる。

★ 14　以下の記述は断りのないかぎり、Fréville（1979: 138-146）を基にしている。

★ 15　フレヴィルの記述では Orvain としかないが、これは Pierre Orvain である。

★ 16　対独協力に関して、積極的な対独協力と消極的な対独協力があったということはおさえておく必要がある（渡辺、2006：311-312）。その点を考えるにあたって、ジャーナリストたちの場合は、パリの新聞か地方の新聞かで大きく変わってくる可能性があることを指摘しておきたい。

★ 17　ここで「政府の発行許可なく」という表現は、実に微妙であるといってよい。というのも、むしろ占領下のレンヌで当局の許可を得て発行されていたからである。こうしたねじ曲げられた論理は、まさにレジスタンス神話によってフランスの敗北を覆い隠そう

とする一例であった。南（2018：279-280）を参照。

★18　アルチュールは、発行停止後、県知事の要請に基づいて、少しでも住民が情報に接することができるように、時事報告書（Bulletin d'information）を作成したという。

★19　ブルターニュ地方の自治主義運動については梁川（2001）を参照。

★20　ここでアルチュールはブルトン自治党（1927-1931年）と述べているが、正しくはブルトン国家党（1931-1944年）である。

★21　また、解放期の新聞改革については中村（2014）を参照。

★22　地方の粛清を取り上げた研究として、さしあたり、メーヌ＝エ＝ロワール県を対象としたBergère（2004）やアルザス地方を扱った末次（2014）を挙げておく。また、プレスに限定するとニースを対象としたSchor（1976）の分析がある。

★23　占領下のジャーナリズムについてはCallu et al.（2009）を参照。

参考文献

剣持久木『記憶の中のファシズム──「火の十字団」とフランス現代史』講談社、2008年。

末次圭介「アルザス自治主義者による第二次世界大戦中における「対独協力」および「抵抗運動」」（博士論文）、東京大学、2014年。

伊達聖伸「「2つのフランスの争い」のなかの社会的カトリシズム──マルク・サンニエ「シヨン」の軌跡1894～1910」『上智ヨーロッパ研究』第5号、2013年、23-42頁。

中村督「戦後フランスにおける情報秩序の再構築に関する予備考察（1）──「カイエ・ブルー」に着目して」『南山大学ヨーロッパ研究センター報』第20号、2014年、35-50頁。

───「キリスト教民主主義とジャーナリズムに関する一考察──『ウエスト・フランス』の創刊過程に着目して」丸岡高弘・奥山倫明編『宗教と政治のインターフェイス──現代政教関係の諸相』行路社、2017年、109-132頁。

パクストン、ロバート・O（渡辺和行・剣持久木訳）『ヴィシー時代のフランス──対独協力と国民革命 1940-1944』柏書房、2004年。

梁川英俊「ブルターニュにおけるナショナリズムの誕生（一）──『バルザス・ブレイス』以前のラヴィルマルケ」『人文科学論集』54号、2001年、85-117頁。

平野千果子『フランス植民地主義の歴史──奴隷制廃止から植民地帝国の崩壊まで』人文書院、2002年。

───「フランスにおける植民地支配の過去と記憶──法制化をめぐる議論から」橋本伸也編『紛争化させられる過去──アジアとヨーロッパにおける歴史の政治家』岩波書店、2018年、85-107頁。

藤森晶子『丸刈りにされた女たち──「ドイツ兵の恋人」の戦後を辿る旅』岩波書店、2016年。

南祐三「解放期から第四共和政下フランスにおける粛清──対独協力者はいかにして裁かれたのか」森原隆編『ヨーロッパの政治文化史　統合・分裂・戦争』成文堂、2018年、275-297頁。

柳沢史明「「文明化の使命」の時代とその文化」柳沢史明・吉澤英樹・江島泰子編『混沌の共和国──「文明化の使命」の時代における渡世のディスクール』ナカニシヤ出版、2019

年、1-19頁。

ロス、クリスティン（中村督・平田周訳）『もっと速く、もっときれいに——脱植民地化とフランス文化の再編成』人文書院、2019年。

渡辺和行「引き裂かれたフランス」柴田三千雄・樺山紘一・福井憲彦編『フランス史3』山川出版社、2006年、293-332頁。

Bergère, Marc, *Une société en épuration. Épuration vécue et perçue en Maine-et-Loire, de la Libération au début des années 50*, Rennes: Presses universitaires de Rennes, 2004.

———, *L'épuration en France*, Paris: Presses universitaires de France, « Que sais-je ? », 2018（ベルジェール、マルク［宇京賴三訳］『コラボ＝対独協力者の粛清』白水社、2019年）.

Bourdel, Philippe, *L'épuration sauvage* [1988], Paris: Perrin, « Tempus », 2008.

Cadore, Henri (de), « L'Ouest-Éclair et les deux Ralliements (1899-1930). Contribution à l'intégration des Catholiques de l'Ouest dans la République », Michel Lagrée, Patrick Harismendy et Michel Denis (dir.), *L'Ouest-Éclaire. Naissance et essor d'un grand quotidien régional. 1899-1933*, Rennes: Presses universitaires de Rennes, 2000.

Callu, Agnès, Patrick Eveno et Hervé Joly (dir.), *Culture et médias sous l'Occupation. Des entreprises dans la France de Vichy*, Paris: CTHS, « CTHS-Histoire », 2009.

Delbreil, Jean-Claude, *Centrisme et démocratie-chrétienne en France : le parti démocrate populaire*, Paris: Publication de la Sorbonne, 2000.

Delporte, Christian, « L'épuration des journalistes : polémiques, mythes, réalités », *Matériaux pour l'histoire de notre temps*, n° 39-40 (juillet-décembre 1995), pp. 28-31.

Delorme, Guy, *L'abbé Félix Trochu*, Rennes :Éditions Apogée, 2000.

———, *Ouest France. Histoire du premier quotidien français*, Rennes, Éditions Apogée, 2004.

Delourme, Paul, *Trente-cinq années de politique religieuse ou l'histoire de « L'Ouest-Éclair »*, Paris :Éditions Fustier, 1938.

Fréville, Henri, *La presse bretonne dans la tourmente 1940-1946*, Paris :Plon, 1979,

Gosselin, François-Xavier, « Le barreau rennais dans la tourmente », *Revue juridique de l'Ouest* (1988), pp. 644-676.

Hisard, Claude, *Histoire de la spoliation de la presse française*, Paris :La Librairie française, 1955.

Martin, Marc, *Médias et journalistes de la République*, Paris :Odile Jacob, 1997.

———, *La presse régionale. Des Affiches aux grands quotidiens*, Paris :Fayard, 2002

Novik, Peter, *L'épuration française 1944-1949*, Paris :Balland, 1985.

Rouquet, François et Fabrice Virgili, *Les Françaises, les Français et l'Épuration*, Paris :Gallimard, « Folio », 2018.

Rousso, Henry, *Vichy. L'événement, la mémoire, l'histoire*, Paris :Gallimard, « Folio »,
2001.

Sainclivier, Jacqueline, *L'Ille-et-Vilaine, 1918-1958. Vie politique et sociale*, Rennes
:Presses universitaires de Rennes, 1996.

————, « Le retour à la paix dans l'Ouest de 1944 à ? », *Annales de Bretagne et des
pays de l'Ouest*, tome 104 (1997), pp. 99-111.

Schor, Ralph, « La presse niçoise de la Libération et le problème de l'épuration »,
Cahier de la Méditerranée, n° 12 (juin 1976), pp. 71-100.

〈史料〉

Archives nationales (AN), Pierrefitte-sur-Seine, 334 AP/81: Fonds du cabinet
Bluet, Cour de justice de Rennes, L'Ouest-Éclair. 11 et 12 Février 1946.

客体の向こう側

アジア・アフリカにおける文明化の諸相

第4章

近代日本における「文明化」※
法哲学の視点から

服部 寛

はじめに——本稿の目的・内容

　日本では、幕末から明治期にかけ西洋の列強に面してそれらの支配から脱するために「近代化」をはかることが試みられた。（後述する意味とは異なる一般的な意味での）文化の点では、「文明開化」と言われる西欧化（西洋化）が行われた。私の主たる研究領域の対象である法に関して言えば、西洋列強と結ばれた不平等条約の解消に向けて、西洋の法律の摂取にすることが試みられ、それは、いわば、日本が西洋諸国からの強い支配下から脱するためであった——明治期における日本の近代化についての、法学の通俗的な認識は、こうしたものであると言える（例えば、三ヶ月、1982：56以下）。かくして《西洋的な法（律／制度）》は、西洋的近代化の徴表（の一つ）と見ることができる。ところで、本共同研究のキーターームである「文明化」と、法（律）・法学との関係は如何？　これはそう簡単な問題ではない。確かに、「文明化」の一プロセスにおける、法（律）が果たす役割やそのあり方が示す意味を考えると、上記のような近代化の徴表を挙げることができよう★1。そして、端的にはこのことを以て、つまり、西洋近代の法（律）の摂取（の完了）を以て、文明化の完遂をも語ることができよう。しかし、事を法（律）・法学・法的事象について広げて考えれば、「文明」との異同が議論される「文化」との関係をどう考えるかという難しい問題が存する。加えて、本稿の末尾で指摘するように、「文明化」や「文明」については、今日までの法学において、管見の限り、立ち入った議論などが行われているとは言い難い。

後述するように、法学では、法社会学を中心に、「法文化」に関する研究に
取り組まれてきたが、思想史・歴史学一般における「文化」・「文明」自体に関
する検討との関係につき、詰めるべき点が尚も存する。他面で、「文明（化）」
について法学以外の学問領域において論じられるにあたり、「法」なるものが
どのように理解されているのかについても、簡単ではない問題が横たわってい
る。例えば、上述したような、法学の通俗的認識が、他の人文・社会科学の領
域においてどの程度共有されているか否かにつき、筆者が判定する立場にはな
いが、ひとえに「法」といっても、「法律（制定法）」と「慣習法」との区別が
あり、あるいはそこに他ならぬ「文明化」の議論が入り込む以上は、法学以外
の学問領域における研究にも、一定程度の《法および法（哲）学と文明化との
関係》についての知識を有することを前提とされる。かかる学際的な仕事の蓄
積は豊富に存するとはどうも言い難い。本章の筆者は、一介の法哲学徒に過ぎ
ず、「文明化」はおろか「文化」・「文明」に関する深遠な研究を行うには力量
が及ばないことは言うまでもない（そもそも法学の内部でも「法文化論」に通
暁している研究者は管見の限り多いとは言えない）。また、「文明化」それ自体
に関する正面からの議論（例えばエリアスなど）について★2は、筆者の能力
的限界を超えるという点と、法学（特に実定法学）においてそれらの議論が表
立っては扱われていないという二つの理由から、本章ではこれらについて扱わ
ず他の章に委ねる（高岡・第2章など）。筆者が行えることは、法学の一領野
を形成するに至った、日本の「法文化論」に至る法学サイドからの《文明化》
研究の深度（もっと言えば浅さ）と、（法学と没交渉的であるように見えると
ころの）《文明化》に関する歴史・思想史における「法」研究の手薄さを補う
べく、あるいは「法文化論」と《思想史・歴史学における文明化論》との間の
懸隔を狭めて、双方の領域をいわば架橋することである——これらの仕事がい
ずれも難事業であることもまた言を俟たないけれども。本章は、文明化に関す
る、いち法学徒の覚書の次元を越え出るものではないが、こうした仕事に幾許
か貢献すべく、近代（本章では明治時代以降とする）から現代の日本における
「文明化」に関する議論（主に法・政治に関するもの）について、法（哲）学
的観点から概念と法学の諸分野の議論を「整理」することを目的とする。併せ
て、他の章における、歴史学・人類文化学といった他のディシプリン及びそれ
に基づく衛生や教育への文明化からの洞察をも意識し、それらと法（学）とを
架橋するための学際的な下作業も、ささやかながら試みる。考察の結果として、
近年の「文明化」をめぐる（日本の）議論にも目配せをして、文明化をめぐる

議論の、特に日本におけるこれまでの実相（法学の側での議論の貧相さ）をより明らかにすることに貢献することを目的とするものでもある。

1　問題の整理
──「近代日本」の「文明化」を法的観点から語るに際して

1・1　日本における文明／文化という言葉

　本題に入る前に、言葉や問題の整理を、諸文献に説かれているところを基に、紙幅の都合からやや乱雑ではあるが、簡単に行っておきたい。まず、「文明」・「文化」という用語自体についてである。「文明」も「文化」も、近代化をめざす幕末〜明治期以前に、既に日本の年号として存在していたが（文明…1469〜1487年、文化…1804〜1818年）、いずれも中国の書を出典としている（中国語の「文明」・「文化」については宮原・第5章を参照）★3。他面で、「文明」・「文化」とも、西洋語の翻訳語として選定されている★4。つまり、「文明」・「文化」とも、中国語からの借用であり、西洋語の翻訳でもあるという、二重の翻訳（語）としての意味合いにつき、注意を促しておきたい。

　日本の明治以降★5の近代化については、「文明化」よりも「文明開化」という言葉のほうがポピュラーであろう★6。宮原・第5章と一部重複するが、先行業績に依拠しつつ、この「文明開化」と「文明」・「文化」概念の基本的な事柄について、書き留めておこう★7。

　「文明開化」は、文明と開化の組み合わせの造語であるとされ、「文明開化」という言葉自体は、福沢諭吉が使用したことが知られている★8。福沢は、これをcivilizationの訳語としている。これが、時代の進歩を表わし流行語化していき、厳密な訳語を離れていった。当時の響きとしては、西洋風かぶれの空気をあらわし、明治初期の特有の世相の形容詞として（民衆のオプティミズム）用いられていたとされる。これに対して、明治中期におけるナショナリズムのなかでは、反動・反批判的な形で、軽蔑的批判がなされた。「文明開化」の語は、明治初期のこうした意味合いが強いとされ、しかも、それは、歴史的現象（時代の風潮）、思想（福沢の『文明論之概略』を想起されたい）、政府の政策、世相という四つのあり方で整理されている。前二者については簡単ながら本段落の上で述べたところであり、後二者につきもう少し触れておくと：政府の政策という点では、いわば上からの政策としての、殖産興業（上からの資本主義育成）や、国民皆兵性（富国強兵）といった諸点が、「文明開化」と重ねられる★9。

これを、啓蒙思想や、海外留学生・お雇い外国人などが支えた。世相という点では、「文明開化」は、都会の産物であって（東京の下町などが中心となる）、また和洋が奇妙な形で混合したもの★10であり、庶民的・合理的なものとされた。これが新しい国民文化の一端となり、地方へと浸透していった（これは、廃藩後の集権政府の全国統制のため新政策の地方浸透や、新教育政策などとも関連する）。学問の領域では、西洋の学問を専門の諸学として各専門別に啓蒙するという流れが重要となり、明六社の面々が重要な役回りを果たした。しかし、こうした「文明開化」の《流れ》に対しては、政教一致を掲げる教導政策とそれに反対する見解の出現（島地黙雷など）、殖産興業が終末を迎えたこと（官業払下げなど）、さらには自由民権運動も「文明開化」と対決し（例えば、木戸孝允は、文明開化に批判的であったとされる）、これらを通じて、下火になっていった。教育の次元でも、忠君愛国主義の傾向が強くなっていった（福沢らの自由主義への恐怖と関連する）。上からの文明開化の政策の方式は、終焉を迎えることとなる。

　「文明開化」に代わって出てきた言葉が「文化」である★11。「文化」は、はじめはcivilizationの訳語として用いられたともされ★12、他方で、生松敬三によれば、「文明開化」の頭尾の造語の側面もあるとされる。夏目漱石の講演「現代日本の開化」（1911年）で、「西洋の開化」を「西洋文化」に言い換えているところがあり、「文化」が「開化」と同意義と解される、と言われる★13。大正期に入ってから「文化」概念は広まりを見せ、その一つの表れとして「文化主義」が展開されたものと言われており★14（1919［大正8］年）、左右田喜一郎『文化主義の論理』、桑木厳翼の講演『文化主義』といった文献が挙げられている。彼らの見解は賛否の論議を呼び、「文化主義論争」を起こし、大山郁夫による「民衆文化主義」の方向（や「教養主義」的色彩を帯びるもの）などはあれど、「いずれにしても、この間に、「文化」という言葉がさらに広範な社会的場面において一つの流行語としてもてはやされるにいたったのである」と、生松はまとめている（生松、1975：80-86、直接引用は86より）。

　蛇足だが、「文明病」という言葉も、こうした時代に（既に）表れている。複数の文献が、（健康面での）文明病について扱っている。例えば、『健脳法』という文献では、「文明病」として、当時の科学の進歩（汽車や電車など）による運動不足や、中流以上と以下との小児につき後者に衛生や食事で足りない部分があるとはいえ頑健児が多い旨などの、科学（進歩）批判が展開されている（児玉、1910：1以下）。時代が下ったものでは、徳富猪一郎（蘇峰）によ

る白人人種批判にも、「文明病」の語が見える（徳富、1931：196以下）。高岡・第2章による「衛生」という点に関して言うと、衛生行政に携わった後藤新平については、近年、法哲学においても関心が持たれているが（例えば、鈴木、2013）、後藤の文献においても、「文明病」という用語が見えることは興味深い（例えば、後藤、1914）。さらには、「衛生」と「法」と「文明」とが交錯するトポスとして、葬送を指摘することができるかもしれない。明治に入り発布された火葬禁止令は、仏教のもとに広まった火葬に対して、神道・儒教のもとから反対するという宗教上の対立があるものの、土葬と衛生という点から、火葬の残酷さ・野蛮さに対する「文明の論理」という形から、同禁止令をめぐる当時の葬送の諸問題に言及するものも存する（牧原、2008：193-199。なお、この点につき、中国の文明化に関する宮原・第5章における、風俗の次元での具体的な例も参照されたい）。

1・2　日本の法・法学と文明／文化──あるいは法の継受の問題★15

「はじめに」で述べたように、《近代化－文明化》をはかる上で、明治の日本では、西洋（欧）の法を「摂取」することが行われた。今日の法文化論の基礎的なテキスト（千葉、2007）に従い、その基本的な点をまとめておこう：西洋法の移植は、自発的に受け容れる「継受」か、受け容れを押しつけられる「強制」かの二つの態様が存する。日本の文明（化）の徴表としての西洋法化は、前者の「継受」という形であった。他方、この「継受」においては、継受される「元」の地において既にその地に存在している「法（なるもの）」との軋轢が生じることとなる。この、その地における「法」は、「固有法」と呼ばれ、これらの「法」のあり方につき、成文／不文、公式／非公式などの区別で語られることが多い。西洋法の移植・継受を（ある意味で）積極的に見て研究を進めていくのが、「比較法」という視点（あるいは今日的にはディシプリンとして存する）である。他方で、とりわけ非－西洋の、（各地の）独自の固有の法を重視する流れが、いわば「法文化論」というものに繋がっていく。1・1で見た文明／文化は、（一般的な）法学において、強いて言えば、《「文明」－西洋法／「文化」－固有法》という二分法的な区別に符合すると言える。日本の法（学）史に戻ると：《西洋化－文明化》を志向する流れが明治期〜戦前まで強く、しかし西洋法の継受を推し進める過程の内に、既に、日本国内の固有の法への関心が存しており、これが戦時期に強くなり、《西洋化－文明化》の流れとの間に軋轢を来していた。現在の法学における視点については、本章の末

尾で述べる。

　肝心の法学（者）と、「文明開化」との関係についても、簡単に論及しておこう：既に繰り返し述べているように、明治期において、とりわけ不平等条約の改正のために（も）、西洋法の導入（摂取ないし今日的に言えば「継受」）は、いわば焦眉の課題とされていた。例えば、司法卿を務めた江藤新平がその一人として知られている（利谷、1985：2-5）。採り入れる西洋法についても、どの国の・どのような法律を範とするのかをめぐって、議論が起こった。例えば、民法をめぐる論争をラフにまとめると：お雇い外国人のボワソナードが中心になって起草された旧民法はフランス法をベースとしており、（法）思想的には自然法論と親しいものであった。これに対して、それが当時の日本に適合するものか否かに加えて、大日本帝国憲法や天皇制との整合性を重視する立場からは、むしろドイツ法を範とすべきとされた。そうして創られた現行民法の起草者の一人である穂積陳重（1855-1926）は、その論文「法律五大族之説」において、進化論（ダーヴィニズム）的立場から、次のように述べている：「法律を彙類分別するの前に、先づ一事の記憶せざる可からざる者あり。曰く、法律は開化に伴うて進むの一事是なり。故に開化の源流を同うするの諸國は、自然法律を同うす。國民文化にして法律完備ならず、國民野蠻にして法律周密なる者は、未曾て之れ有らざるなり。因是観之に、同種の開化に感染せる諸國には自然同種の法律あり」（穂積、1884：298。圏点は穂積の原文による）。この点を、比較法学者の青木人志は、「要するに、穂積は、文明開化の単線的な進化のものさしを想定し、そのものさしで進化の過程が同じ段階にある国には、おのずから同じような法律があるというのである」とまとめている（青木、2005：49）。もっとも、《文化／野蛮》の対立軸、（文明）開化との概念的な関係性について詰めるべき点が存するが、基本的には、青木の指摘を敷衍して言えば、穂積において、《文明＝開化》の意識が進化論的に存していた、と言える（なお、こうした「開化」と「文明」との関係については、ベトナムにおける訳語の問題を指摘する宮沢・第6章をも参照されたい。関連して、「教育」・「開発」という観点からは、大澤が、簡にして要を得た説明を行っている［大澤、2019：32-36]）。穂積は、西洋法継受の最前線の局面で活躍し、日本の法哲学・法社会学・法人類学・比較法学などの先駆者とも目されている★16。しかし、当時の法学が「文化」や「文明」それ自体を正面から扱っているかというと、話は別である。この点については項を改めることにしたい。

1・3　法的文脈における「文明化」あるいは「文明」・「文化」

　では、《近代化－文明化》の徴表たる「西洋法」を継受した日本法において、「文明」・「文化」はどのように論じられているのか？　まず、現行法において「文明」（ないし「文化」）という用語がどのくらい出てくるのかにつき、手近な検索手法で調べると、「文明」という用語を含む法条は、わずか三つほどしか存在しない★[17]。これは一体どういうことなのだろうか？

　法文化論の草分け的な存在である千葉正士（千葉、2007）の見解によれば、今日の法学では、「文化」（＝法秩序の特徴として表れた文化統合）のほうが主だって論じられるところとされる。法文化論は、いわば、西欧法思想中心から脱し、各国の法（思想）の文化性に着目するものであり、独立の分野としては未確立ではあるとされるが、着実に広まりつつある。このような法「文化」論が広まった背景は、とりわけ戦後の基礎法学の領域において熱心に取り組まれた法社会学における日本人の「法意識」論（例えば、川島武宜などによる）が、まずその基礎となっている。その際には、近代西欧法がモデルないし理念型として据えられていた。ここから、比較法学において、（理念型ではなく）現実の、西欧・日本の法意識の比較、法・法観念の特徴が対象とされてきた。法文化論は、法社会学者・法哲学者を中心に、西欧法思想中心の状況から脱して、各国の法・法思想の文化性に注目する分野として、広まりつつある。近年では、各文化圏のまとまりを軸とした法分野が散見され（アジア法など。例えば、安田、1997）、また「開発法学」という名の領域も出てきている。

　ともあれ、「文明化」という観点から改めて考えてみると、日本の法（学）の展開と共に、「文明」という用語は、「法」との結びつきが弱まっていくというように見える。後述するように、今日に至っては、文明と文化との（かつては慎重になされていた）区別ひいてはそうした区別の意識自体も見受けられなくなってきている。あるいは、きちんとした定式化が行われているかもしれないが、この点に関する管見を仮説として提示しておくと：近代的な法典化が進むと（そしてそれが「完遂」してしまえばなおさら）、「文明化」という用語・言葉自体が下火となっていく、といえよう。このことと、明治の「文明開化」論の消長との相関関係や、人的な側面としての明六社（無論福沢を含む）と「（西洋）法」の継受との関係など、詰めるべきところは少なくない。他面で、「文明」が論じられなくなることと、（大正以降の）ドイツ的な Kultur 論の流行は、法学の世界においても、さしあたって首肯され得るように思われる。

2　法学における「文明」と「文化」の一局面

2・1　文明（化）に関する議論の法（学）的局面①：牧野英一、小野清一郎

　本節では、「文明（化）に関する法（学）的局面」として、まず、「文明」「文化」についてほぼ同時期に論じながらやがて対立していった刑法学者の師弟である二人の学者に注目してみたい。一人は牧野英一であり、もう一人は牧野の弟子・小野清一郎である★18。両者とも法哲学者であるとも言える。

　本論に入る前に、前提となる法的状況について、ごく簡単に説明しておこう★19：日本が近代的（西洋的）な刑法を採り入れるにあたり、最初に手掛かりとされたのは、フランス法であった。お雇い外国人の一人であるボアソナードにより起草された刑法（現行刑法に対して旧刑法と呼ばれる）は、1880（明治13）年に公布され、1882（明治15）年に施行された。現行の刑法は、1907（明治40）年に公布され、翌年に施行された。現行刑法はドイツ刑法の影響の元にあり、とりわけ新派刑法学の影響が強いとされる。

　牧野英一（1878-1970）は、新派刑法学の代表的主張者であり、戦前～戦後にかけての刑法学会の長老として、学界・実務に大きな影響を及ぼした。牧野のメインフィールドは刑法学であるが、刑事政策、刑事訴訟法、ひいては民法や憲法といった他分野にも活発に発言し、強い自由法論の立場から、これら各領域において活躍した。しかも、ドイツ法やフランス法を中心に、比較法学的な観点を前面に打ち出していることも、牧野の特色である。牧野の見解や実際の活動については様々な検討が既になされてきているが、本章では、「文明化」に限定して扱うことにしたい。

　牧野が文明（化）・文化に関して書いた著作は、大正7年に出版された『現代の文化と法律』である（牧野、1918）。同書で牧野は、「現代文明と貧乏、犯罪、病氣」という章で、社会政策の問題として、この貧乏・犯罪・病気の三つの問題を扱っている（牧野、1918：80-128）。紙幅の制約上、その委細を扱うことは憚られるが、大意を私の理解と言葉を交えつつ紹介すると：現代の法律組織〔これはむしろ法体系に相当するものであろう〕において、所有権と契約という二つの観念が中心になっており、これらが手を働かせるということ（と道具を御使用すること）と関連づけて論じ、この二つの観念を尊重することによって現代の文明が生まれてきた、とする（牧野、1918：92）。だが、手を働かさずに働かせたのと同様の利益を収めるものとして利息という現象が出現・

発達し、このことから、文明に関する病弊が出現した、とされる。一つ目は、貧乏であり、これは、分配の不平均〔不均衡〕という現象が生じ、工場法の問題が湧出することになった。二つ目は犯罪の問題であり、これを当時のヨーロッパの刑法改正の動向（新派的傾向）とも関連づけつつ、所有権・契約の尊重から世の中が窮屈となり犯罪問題への対処がより顕在化するに至った旨を説く。三つ目の病弊は病気であり、とりわけ梅毒、結核、精神病が挙げられている。これに加えて、（社会の弱者としての）老人問題や、生存競争の問題にも懸念し、その対処につき、牧野が立つ新派刑法学の立場（主観主義、教育刑主義、社会的責任論など）から説いている。牧野は、次に述べる弟子の小野をはじめ、批判を受けたものの、その影響力は、刑法学に止まらず、民法学などの他の分野にも及び、戦後も、学界の長老として、大きな影響を諸方面に与えたのであった。

　牧野および新派刑法学に対する見解も、刑法学の内部から出てきた。日本の刑法（学）が旧派よりも新派の影響の元にあったという状況はあれど、旧派（その主張は、客観主義、応報刑、道義的責任論などに集約される）の流れを受けた学者も出現する。その一人が、牧野の門下生でもある、小野清一郎（1891-1986）である。小野の見解（の展開）もまた一言では言えない難しさが存するが★20、ここでは、「文明化」に関する法（学）的な文脈との関連に限定して扱うことにしたい。牧野の『現代の文化と法律』を意識する形で、小野は、昭和3年に、『法理学と「文化」の概念』（小野、1928）を著わした。これは、牧野の上掲書をいわば叩き台として、新カント主義・新ヘーゲル主義の諸見解につき、文化現象としての法律、法理学の文化段階、経験的文化科学としての法律学、特殊文化哲学としての法理学の一般的理念・方法を構築したものであるとされる★21。翌年には、精神文化史・経験的文化科学としての法（律）思想史についての著作を公刊している（小野、1929。ここでの「経験的文化科学」概念については同書の序言3-4頁を参照）。

　小野の見解は、戦時期に入り、体制に寄るようになる。この時期のかかる小野の立場の代表的なものが、昭和17年の論文「日本法理の自覚的展開」である（小野、1942）。ここでの小野の立場は、法学において「日本法理」と呼ばれる思潮の一つに数え入れられる。この「日本法理」の主張内容は多種多彩であるとされるが、小野の見解は、仏教に定位するものであり、ラフにまとめれば、それまでの自身の見解を、仏教の立場を交えながら（再）構成するものであった。本章の観点から言えば、西欧法の移植・受容をしてきたこれまでの法

学あるいは当時の同時代的な見解を批判するものであり、日本固有の法を重視する流れに立った。小野はここでも、（改めて）文化をベースとして議論しており、日本民族における文化全体と日本法理との関係について、法を《精神的・観念的文化》としながら議論を展開した。牧野との対立・牧野への批判は、この時期において顕著となり、これも単純な図式化ではあるが★22、《比較法－牧野vs.日本固有法重視－小野》という形で整理され得る。

　戦時期の体制に学問的に深く関わっていった小野は、戦後になり、公職追放となり大学を追われるが（次節で触れる東京裁判では、弁護人を務めている）、その後、法務省の特別顧問として、刑法改正準備草案の起草に携わるなど、学界内外への影響力は強く保持していた。本章の文脈すなわち法学と文明・文化という観点から俯瞰して見ると、小野の学術的成果（小野、1929）は、比較法学・法文化論の領域から、西欧に限らずインド・中国・日本の法思想史を各時代について叙述した稀有の例として評価されてもいる（千葉、2007：25）。

2・2　文明（化）に関する議論の法（学）的局面②：戦後の（極東）国際軍事裁判——「文明の裁き」論

以降の法的な文脈で「文明」が表れる局面として、第二次世界対戦後の（極東）国際軍事裁判を指摘することができる（この関連で、フランスにおける「ウエスト・エクレール」裁判については、中村・第3章を参照）。極東国際軍事裁判（いわゆる東京裁判）と、それに先立つ国際軍事裁判（いわゆるニュルンベルク裁判）は、戦勝国側により「文明の裁き」として考えられていた★23。ここでの「文明」とは、国際法の権威である大沼保昭によれば、《近代欧米の西洋文明》とされる。これら国際軍事裁判が「文明の裁き」であるか否かについては見解があるであろうけれども、「文明化」を法的な文脈で見た場合には、少なくとも、前世紀におけるその展開の一里塚として考えられ得るであろう。サミュエル・ハンチントンの言う『文明の衝突』（ハンチントン［鈴木訳］、1998）★24を後景としながら、現代の世界を"multi civilizational"な世界として考え★25、東京裁判を見直すという動向を含めて、現在の我々の世界（あるいは日本）における「文明」の位置付けが図られていることも、「文明化」の今日的な到達点として、意識されてよいであろう。

むすびにかえて――法（哲）学と「文明（化）」の来し方行く末

　上述した、国際軍事裁判－「文明の裁き」を巡る議論やハンチントンの「文明の衝突」論とは（一応）異なる視角から「文明」について「転換」が図られていることについても、我々はおさえておきたい。卑見によれば、「文明」そのものの揺らぎを見せる幾つかの契機を指摘することが可能である。

　一つ目は、第二次世界大戦の惨禍である。これはさらに次の二点に区別され得る。その一は、ドイツのナチズムにおけるアウシュヴィッツを「文明の決壊（Zivilisationsbruch）」として、端的には、《アウシュヴィッツが〔西洋の〕文明を揺るがした》とする、歴史家・ディナーの見解である（Diner, 1988）★26。その二は、日本へと視線を向け、広島の原爆から（近代）文明批判を行うアンダース（Günther Anders）の立場を受けて、アウシュヴィッツとヒロシマとをつなげて論じるブルムリックの見解が興味深い（Brumlik, 1988）。こうした文明批判においては、第二次世界大戦の「戦勝国」による「文明の裁き」への論及を欠くように見えるが、これらを総合した形で「文明（化）」なるものをどう考えていくかが、思想・哲学的な課題として、「戦後」の世界において意識されていることは、今一度念頭に置かれてよいであろう。

　二つ目の契機は、2011年3月11日に発生した、東日本大震災ならびに東京電力福島第一原子力発電所の事故である。これを「文明災」として反省を迫る見解が存する（梅原、2011の二つの文献を参照、以下はそのエッセンスをまとめたものである）★27。東日本大震災復興構想会議の特別顧問を務めた梅原の言う「文明災」の「文明」とは、〔西洋〕近代文明であって（デカルトの名をもっぱら挙げる）、その人間中心主義や科学技術重視に対して批判を行っている。かかる近代文明のシンボルが原発であり、それが大自然の猛威を前にして崩壊し、人々・国家・国際社会に危機や不安をもたらしている状況につき、天災や人災という範疇を超え、文明そのものがもたらした災厄である、と把握する。梅原自身が立脚するのは、一方では仏教であり、他方で、日本の基層に「縄文文化（文明とも）」や「詩的文化」がある、と考え、本来あったという太陽崇拝（太陽の恩恵を受ける文明）や自然エネルギー重視の方向を説く。梅原の見解（それが結実したもののひとつの「人類哲学」については、梅原、2013）は、（近代西洋）文明に対する批判として、あるいはアンダースの見解と重なるところが小さくないように見える★28。

さらに、2011年に中東・北アフリカで民主化革命が起きたことにつき、これを西洋近代文明（物質的現代文明）の一元的支配の崩壊から多元的文明の併存による新たなグローバル世界への移行と関連づけて、「日本の災害と世界の多元化」を「ゆるやかに関連しあう二つの問題を「文明の転換」という言葉でくくる」という視線も存する（玄侑・島薗、2012：1-20；島薗、2012：26-28、文責は島薗）★29。後者の「多元的な文明の併存」は、こうした《2011年＝文明の転換点》論では取り上げられていないものの、上述した東京裁判に関する近年の「multi civilizational」な視点（大沼、2018：28）と相通ずるところがあるか否かを模索する試みも、今日の「文明（化）」の行く末を考える上で有益となろう。

　他面で、近年の「文明」論のなかで異色なのは、森岡正博の「無痛文明論」である。森岡は、動物学者の小原秀雄の「自己家畜化」論をいわば叩き台にして、現代社会の我々が快を求めて苦しみを避けて手に入れたものを手放さないという「身体の欲望」にしばられ、苦しみをくぐり抜けて自分を解体・変容・再生させたときに予期せぬ形でおとずれる「生命のよろこび」を経験することが難しくなっており、そうした「身体の欲望」が「生命のよろこび」を奪い取っていく仕組みが、社会システムの中に組み込まれて隅々まで張りめぐらされている、という「文明」とされる（この「無痛文明論」のいわば定義については、森岡、2003：24を若干端的にまとめた）。そこでは、森岡が主張してきた生命学と併せて、優生学にかかる諸問題についても「生命の品質管理学」などの形で議論されているのみならず（森岡、2003：46以下）、生死に関する哲学的問いが、現代の（おそらく洋の東西を問うものではない形で）提出されている。この森岡の「無痛文明論」批判には傾聴に値する部分がある一方、「文明」の内実について、詰められているとは言い難いように見える。付言するに、「無痛文明論」や森岡の生命学を真摯に受けとめる上で、「（人間の）尊厳」をどう考えるかというイシューも存する。森岡自身は、ハンス・ヨナスの「生延長」論を受け、また尊厳に関する概念史に一瞥した上でカントの尊厳概念（自律を中心とする）に批判を加えた上で、（「人間の尊厳」概念の代わりに）「身体の尊厳」・「人生の尊厳」の二つの尊厳の重要性を指摘する（森岡、2016）。「尊厳」に関してこれ以上踏み込むことは本章の役割を越えるが★30、「尊厳」の内実を含め、第二次大戦後の「文明国」における法秩序の位階の頂点に位置する「人間の尊厳」あるいは「人権」と「文明」との関係という、法学的には月並みではあるが重要なテーマへの道を、ここで開いておくに止めておこう。

　小括すれば：国内的・国際的にみて、「文明（化）」については（本章が対象としていないエリアスなどの議論は横に置いても）、上記のように、多彩な方向を向いた主張が展開されている。これらにおける肝心の「文明」概念（また「文化」との異同）、ひいてはそれらを踏まえて「文明化」が意味するもの、そしてこの現在地点から先にあるものについては、模糊としたところが存している。これを学際的に論究していく試みが俟たれる。そのための作業の一環ないし今後の叩き台として、法学サイドから、今日のないし今後の「文明化」ないし「文明」を論じるにあたり、一言して、本章のむすびに代えることとしたい。

　《近代化－文明化》の徴表の一つである「法（律）」を扱う「法学」において、「文明化」は、現在、どのような位置を占めているのであろうか？　先に少し述べたように、今日の法学では、「法文化論」が一つのディシプリンとして、あるいは少なくとも一つの物事の重要な視点として確立していると言ってもよい。この法文化論は、本章が基軸と据えていた《近代化－文明化》――そしてさらにその基にある西洋化――という視座にもはや拘らず、むしろ各地方・地域における法文化と密接に関連する固有法を考察の対象として取り上げることに力をおいている。このことと関連して、「文明（近代西洋文明）」の中軸にあった（近代）西欧法自体についても、それが一面では普遍的な性格を有していながらも実は（近代）西欧に固有のものであったとして、他の法文化と相対化（近代西欧法が相対化）されてきている（端的にまとめられている著作として、千葉、2007★31)。即ち、近代西欧法は、実定法体系の制度、法学、法専門職、この三つが存在していることにつき、普遍的性質を語ることができるとされる。他面で、それは、民主政治・資本主義・ローマ法・キリスト教といった（西欧の固有の）特殊性を（歴史的な）下敷きとしてきたのであった。そして、西欧以外の各「法文化」においては、各法思想および固有法――その形態は制定法に限られるわけではない――において中核をなす「アイデンティティ法原理」の重要性――あるいはグローバル化の中での法の現象形態と、国家法のコアの部分の解体（の不可能性・困難性）――を説き、それを法文化・法意識などの次元にまで深めて探ることが、現在の法文化論のいわば一つの到達点である(千葉、2007：281など)。この点は、多文化主義（あるいはグローバリゼーション）に面して、アイデンティティが果たす役割について考察をはかる向き（西川、2001：364-436。同所は国民文化ないし私文化がとるであろう形についても考察を行う）と、ほとんど同じ方向を向いているように見える。

　では、肝心の「文明（化）」という用語がどこに行ったのか？　という問いが

浮かんでくるであろう。実に、法学において「文明」という言葉自体が用いられることが少なく、例えば「法文化」に相応するような「法文明（○○法文明など）」という用語もまた、一般的とは言い難い★32。「文明」「文化」の用語の混用や混交が説かれて久しいなか、現行民法典の大改正（2017年に成立した「民法の一部を改正する法律」が2020年4月1日に施行される）の中心となった人物により、本章でも取り上げた穂積陳重（とその弟の八束）を中心に取り上げた著作が上梓された（内田、2018）。同書は、《穂積陳重（・八束）とともに、（本章で前述した、法哲学や比較法学などに止まらず）「法学」が日本において誕生した》という基本的テーゼのもと、「法学」の誕生という難事業を説示してくれてはいる。しかしながら、我々が注意すべきは、かかる基本的なテーゼに関わる点につき、学問としての法学が「西洋文化に固有」である（内田、2018：30）とか、法学が「すぐれて西洋文明の産物である」（内田、2018：407）といった形で、「文化」と「文明」が混用されている点である★33。果たして、現行民法の起草者でもあった穂積陳重の「開化」への取り組みが、「文明（化）」という観点から、民法学の120年近くの歴史の中で消化されてきているのかは、いちど真剣に問われ直されてよいであろう。「文明化」の原語である「civilization」という光源から発せられる光を、本章が定位している《近代化－文明化》というプリズムに改めて通しなおし、内田・同書および日本社会における「民法（civil law）」に照射してみると、「civilization」の担い手でありかつ「民法（civil law）」の主体たる「civil」自体につき、実は、現行民法が制定されてから120年経った今も、日本においてその位置付けがイマイチはっきりしない★34、ということを、暗示してしまってはいまいか。来る民法改正が果たして根付くのか、そしてその主体たる「市民（civil）」がいかなる者なのか、ひいてはそこにおいて「日本文明」なるものがどれほど意識されるのか（日本「固有法」の現在地点）？──これらの問題を「文明化」という観点から見直すことは、法学の基礎たる法哲学に課せられた課題でもある。あるいは、このような問題意識から、エリアスを意識して言えば、そもそも《日本において「文明化」が完遂され（てい）るのか否か（それは終わっておらず、進行中なのか）》ということもまた、今一度、検討されてよい。法学──とりわけ実定法学──における「文化」「文明」の位置付けについても、しっかりとした用語法の確立が必要であることを、法学の学たる法哲学の観点から、法学者に対して指摘しておこう。

　かかる考察において念頭に置くべきは、近年の「文明災」論において看取さ

れる、日本「思想」とりわけ仏教や神道あるいはアニミズム的性格の強調である。逆の見方をすれば、それらの「日本文明」論における「法（律）」の不在というものである。「近代西洋文明」が法典＝制定法を重視したことの背景に、法実証主義的なものの見方の貫徹とそれに伴う非＝法律的な要素（例えば道徳など）の排除があったことを鑑みるに、「日本（独自の）文明」というものは、「近代西洋文明」とは異なる「法」──そこでの「法」とは、国家制定法に限るものではなく、むしろそれ以外の「法」が念頭に置かれているであろう──のあり方が考えられ（てい）るように見える。ここで、法哲学（者）は、その勝義の課題である《法と道徳の関係》という問題に（改めて）向きあうことになる。近年、以上に見た「文明」に関する諸議論を踏まえて、「日本文明」論が（改めて）提示されている（山折、2014）が、そこで説かれる「日本文明のグローバル化」（山折、2014：258以下）が、あるいは《日本文明化》を含意するのであれば、なおさらのことである。本章の2・2で上述したように、戦時期の「日本法理」に見受けられたような議論の轍を踏まないように議論の来し方行く末や当否を慎重に見（張）ることもまた、法哲学の一つの重要な任務でもあると言えよう。

付記　本稿は、JSPS科研費（JP19K01253）および2019年度南山大学パッヘ研究奨励金 I-A-2 の助成を受けたものである。

注

※　本章は、南山大学地域研究センター共同研究 2018年度第1回研究会の報告のレジュメ・発表原稿に基づき、これらに加筆・修正したものである。同報告への諸氏からの貴重なご批判に感謝申し上げる。二重山括弧《　》は、本稿筆者による、キーワードやキーセンテンスの抽出、長文の節の整理などのために用いている。

★1　本章が採る《西洋近代法の摂取（継受）─近代化─文明化》という繋がりについて、《「法典」化─近代化》という視角から西洋（フランス）に関しても考察をはかるものとして、金山（2011）、日本については同3以下。ただし、同書においては、「文明（開）化」という要素への顧慮が弱いように見える。この点については、本稿の「むすびにかえて」の箇所で、（市）民法（civil law, droit civile）とは何かという観点から再論する。

★2　「文化」「文明」「文明化」に関する代表的な文献を幾つか挙げておくと（これら文献については、長谷川一年氏のご教示による）：西川、2001：特に「IV 文明と文化──その起源と変容」153-270；松宮、2014；児島、1999。法学の文献でエリアスに言及するものとしては、水林（2002）を確認できるが、本文で述べる法社会学─比較法学といった領域においては、分野の違いも働いているからか、エリアスへの言及は（おそらく社会学者が思うよりもずっと）少ない。（「文明化」では一応区別される）「文明」については、

福沢諭吉（や丸山眞男によるその研究）をはじめ、既に膨大な研究の蓄積が存している。「文化」についても然りであって、それらを正面から取り扱うことは、本章の執筆者の手に余る仕事である。本章は、あくまで、「法哲学」の観点から、「文明化」それ自体および法（学）との関係について、整理と検討を行うに止まるものである。

★3　「文明」も「文化」も『易經』を出典としていることが知られている（山本編著、2017：272-274、328-329）。出典については、文献により若干のバラつきが見られるが、法哲学に関する文献である、小野によれば、文明については、易經の「見龍在田、天下文明」や、書經舜典の「濬哲文明」が、典拠とされている（小野、1928：17以下；18注1・2）。その他、西川（2001：223以下）を参照。典拠となっている『易經』などについては、國民文庫刊行會編（1922：易經については17-18、書經舜典については解題の7）を参照。

★4　前注に挙げた文献を参照。西洋語の訳語ではないということについては、既に小野が、「Kultur・civilizationの訳語として造られたものでは̇な̇い̇」と指摘している（小野、1928：16-17［17注1内、傍点は服部による］）。この点は、文化／文明を語る上で、もっと注意されてよい（西川、2001は、小野・同書への言及を欠く）。

★5　本稿は明治時代以降の「文明開化」を《文明化－近代化》という観点から扱うが、《明治以前の日本において「文明」が存在していたのか（その際の「文明」の定義は横に置いて）》という問題についても、認識しておく必要があろう（例えば、渡辺、2005：総論として同書の「第一章　ある文明の幻影」）。さらに、同書につき、新渡戸稲造の武士道を踏まえて、新渡戸が武士の美徳として描いたものを、江戸時代の「民衆の豊かな文明世界」という観点から、関連を見るものとして、新渡戸（山本訳）、2010：217-218（訳者解説：218。山本の解説は、新渡戸『武士道』を「滅びた徳川文明の鎮魂歌とも言える」とする）。日本思想史における文明開化の記述としては、さしあたり佐藤（2012：177以下）を参照。昨今、「明治維新」自体を否定的に見る立場から、今日（の通俗的歴史観）に（も）連なる「近代」・「西欧文明」と、「近世」＝江戸時代とを対照させ、前者の見直しを図る見解が散見され、そこでも「文明」が単語として出てくる（例えば、原田、2017：「文明」に言及するのは36［「江戸システム」］、（388-）393など；百瀬、2008：195-201［同書は、アイヌ文化への視線を投げかけつつ、原田よりもトーンは弱いが、主張内容の方向としては基本的に同じであろう］）。これらの文献も興味深い見解ではあるが、原田・百瀬の文献で、文明（化）・文化の厳密な定義などは、大まかに見たところ、確認され得ない。なお、本章は、このような歴史（観）の問題を扱うものではなく、かかる見解の是非を問うものでもなく、当該見解に与するものでないことを付言しておく。

★6　「文明開化」に関する近年のまとまった文献として、牧原（2008）がある。本章では扱えないが、日本と「植民地」という観点からは、琉球・朝鮮・樺太ひいては北海道のアイヌと「文明化」との関連が問題とされるべきであろう（この点については、注※の研究会において、吉田早悠里氏から貴重な指摘を受けた）。この点については、牧原（2008：229以下）も参照されたい。

★7　以下、文明開化に関しては、大久保（1988：107-146）に依拠している。他にも、百瀬（2008）を参照。もっとも、これらの文献や以下に引く文献（特に「思想史」に属しな

いもの）については、「文明」と「文化」とについて厳密な使い分けがなされているわけではない点などに注意が必要でもある。

★8　大久保によれば、『西洋事情』（1867［慶応2］年）に西洋の近代政治を「文明の政治」と呼び、同書『外編』（1868年）に「文明開化」の語がある、とされる（大久保、1988：107）。

★9　大久保は、「上からの文化政策」としているが（大久保、1988：112）、ここでその「文化」の定義について定義を与えているわけでは無い。おそらくは、今日の日常用語における「文化」を念頭においた、明治に関する分析であると思われる。以下、本文の本段落における「文化」とは、かかる意味合い（で大久保が用いているもの）であることと想定して、それに従い筆を進める。

★10　例えば、牛鍋やあんパンの登場は、その一例とされる。（中村監修、2007：28-31［中村執筆]）。

★11　「文化」概念について、生松（1975：77-119）を参照。以下、この件は、基本的には、生松・同所をまとめたものである。

★12　『明治のことば辞典』で、文化が、「はじめ civilization の訳語でのち culture の訳語へ転じている」とされている、とある（西川、2001：249）。

★13　『夏目漱石全集10』筑摩書房、1988年、550頁。

★14　大正期に入ってから「文化」概念が広まっていったことに関連するものとして、西川（2001：141）；柴田（2013：246）を参照（「和風に洋風を少し採り入れることでハイカラな雰囲気を持たせるものとしてこの言葉は多用された」。例として、文化映画、文化釜、文化包丁、文化都市など）。小野が、「「文化」の語が譯語としてひろく用ひらるるに至つたのは、大正になつてからのことである」（小野、1928：19）と既に述べていることを付言しておく。

★15　本稿における法文化（論）に関する知識や用語など（法文化の定義、継受法／固有法などについての基本的理解）については、基本的に、千葉（2007）を基礎としている。ここ（1・2）での法文化などに関する定義については、千葉（2007：36-38）。なお、「継受」については、法律（制定法）レベルの「法（律）の継受」と、法学レベルの「学説継受」とを区別することが重要であるが（北川、1968）、この点に立ち入ると多くの紙幅を費やすこととなるため、本稿では、そうした次元の相違があることのみ本注で指摘するに止め、これ以上の論及を避けざるを得ない。

★16　こうした穂積陳重の評価については（本文に関連度順に）、千葉、2007：262、注6；青木、2005：第一章・第二章；滝沢、2009：48。

★17　法律（学）にとって「文明」という用語じたいに馴染みが薄いものとなっている一つの例証として、現行法令において「文明」（ないし「文化」）の用語がどのくらい出てくるかというデータを示しておくと：「e-Gov 法令検索（https://elaws.e-gov.go.jp/search/elawsSearch/elaws_search/lsg0100/）」の「法令用語」での検索（最終アクセス：2019年9月30日）によると、「文明」を含む法条は、「感染症の予防及び感染症の患者に対する医療に関する法律（平成十年法律第百十四号）」の前文における、「人類は、これまで、疾病、とりわけ感染症により、多大の苦難を経験してきた。ペスト、痘そう、

コレラ等の感染症の流行は、時には 文明 を存亡の危機に追いやり、感染症を根絶することは、正に人類の悲願と言えるものである」という、わずか1件のみである（囲み線は服部による。同法については本章の末尾で再度触れる）。政令・施行細則レベルでも、「港則法施行令（昭和四十年政令第二百十九号）」と「船舶法施行細則（明治三十二年逓信省令第二十四号）」の2件のみである。これに対して、「文化」で検索すると、該当件数は「606件」となる。代表的なものは、日本国憲法第25条第1項の「すべて国民は、健康で文化的な最低限度の生活を営む権利を有する」のほか、文化財保護法など、多数存する。

★18　牧野・小野の両者、ならびに関連する刑法学者（例：木村亀二、瀧川幸辰など）については、次の文献が分かりやすい（本報告の基本的な理解も、同書を基礎としている）：中山、2003：牧野については1-25・小野については52-79。詳しく扱うものとしては、吉川ほか編、1994。

★19　このあたりの刑法典・刑法理論の展開については、内藤（1994：683-714）を参照。

★20　手近なものとして、出口、2016。

★21　この点、小野は、同書において、コーラーの「文化法」やラスクやラートブルフといった新カント学派について検討していることから、（当時の）科学方法論──自然科学／文化科学（精神科学）の区別など──について、立ち入って扱うべきであったかもしれない。ただ、（「文化」ではなく）「文明化」を主題とする本書においては、かかる小野（および当時の法学［・社会科学］者たち）のそうした細かい議論について、省略せざるを得ない。翻って言えば、彼らにおいて「文明」という用語は──ドイツ（語）のKulturを意識していることもあるであろう──用いられる頻度はかなり低い。このことは、本章の末尾における、法学における文化／文明の混用に見られるような、今日にも通底する点でもあり得るであろう。

★22　つまり、師である牧野と、弟子である小野との間に、見解の対立がより激しくなった、ということである。この関連では、むしろ、蓑田胸喜らの「原理日本」からとりわけ槍玉に挙げられたうちの一人が、牧野であった、ということも大きい。

★23　極東国際軍事裁判（東京裁判）における「文明の裁き」論、またそれに対する「勝者の裁き」論については、様々な文献が存在するが、ここでは、大沼保昭の説明（大沼、2018）に主に依拠すると：「文明の裁き」というとらえ方は、米国最高裁判事〔であり、ニュルンベルク国際軍事裁判のアメリカの主席検察官〕のロバート・H・ジャクソンがニュルンベルク裁判に与えた性格規定であり、この線に沿った研究として、横田（1949）が挙げられている（詳細については、芝、2015：45以下、92-98など）。これに対して、「勝てば官軍」といった批判がなされ、「文明の裁き」か「勝者の裁き」か、とまとめたのが、マイニア（安藤訳、1985）である、とされる（大沼、2018：19-20）。議論状況の展開については同論文前半部分を参照されたい。この二項対立を乗り越えようとするものとして、日暮（2018：11では「「文明の裁き」でもあり、「勝者の裁き」でもある。東京裁判の両方の側面をありていに見ていくことが必要だというのが私の立場です」と言う）を参照。

　　ニュルンベルク国際軍事裁判における《「文明」である連合国が「非文明」で「野蛮

なドイツを裁くという枠組み》につき、「文明を標榜して裁いた連合国側の戦後の行動
──ソ連の東欧諸国への軍事介入、アメリカのベトナムへの派兵──を見れば、その
「文明」はお粗末な類であったことは明らかである」として、現在の歴史をめぐる論争
につき、「日本の「A級戦犯」、首相の靖国参拝の是非、については、歴史認識論争の相
手国は、主に隣国中国や韓国である。一般に同一文明圏に属するとされるアジアの隣国
を相手とする論争に、「文明の裁き」の入る余地はない。あるとすれば「文化の裁き」で
ある」云々として、「文明の裁き」が「文化の裁き」に変わる点を説く見解も存在する
ことも付言しておこう（牛村、2006:213-214）。もっとも、そこでの「文化」と「文明」
の相違については、必ずしも明らかではない。なお、法哲学者による最近の仕事として、
篠原（2018:「文明の裁き」・「勝者の裁き」については特に40-45）を参照。

★24　ハンチントン（鈴木訳、1998:59）など（日本文明について）；同（鈴木訳、2000）
を参照。「文明の衝突」論に対するものとしては、ゼンクハース（宮田ら訳、2006）；大
澤（2002）を参照。

★25　大沼、2018:28。この点を詳細に論じているものとして、cf. Onuma, 2010; pp.
130 ff.; Onuma, 2017. 大沼は、以前は、既に邦語文献で「文際的人権観」を提唱して
いた（大沼、1998:26以下［国際法における文明・文化概念についても、同書を参照
されたい]）。「文際的人権観」の原語として、「an intercivilizational approach to
human rights」という用語を充てている（大沼、1988:27）。

★26　ディナーの編著（Diner [Hg.], 1988）は、レーヴェンタール、ホルクハイマー、アド
ルノ、ブロッホ、マルクーゼなどについての論稿を収めている。他面で、本章は取り扱う
ことを断念しているが、「文明化の挫折（Der Zusammenbruch der Zivilisation）」
としてアイヒマン裁判を皮切りにナチスドイツ（に至るドイツ人論）を説くエリアス
（Elias, 1992: 391 ff. 邦訳：エリアス［シュレーター編、青木訳］、1996:349以下）も
重要である。エリアスのかかる議論と、アンダースの所論(両者の相互の言及の関係など)
については、他日を期したい。

★27　他にも、堀は、梅原の「文明災」概念を意識して、堀自身は、「原発電力文明社会」（堀、
2012:52）が、グローバルな権力社会構造をなしている事実〔から引き起こされた災害〕
を「文明災」と観念しており、原子力の「平和利用」への転換に批判を行う（堀、
2012:54）。そして、〔原子力の平和利用～福島第一原子力発電所の事故に際しての〕「東
京電力等の繰り返す隠蔽体質、平然とウソを言い続ける言動」につき、「ごめんなさい」
文化の欠如と、（大江健三郎の「あいまいな日本」を念頭に置きながら）「あいまいな」
日本文化という、「文化」論にまで（簡単ながら）言及している（堀、2012:54-55）。
気になるのは、はたしてそこで言われる「文明」あるいは「文化」とは何か？というと
ころである。

★28　福島第一原子力発電所事故との関連での「文明」論批判の、別の一例として、岩佐、
2011。梅原や岩佐が言う（工業）文明論批判と、アンダースの「文明」論批判との関連・
比較については、他日を期したい（卑見では、ヒロシマ－フクシマをめぐる諸言説中の「文
明」論（批判）において、「文明」概念自体がさほど深められているようには思われない）。

★29　ここで言われている（想起されている）「文明」とは、近代西洋文明・物質的現代文

明であり、大災害ではそれに追いつこうとする（経済成長中心の）生き方が、民主化革命ではイスラーム文明の強い意識が、それぞれ挙げられている。

★30　なお、日本における（人間の）尊厳に関する卑見については、本書の刊行とほぼ同時期に論文を公表する予定である。それとは別に、この点につき、1・1の最後で触れた、《葬送のあり方》と《文明》というトポスについて、《人の死》と《尊厳》という観点を絡めて、今日の埋葬に関する法的規制と「（人間の）尊厳」という問題が考えられ得るということを付言しておこう。

★31　もっとも、「法文化」論は、千葉が採る観点や方法に限られておらず、いくつかのヴァリエーションを確認することもできる。例えば、日本の法社会学の「オーセンティック」な立場からのアプローチとして、六本、2003。

★32　「法文明」という用語を使うものとしては、深谷（2012）が例外的であると言える（深谷は法学者ではなく歴史学者である）。

★33　この基本テーゼとの関連で最も明白かつ重要な、次の一節も、この混用が明白である：「本書を通じて明らかにしたように、穂積兄弟を通して受容された西洋法学とは、ひと言で言えば、日本の伝統を西洋の（つまり普遍性のある）土俵の上で正当化するための武器だった。受容を担った人たちは西洋法学を文化的背景を含めて深く理解していたと同時に、西洋に対して自らの文化を認めさせようとの意欲を持った知識人だった。彼らは、西洋文明と対峙するなかで改めて自らの歴史や伝統を再認識し、それを西洋法学の理論的土俵の上に位置づけ、その存在理由や合理性を示そうとした」（内田、2018：351-352）。なお、同書においては、管見の限り、文化・文明ともに、定義が行われていない。

★34　この点で、村上が、イェーリングに際して、近代市民社会とその法（民法）の自律性を「ローマ法の精神」によって支えようとしていることと（村上、1997：107）、〔明六社の一人でもあった〕加藤弘之が、明治日本に求めていた「自由ノ精神」・「精神力」、別言すれば「権利感覚」であった（村上、1997：28）ことを指摘していることは、なおも示唆的である。換言すると、我々にとって、まだ、civilとしての（主に私法レベルでの）「自由ノ精神」――それは、村上・同書が21頁に引く福沢『私権論』における「私権」と重なるであろう――を持ち合わせているか否か、という判定に関わる、なおもアクチュアルな問題であると言えよう。なお、さらにいわばその外側、つまり（市）民法の主体たる「市民」概念自体についても、例えば、陶久のような批判的検討につき（陶久、2019）、とりわけ実定法学の側からの真摯な応答がなされてしかるべきであると思案する。

参考文献

青木人志『「大岡裁き」の法意識――西洋法と日本人』光文社、2005年。

岩佐茂「3・11と9・11の衝撃――問われる近代の工業文明」『季論21』13号、2011年、18-29頁。

生松敬三『日本文化への一視角』未来社、1975年。

牛村圭『「戦争責任」論の真実――戦後日本の知的怠慢を断ず』ＰＨＰ研究所、2006年。

内田貴『法学の誕生――近代日本にとって「法」とは何であったか』筑摩書房、2018年。

梅原猛「「文明災」を乗り越え慈悲の精神みなぎる国家に」『週刊朝日』116巻20号（2011年
　　5月6・13合併号）、2011年、150-152頁。

―――――「「文明災」を乗り越えた新たな文明創出のとき。」『潮』629号、2011年、58-63頁。

―――――『人類哲学序説』岩波書店、2013年。

大久保利謙『明治の思想と文化』吉川弘文館、1988年。

大澤広晃『帝国主義を歴史する』清水書院、2019年。

大澤真幸『文明の内なる衝突――テロ後の世界を考える』日本放送出版協会、2002年。

大沼保昭『人権、国家、文明――普遍主義的人権観から文際的人権観へ』筑摩書房、1998年。

―――――「東京裁判――歴史と法と政治の狭間で」『外務史料館報』31号、2018年、19-35頁。

小野清一郎『法理学と「文化」の概念』有斐閣、1928年。

―――――『法律思想史概説』日本評論社、1929年。

―――――「日本法理の自覺的展開（上）・（下）」『法律時報』14巻2号（2-19頁）・3号（12-30
　　頁）、1942年。

金山直樹『法典という近代――装置としての法』勁草書房、2011年。

北川善太郎『日本法学の歴史と理論――民法学を中心として』日本評論社、1968年。

玄侑宗久・島薗進「対談“フクシマ”にみる文明の転換」『現代宗教』2012、2012年、1-20頁。

國民文庫刊行會編『國譯漢文大成 經子史部 第二卷』國民文庫刊行會、1922年。

児島由理「〈文化〉対〈文明〉――第一次世界大戦における独仏知識人の言説戦争」『比較文学・
　　文化論集』16巻、1999年、57-83頁。

児玉修治『健脳法』内外出版協会、1910年。

後藤新平「文明病の一般を論じて青年諸君に與ふ」『世界之日本』5巻5号、1914年、27-30頁。

佐藤正英『日本倫理思想史　増補改訂版』東京大学出版会、2012年。

島薗進「大災害と文明の転換」『現代宗教』2012、2012年、26-28頁。

篠原敏雄「「東京裁判」論の今日的意義」国士舘大学極東国際軍事裁判研究プロジェクト『新・
　　東京裁判論――GHQ戦争贖罪計画と戦後日本人の精神』産経新聞出版、2018年、
　　33-63頁。

芝健介『ニュルンベルク裁判』岩波書店、2015年。

柴田隆行「文化と文明」石塚正英・柴田隆行監修『哲学・思想翻訳語事典【増補版】』論創社、
　　2013年、245-246頁。

陶久利彦「「市民」概念の再検討」酒匂一郎・新谷眞人・福永清貴編『市民法学の新たな地平
　　をもとめて――法哲学・市民法学・法解釈学に関する諸問題（篠原敏雄先生追悼論文
　　集）』成文堂、2019年、123-132頁。

鈴木慎太郎「「後藤新平」から読み解く統治の技法と哲学――公衆衛生・植民地統治と法」『法
　　哲学年報2012』2013年、170-172頁。

ゼンクハース、ディーター（宮田光雄・星野修・本田逸夫訳）『諸文明の内なる衝突』岩波
　　書店、2006年。

滝沢正『比較法』三省堂、2009年。

千葉正士『世界の法思想入門』講談社、2007年。

出口雄一「小野清一郎──「学派の争い」と「日本法理」」小野博司・出口雄一・松本尚子編『戦時体制と法学者 1931 ～ 1952』国際書院、2016 年、305-315 頁。

徳富猪一郎『現代日本と世界の動き』民友社、1931 年。

利谷信義『日本の法を考える』東京大学出版会、1985 年。

内藤謙「刑法理論の歴史的概観」吉川ほか編 1994 年、683-714 頁。

中村修也監修『文明開化の日本改造 明治・大正時代』淡交社、2007 年。

中山研一『刑法の基本思想［増補版］』成文堂、2003 年。

西川長夫『［増補］国境の越え方』平凡社、2001 年。

新渡戸稲造（山本博文訳）『現代語訳 武士道』筑摩書房、2010 年。

原田伊織『明治維新という過ち──日本を滅ぼした吉田松陰と長州テロリスト〔完全増補版〕』講談社、2017 年。

ハンチントン、サミュエル（鈴木主税訳）『文明の衝突』集英社、1998 年。

─────（鈴木主税訳）『文明の衝突と 21 世紀の日本』集英社、2000 年。

日暮吉延「東京裁判と国際政治」『外務史料館報』31 号、2018 年、1-17 頁。

深谷克己『東アジア法文明圏の中の日本史』岩波書店、2012 年。

穂積陳重「法律五大族之説」『法学協会雑誌』第 1 巻第 1 号、1884 年、30-38 頁。
　　　　　再録：『穂積陳重遺文集 第一冊』、岩波書店、1932 年、292-307 頁。

堀孝彦「ヒロシマとフクシマ──文明災」『日本の科学者』47 号、2012 年、52-56 頁。

マイニア、リチャード・H（安藤仁介訳）『東京裁判──勝者の裁き』福村出版、1985 年。

牧野英一『現代の文化と法律』有斐閣、1918 年。

牧原憲夫『文明国をめざして（全集 日本の歴史 第 13 巻）』小学館、2008 年。

松宮秀治『文明と文化の思想』白水社、2014 年。

水林彪「文明化」山本博文ら編『歴史学事典【第 9 巻　法と秩序】』弘文堂、2002 年、538-540 頁。

三ヶ月章『法学入門』弘文堂、1982 年。

村上淳一『〈法〉の歴史』東京大学出版会、1997 年。

百瀬響『文明開化──失われた風俗』吉川弘文館、2008 年。

森岡正博『無痛文明論』トランスビュー、2003 年。

─────「人間のいのちの尊厳はどこにあるか？」『死生学年報 2016』2016 年、213-228 頁。

安田信之「アジアのなかの日本法」田中成明ら編『現代法学の思想と方法（岩波講座 現代の法 15）』岩波書店、1997 年、201-228 頁。

山折哲雄『日本文明とは何か』KADOKAWA、2014 年。

山本博文編著『元号 全 247 総覧』悟空出版、2017 年。

横田喜三郎『戦争犯罪論』有斐閣、1949 年。

吉川経夫ほか編『刑法理論史の総合的研究』日本評論社、1994 年。

六本佳平『日本法文化の形成』放送大学教育振興会、2003 年。

渡辺京二『逝きし世の面影』平凡社、2005 年。

Brumlik, Micha, „Günther Anders. Zur Existenzialontologie der Emigration“, in: Diner (Hg.), *Zivilisationsbruch*, 1988, S. 111-149.

Diner, Dan, „Vorwort des Herausgebers", in: ders. (Hg.), *Zivilisationsbruch*, 1988, S. 7-13.

─────── (Hg.), *Zivilisationsbruch. Denken nach Auschwitz*, Frankfurt am Main: Fischer Taschenbuch Verlag, 1988,

Norbert Elias (Hg. von Michael Schröter), *Studien über die Deutschen – Machtkämpfe und Habitusentwicklung im 19. und 20. Jahrhundert*, 1992. (邦訳：エリアス、ノルベルト（ミヒャエル・シュレーター編、青木隆嘉訳）『ドイツ人論』、法政大学出版局、1996年。)

Yasuaki Onuma, *A Transcivilizational Perspective on International Law*, Leiden: Martinus Nijhoff Publishers, 2010.

─────, *International Law in a Transcivilizational World*, Cambridge: Cambridge University Press, 2017.

第5章

近代中国における「文明化」について

清末から中華民国初年にかけての風俗改良論を中心に

宮原 佳昭

はじめに

　本稿の目的は、近代中国における「文明化」のあり方を明らかにするための手がかりとして、清末から中華民国初年にかけての風俗改良論の概要を素描することである。

　周知のとおり、中国の伝統的世界像の基本的な枠組みとは、中国文明こそが文明の名に値する唯一の文明であり、全ての他の民族は中国文明に参与する程度に従って「中華」と「夷狄」に等級づけられる、というものであった。1840年に起こったアヘン戦争で中国は西洋の武力によって敗北したものの、中国文明においては武力を粗野で非文明的なものと考えたため、その枠組みが動揺することはなかった（佐藤、1996：第1章）。その後、1860年代以降の洋務運動期における西洋文明との衝突およびその受容を通じて、中国の知識人は西洋文明が中国文明よりも優位にあることを徐々に認識するようになる。とくに日清戦争以降、中国の富強や地域社会の秩序回復などが中国の知識人にとっての課題となり、彼らは議会の設置や産業の振興など、西洋や日本をモデルとする中国の全面的改革を求める議論を盛んに展開した。また、中国の風俗・習慣・道徳・儀礼祭祀などに示される中国人の性格・価値観などに注目して、西洋文化との比較で中国文化を批判するようになった（手代木、2019）。その一方で、西洋文化を批判して中国文化の優位を唱える動きも起こった。

　ここで議論を先取りしておくと、本稿でいう「文明化」は「西洋化」とイコールではない。本論で述べるとおり、中国において「文明」という語は、近代

にcivilizationの訳語となる以前、「文」すなわち望ましい教養・学問・制度が、「明」すなわち世界に発揚されること、という意味をもっていた。そして、「文化」すなわち「文」によって人々を教化することは知識人にとっての重要な使命と考えられていた。上記のとおり、近代の中国には西洋近代の価値観と中国伝統の価値観が併存したため、当時の知識人が提唱する「文」の内実も多様であり、彼らによる改良の対象も政治・経済・軍事など多方面にのぼった。そのなかで本稿は風俗改良論、すなわち民間社会における風俗の改良に関する議論を取り上げる。

　清末から中華民国初年にかけての風俗改良論に見られるのは、西洋近代の制度・思想と中国伝統の制度・思想をいかに取捨選択するか、ということであった[1]。風俗改良に関する先行研究においては、知識人個人の言説および有志により設立された団体の活動を分析するものが中心であった[2]。これに対し、本稿は省および県レベルの議会の議決案に着目する。これは、民間社会における風俗の改良という問題が知識人個人または有志団体のみならず、省および県レベルの議会で取り上げられた議題の一つであったことを重視するためである。筆者は以前、近代の湖南省における風俗改良論を初歩的に分析した（佐藤ほか、2016）。本稿は湖南省の事例に加え、浙江省の各県議会の議決案を新たな分析対象とし、それらに見られる風俗改良論の特徴に焦点をあてる。

　第1節では中国における伝統的な文明観と教化のあり方をまとめる。第2節では清末における文明観の転換と風俗改良論についてまとめる。第3節では中華民国初年の各県議会の議決案を分析し、それらに見られる風俗改良論の特徴を明らかにする。

1　中国における伝統的な文明観と教化

　本節では、中国における伝統的な文明観と教化のあり方を、先行研究に基づいて整理する。

1・1　伝統的な文明観
　中国において「文明」という語は、古典の一つである『易経』に「天下文明」という用例があるように、近代にcivilizationの訳語となる以前からの長い伝統を有している（鈴木、1981：33-68；黄、2006）。この語は「文」が「明らかに」輝く、「文ありて明らかなり」という状態を示すもので、「文」によって

人間社会の風俗が発揚していることを指す。「文」という語は、もとは美しい模様を意味し、ここから派生して学問・道徳・制度・秩序などを意味する。さらに言えば、「文」は「武」に対するもので、道徳の修養度合、学問・知識の水準、儒教の礼楽制度に対する理解と教化の実施状況という意味を含んでいる。また、「文明」と関連するものとして、「文化」という語は、「文もて化する」、「文」によって教化するという動詞であり、武力をもって威圧することをせず、文治による教化、平和主義と人道主義によって政治の教化をはかることを指す。

　1860年代から日清戦争前までの間に編纂された各種の英漢辞典では、civilizedは「教化」、civilizationは「教以礼儀、教化之事、礼貌、文雅」などと訳された。また、英漢辞典に限らず、日清戦争前における西洋書の漢訳文献では、「開化」「風化」「教化」「文雅」「文教興盛」などの訳語が用いられた（黄、2006）。このように、本書のテーマである「文明化」という語は中国においては教化を意味し、「文化」すなわち「文」による教化は儒教の理想とされた。

　儒教の世界観では、「三代の世」（古の夏・殷・周の時代）を、「礼」（天子から庶民に至るまでの身分秩序と、身分に見合った礼儀作法）と「楽」（音楽による身分間の調和）が備わっていた理想の時代とみなした★3。そして、「礼楽」の有無を指標として世界を分け、礼楽がある世界を「中華」、ない世界を「夷狄」とした。そのため、儒教的知識人の使命とは、三代の世の制度や道徳が記されているとされた「五経」（『詩経』『書経』『易経』『礼記』『春秋』）を学んでその内容を身につけた「君子」となり、三代の世を現世に復活させることであった。君子が進んで政治家となって礼楽や「仁」「義」「孝」「悌」などの道徳を世に広め、「小人」すなわち庶民を教化することで宗族や国家が治まり、「中華」の徳が「夷狄」に伝わって「夷狄」が「中華」を慕うようになることで、天下が平らかになる（「修身・斉家・治国・平天下」）という構図である。

　宋代に入ると、それまでの戦乱によって貴族層が滅び、地主層が新たに台頭して儒教の教養を身につけ、科挙を受験して政治家となり、士大夫・読書人と呼ばれる階層を形成するようになった。宋代には、「万世に太平を開く」など士大夫の強い使命感を背景として、「宋学」と呼ばれる新たな儒教の潮流が起こった。ここに彼らは孔子・孟子を聖人とみなし、「聖人学んで至るべし」と考えた。南宋の朱熹によって朱子学が大成されると、明代・清代では朱子学が国家正統の学問とされ、科挙も朱子学に沿って出題された。このため、明代・清代の知識人・官僚は儒教の教養と知識を身につけたものであり、その価値観

はおおむね次のようなものであった。①礼楽の有無を指標とし、礼楽がある「中華」を世界の中心とみなした。②古代を理想の世界として尊んだ。③学問とは五経および「四書」（『大学』『論語』『孟子』『中庸』）を学ぶことであり、それらに書かれていない分野（たとえば自然科学・応用科学など）にはおおむね無関心であった。④「王道」（道徳による統治）を尊び、「覇道」（武力による統治）を卑しんだ。⑤農業を尊び、商業を卑しんだ。

　中国の王朝や知識人にとっての教化の対象は、対外的には中国文明を有さない周辺の「夷狄」であり、民間社会においては儒教道徳を有さない民衆であったと言えよう。

1・2　伝統的な教化

　本節では明代・清代における民衆への教化のあり方を、酒井忠夫氏の所論に基づいて整理する（酒井、1999：第1章）。

　明代・清代は、中国の歴代王朝のなかでもっとも皇帝の絶対主義的専制政治が強化され、王朝の支配機構が完整された時代とされる。明朝は教化政策においても、歴代王朝に比して徹底した方策をとり、つづく清朝も下層社会にまで浸透する政治的社会的支配組織により、教化策を民間社会におし進めることに努めた。官僚や知識人はこの政策に協力することにより、民間社会の秩序を保持するとともに、民間社会における自己の地位を安定させようとした。

　その教化方策は、儒教の説くところによっていたが、さらに古くから儒教をはじめ中国の民間信仰および規範意識を貫いて行われていた善悪報応思想によって勧善懲悪を説き、それを民衆に実践させる方策がとられた。このような規範意識や道徳実践の態度は儒教を中心に道教や仏教、さらにはそれらを混合した民衆宗教一般にも存しており、宋代以降、民間に広く存していた。以下、中国の王朝や知識人が民衆に求めた規範について、宋代の「呂氏郷約」、明代の「六諭」、清代の「聖諭十六条」を挙げて確認する。

　「呂氏郷約」は北宋の時代に呂大鈞がその郷里である藍田の教化をはかって制定した郷約である。郷約とは郷村の秩序維持を目的とし、教化と修養、相互扶助を実践するために作られた規約および団体を指す。南宋の時代には朱熹が「呂氏郷約」を補訂して「朱子増損呂氏郷約」をつくり、これが広く普及した。郷約の加盟者を同約・約中と呼び、その実行のために約正・約副を置き、同約は毎月1回集まり、同約の行動を批判したり、相互扶助を行ったりした。この「呂氏郷約」に示された規範は、「徳業相勧む。過失相規す。礼俗相交わる。患

難相恤む」のいわゆる四綱領である。

　明朝の洪武帝は、村落統治において里甲制を敷き、里ごとに里長・甲首をおくほか、民間で徳業の高い者を「里老人」に充て、里内の教化にあたらせた。また、民衆教化のため「六諭」を発布した。その内容は、「父母に孝順なれ。長上を尊敬せよ。郷里に和睦せよ。子孫を教訓せよ。各々生理に安んぜよ。非為を作すなかれ」である。

　「六諭」のほか、明代には洪武帝・永楽帝の時代を中心として、皇室・外戚・官僚・臣民一般に対し、勧善懲悪を説き教化を意図した訓諭や訓戒書が多く勅撰された。洪武帝が発布したもので重要なのは、『大誥』三編および『教民榜文』である。『大誥』三編は、元朝の政治・社会・倫理の廃頽を受けて万機を振粛し、「綱常」（人として守るべき道）を正すために出された。その内容は、中央政治の種々の具体的問題について、臣民を訓戒し、そのよるべき規準を知らせ、臣民に禍福を示したものである。そのなかで、道徳に関する箇所としては、「五常」（仁・義・礼・智・信）や孝が重視されている。この『大誥』三編が各地で講読され、その内容が1398（洪武31）年に発布された『教民榜文』に取り入れられた。

　『教民榜文』は、それまでに行われてきた洪武帝の村落統治に関する里甲制下の諸規定を41条にまとめたものである。そのなかで、道徳に関する箇所としては、やはり五常と孝が重視されている。さらには、官吏・里老人・里長・甲首は、民衆に「八徳」（孝・悌・忠・信・礼・義・廉・恥）を教えることが期待されていた。里甲制は後に形骸化し、嘉靖年間（1522~1566）に入ると先述の郷約による村落統治が盛んになった。その際、郷約のなかに『教民榜文』や「六諭」の内容が盛り込まれるようになった。

　清朝の郷約は基本的に明朝のそれを継承した。順治帝は明朝の「六諭」と同内容の「聖諭六訓」を1652（順治9）年に発布し、その後、康熙帝が1670（康熙9）年に「聖諭十六条」を頒行した。彼の後を継いだ雍正帝は、「聖諭十六条」の内容を解説して約1万語の文章とした『聖諭広訓』を1724（雍正2）年に編纂した。

　康熙帝の「聖諭十六条」の内容は、次のとおりである。①孝弟を敦くし、以て人倫を重んぜよ。②宗族に篤くし、以て雍睦を昭らかにせよ。③郷党に和し、以て争訟を息めよ。④農桑を重んじ、以て衣食を足らしめよ。⑤節倹を尚び、以て財用を惜しめよ。⑥学校を隆んにし、以て士習を端しくせよ。⑦異端を黜け、以て正学を崇めよ。⑧法律を講じ、以て愚頑を儆めよ。⑨礼譲を明らかに

し、以て風俗を厚くせよ。⑩本業を務め、以て民志を定めよ。⑪子弟を訓え、以て非為を禁ぜよ。⑫誣告を息め、以て良善を全うせよ。⑬窩逃を戒め、以て株連を免かれよ。⑭銭糧を完うし、以て催科を省けよ。⑮保甲を聯ね、以て盗賊を弭めよ。⑯讐忿を解き、以て身命を重んぜよ。

　以上に見られるとおり、明代・清代の王朝や知識人が民衆に求めた規範は儒教道徳に基づいたものであった。ここで、次節で触れる清末以降の風俗改良論に関するものとして、「聖諭十六条」の⑤と⑦に着目し、これを解説した雍正帝の『聖諭広訓』の該当部分を取り上げる。

　「節倹を尚び、以て財用を惜しめよ」の条では、「人は一日として資材を用いないわけにはいかないのだから、必ずや余った財を蓄えてとっさの際の用に供するべきであり、ゆえに倹約は尊いのである」として、勤勉や倹約が古からの美徳であることや、「農民は豊作の年には倉庫が充実し、本来は貯蓄すべきなのに、酒宴の往来で浪費が多く、ついには空っぽになってしまう。豊作の年でも空っぽになるのだから、凶作の年には必ず困窮してしまうのは当然のことである」など、倹約しないことの害悪を説いた上で、「衣服は過度に華美であってはならず、飲食は倹約しないわけにはいかず、冠婚葬祭はおのおの本分に安んじ、房屋や器具はつとめて素朴さを取り入れよ。四季折々の節句で酒宴を開いて接客する際には、慣習に従い適切さを旨として倹約せよ」と勧め、最後に『孝経』を引用して、身を謹んで倹約して父母を養うことが庶民の孝であるから、兵士も民衆もその身で倹約を力行せよ」と結ぶ。

　「異端を黜け、以て正学を崇めよ」の条では、「風俗を厚くしようとするならば、まず人心を正し、人心を正そうとするならば、まず学術を正す」として、朱子学の教えが正統であることや、放蕩無頼の徒が「吉凶・禍福を口実として、荒唐無稽な話を用い、はじめは誘惑して財物を手に入れて私腹を肥やそうとし、次第に男女が入り混じって同席して「焼香」（神仏に線香をたく儀式—引用者注）の会合をおこない、農民や職人が仕事をしなくなる」として、白蓮教や聞香教などの仏教系および道教系の民間信仰がその悪しき前例であること、これらを法令で厳しく取り締まることを説く。

　以上のように、雍正帝は民衆に対し、日常の衣食住や冠婚葬祭および節句の酒宴などにおける浪費、そして清朝が有害とみなす民間信仰などを戒めようとしたことが分かる。

1・3　宣講

　明代・清代の王朝や知識人は民衆に対し、上記の規範をどのような方法で伝えたか。それは主として「宣講」すなわち口頭による朗読および講釈であった。教育機関に言及すると、県ごとに「学校」が置かれたほか、地域社会の有志によって社学・義学が設けられた。また、県レベルから村落レベルにいたるまでの各地に私塾が設けられた。ただ、これらは基本的に、官吏登用試験である科挙を受験しようとするエリート予備軍のためのものであり、教育内容も四書・五経の暗唱と詩文の作成であった[4]。これらの教育を受けるには金銭と時間の余裕が必要であるため、民衆の大多数は無学のままであった。このような民衆にあるべき規範を伝えるための方法が宣講であった。

　明朝の嘉靖年間以降、郷約に「六論」の内容が盛り込まれたことは先述のとおりである。これを民衆に伝えるため、郷中の篤実な人物を選んで「木鐸老人」とし、彼が毎月の望日（陰暦の十五日）に郷中の老幼を社廟に集め、「六論」とその解釈を口頭で訓論した。また、郷ごとに備え置いた善悪両簿によって、郷内の人の善悪行為の勧戒を行った（酒井、1999：第 1 章）。清代には、「聖論十六条」および『聖論広訓』が頒行されて以降、これらを県レベルや郷レベルにおいて朗読・講釈することとされた。県レベルでは県の役所を、地方の郷村では交通の要所の房屋を講所とし、毎月の朔日（陰暦の一日）と望日に民衆を集めて宣講が行われた。しかし、郷レベルでは宣講が行われず、ただ『聖論広訓』の内容を書写して告示するのみで、民衆にその意味が通達されていなかったことから、1737（乾隆 2）年、乾隆帝は各省の長官に対して、各地で『聖論広訓』を宣講して民衆を勧導するよう厳令した（酒井、2000：第 1 章）。なお、宣講では皇帝の聖論の主旨を民衆に分かりやすく伝えるために、俗語による解説が加えられるほか、勧善懲悪の物語として語られるようになり、後には民衆にとっての芸能としての側面も持つこととなった[5]。

2　清末における文明観の転換と風俗改良論

2・1　文明観の転換

　先述のとおり、儒教的価値観を持つ中国の知識人は中国文明を唯一至上の文明とみなし、これと対等の文明は存在しないと考えていた。このような文明観が転換する上で重要な転機となったのは、アヘン戦争の敗北後、1860 年代以降に宣教師による出版・教育活動が活発化し、また「洋務運動」が開始され、

西洋近代の機器・技術や制度・思想などの諸学術に関する情報が急速に増加したこと、そして1870年代後半から常駐外交使節派遣や留学生派遣が開始され、直接の西洋観察が可能になったことであった（手代木、2019）。例えば、初代出使英国大臣であった郭嵩燾は、英国滞在中の1878年にロンドンの『タイムズ』紙でcivilizedやcivilizationという語に触れ、西洋がcivilized, half-civilized, barbarianという区分で世界を捉え、西洋は自らをcivilized、中国をhalf-civilizedとみなしていること、そして今日の西洋はあたかも「中華」が「夷狄」を見るように中国を見ていることを日記に記している（石川、1999）。

　日清戦争の敗北後、厳復の『天演論』（1896年翻訳完成、1898年出版）によって、ダーウィンの進化論が中国に伝わった。本書はトーマス・ヘンリー・ハクスレーの『進化と倫理』を翻訳したものであるが、厳復はしばしばハーバート・スペンサーの説を引用し、その説に賛同した。そのため、本書で強調されたのは適者生存の理であり、このままでは中国という国や民族が滅亡するという根拠として、康有為や梁啓超ら中国の知識人に大きな影響を与えた（シュウォルツ、1978；小野川、2010：第7章）。このような危機意識が高まる中、康有為は日本の明治維新をモデルとして中国を改革する「変法」を唱え、光緒帝の信任を得て科挙や行政などの諸改革を実施しようとしたが、保守派官僚および西太后の反対に遭い、1898年の戊戌政変によって挫折することとなった。

　同時期の日本における和製漢語としての文明について言えば、周知のとおり、civilizationを文明と翻訳したのは福沢諭吉である。彼はアメリカおよびヨーロッパ旅行を経た後、『西洋事情　外篇』を1868年に出版し、ここに「野鄙固陋の風習を脱して礼儀文明の世に居るは人の欲する所なり。さすれば人々徳を修め法を畏れて、世の文明開化を助けざる可んや」と述べるなど、文明、文明開化という語を多く用いた（柳父、1995：19-27）。その後、彼が1875年に刊行した『文明論之概略』は当時のベストセラーとなった。これらを通じて、文明とは野蛮ないし未開に対する開化を意味し、開化された民族の持つべき社会制度、生活文化の総体として、いわば西洋を先頭とする一元的発展の到達点、あるいは到達過程を示す、という文明認識が明治日本に普及した（石川、1999）。civilizationの訳語としての文明など西洋近代の諸学術に関する多くの和製漢語が、変法の時期に梁啓超ら中国の知識人を通じて中国へ伝わった★6。

　これらの過程を経て、西洋文明を頂点とする文明・野蛮の文明観が中国の知識人の間で受容されるとともに、適者生存・優勝劣敗の時勢のなかで中国の滅

亡を回避するには中国を改革することが必要だと考えられるようになった。その一方で、古代を理想とし、商業を卑しむなどの儒教的価値観を重視する中国の知識人にとっては、西洋的な文明観は受け入れがたいものでもあった、ということにも注意しておきたい。

2・2　清末における啓蒙運動

　本節では、1901 年から 1911 年にかけて行われた、知識人や実業家など地方紳士層による民衆への啓蒙運動について、李孝悌氏の所論に基づいて整理する（李、1992）。

　日清戦争後、変法を唱える康有為ら知識人の間では、中国の改革の一環として、「民智を開く」ことに関する議論がさかんになった。義和団事件後に清朝が実施した「光緒新政」は、行政組織の改変、軍の近代化、産業の振興と教育改革などを柱とするものであり、1898 年に挫折した変法を再開するものであった。そして、清朝は光緒新政の実施にあたり、知識人や実業家など地方紳士層の助力を頼みとした。ここに、地方紳士層によって、民衆向けの白話報や閲報社・宣講所が数多く設けられ、識字運動や教育普及などが推し進められた。これらの啓蒙の手段のうち、文字を用いるものとして白話報と閲報社、口頭によるものとして宣講所を取り上げ、民衆に伝えた内容を述べる。

　白話報とは、口語文で書かれた新聞・雑誌のことである。新聞・雑誌というメディアは近代になって多く創刊され、とくに『時務報』『清議報』『新民叢報』などは著名である。これらの新聞・雑誌は基本的に知識人を読者として想定し、その文章は文語体であった。白話報はより口語体に近い文章を用いることで、民衆により伝わることを意図したものである。また、閲報社（閲報処とも）とは、新聞・雑誌を無料で閲覧できる施設である。1904 年頃から都市に新設されたり茶館や廟宇に併設されたりした。ただし、運営に経費がかかることもあり、長期間続かずに閉鎖することも多々あった。

　宣講は明代から清代にかけて知識人・民衆がともに慣れ親しんでおり、清末以降も広汎に行われた。光緒新政の開始後、地方自治を担う地方の知識人によって各地に宣講所が設立されるだけでなく、清朝も宣講の重要性を認識し、全国に命令を下して宣講所を設置させ、定期的に宣講を行わせた。また、宣講を行う主体としての宣講員を養成する機関が各地に設けられたほか、新式学校で学ぶ学生もしばしば宣講を担った。

　以上の手段によって、民衆に伝えた内容は大きく三つに分けられる。一つ目

は民間社会の「悪習」を取り除くことであり、具体的には迷信の打破、纏足の禁止、アヘンの禁止などである。二つ目は、清朝が実施する新政を理解させることであり、具体的には警察・軍隊・新式学校・地方自治に関する理論と法律、税制、実業の振興などである。三つ目は近代的な国民となるために必要な愛国思想や新たな知識であり、具体的には中国の地理や歴史、中国各地の災害やアメリカ製品ボイコットといった時事問題、衛生の普及、募金などであった。

　注意すべきは、これら民衆への啓蒙運動は全国的に行われ、基本的な目的も明らかでありながらも、この運動に参加する知識人らが同一の価値基準や世界観を持っているわけではなかったことである。ある者は纏足・アヘンの害毒を憎みつつも、伝統的な道徳に反対しているとは限らなかった。とくに、男女の別という伝統的禁忌に対しては、改める必要を多くの知識人が認めておらず、宣講所への女性の立ち入りを禁ずる事例もみられた。また、ある者は外国の侵略による危機を痛切に感じつつも、現在の政治体制に反対しているとは限らなかった。さらには、革命派が革命思想を鼓吹するなどの例もあった。そのため、清朝は政策を民衆に理解させる手段として宣講を積極的に提唱する一方で、清朝を転覆させる力を恐れ、任意に宣講を行うことを禁止した。

　なお、先述のとおり、宣講は民衆にとっての芸能という側面もあった。これに関連して民間の戯曲について言及すると、知識人はその内容の卑俗さを蔑視する一方で、民衆に与える効用を評価し、戯曲の改良を志向した。こうして、国民募金・災害支援寄付・学校設立寄付など国民としての義務を訴えたり、迷信・纏足・アヘンなどを戒めたり、愛国思想や新たな知識を普及させたりする内容の戯曲が清末に創作されるようになった。

2・3　省レベルの議会における風俗改良論

　清末に上海で刊行された新聞『申報』には、地方紳士が風俗改良会を設立する様子が報道されている。例えば、浙江省余姚県では張という紳士が風俗改良会を創設して、地方自治の基礎にしようとした。そこで規約を起草し、一、教育を重視する、二、文明を宣伝する、三、故郷を防衛する、四、実業を研究する、五、迷信を改める、六、悪俗を禁止して取り除く、などを会の主旨とした（「設会改良風俗　紹興」『申報』、1906年10月25日）。また、湖北省武昌県では洪という紳士が風俗改良会を組織し、「一、アヘンを戒める。二、纏足を戒める。三、迷信・邪神を戒める。四、婚礼の非礼を戒める。五、葬儀の非礼を戒める」の5点を実行することを主旨とした（「組織改良風俗会　武昌」『申報』、

1907年8月25日）。前者について、文明の宣伝や実業の研究は西洋近代を念頭においたものと考えられよう。また、後者について、アヘン・纏足・迷信を戒めることは李孝悌氏の研究で指摘されていたが、これらに加えて婚礼・葬儀を改めることも目標に掲げている点に注意したい。

　これら地方紳士層によって自発的に設立された風俗改良会のほか、光緒新政の一環として設けられた省レベルの議会でも、民間社会の風俗改良に関する案が取り上げられた。以下、それらに検討を加える。

　清朝は光緒新政下の各種改革事業を実施するにあたって、全国各地に地方自治機関を設け、各地方の現状把握につとめた。ここに1907年から翌年にかけて各省に調査局が設置され、民情・風俗や民事・商事などについての習慣調査が実施された（西、2018：第2章）。湖南省の場合、調査結果が湖南調査局編『湖南民情風俗報告書』（湖南法制院、1912年刊行）にまとめられた。その内容は住民・教育・生活・礼俗・宗教・悪習など12項目に分かれ、なかでも改良すべき風俗と認識されていたのは、礼俗に関しては冠婚葬祭における奢侈や「童養媳」（息子の嫁にするため、幼女をもらったり買ったりして育てること）の習慣など、宗教に関しては「迎神賽会」（神像を廟から担ぎ出して周囲をねり歩く祭り）・焼香・演劇など、悪習に関してはアヘン・纏足・自殺などであった。

　また、各省の巡撫（地方長官）の諮問機関という位置づけで、各省に「諮議局」という議会が設けられた。湖南省では1909年に湖南諮議局が成立し、省内の各県から選出された議員によって各種の案が審議された（張、1983：142-154）。このなかで風俗改良に関する案としては、一、迎神賽会の禁止、二、倹約の提唱、三、アヘンの禁止、四、纏足の禁止、の4件が提起され、いずれも可決されている。以下、湖南諮議局の議事録・議決案・報告書を用いて、各案の内容を検討する。

・湖南諮議局編『湖南諮議局己酉議事録』1909（宣統元）年（以下、『議事録』）
・湖南諮議局編『湖南諮議局己酉議決案』宣統年間（以下、『議決案』）
・湖南諮議局編『湖南諮議局第一届報告書』宣統年間（以下、『報告書』）

　一、迎神賽会の禁止に関する案。これは湖南巡撫から提起されたもので、議員から挙がった意見はいずれも迷信根絶の観点から賛同するものであったため、原案をわずかに修正したのみで可決された（『議事録』、第3・19次正式会）。その内容は、①「淫祀」（官に公認されていない民間の祠廟における祭祀）、②

「巫祝」（焼香や僧侶・道士の祈祷）、③「邪書」（陰陽や占卜に関する書物）などを禁止し、取り締まりの方法としては、①地方官が主となって厳禁する、②宣講や白話報によって人々に迎神賽会の非を説く、③運営者に懲罰を加える、④「会長」（迎神賽会の主催者）の職を廃止する、⑤迎神賽会の運営費に当てられていた公有資産を没収し、地方自治や慈善事業の経費に充てる、などである（「議決禁止迎神賽会案」『議決案』）。

二、倹約の提唱に関する案。これも湖南巡撫から提起されたもので、議員の間では、「まず人々の生活水準を高めるべきで、倹約に重きをおくべきではない」という反対意見も出たが、賭博の厳禁や冠婚葬祭費・交際費の節約などは有意義だという意見が優勢を占めた結果、原案を一部修正して可決された（『議事録』、第8・22次正式会）。その内容は、冠婚葬祭や宴会における経費削減、神を祭るための演劇の開催禁止、アヘン・賭博の禁止などが条文化されたものである。また、取り締まりの方法としては、地方官が主体となって厳禁すること、郷約によって地方紳士が官治の及ばないところを補うこと、違反者には罰金を徴収することなどが規定された（「議決訂立地方禁約崇尚節倹案」『議決案』）。

三、アヘンの禁止に関する案。これも湖南巡撫から提起されたもので、アヘン禁止を推進する団体を設立し、10年間かけて徐々に禁止するという内容である。これに対し、議員の間からは、「期限を短縮して100日以内に厳禁すべきだ」「アヘン厳禁の法律を制定し、上流社会のアヘン吸引を禁止すべきだ」という意見が挙がったため、湖南巡撫の案を大幅に変更して独自の案を作成し、これを可決した（『議事録』、第2・12・17次正式会）。その内容は、①1年以内に厳禁すること、②省城に「禁煙公所」、各府州県に「禁煙分所」を設け、前者は布政使、後者は地方官を責任者に据えること、③違反者には罰金を課す、などである（「議決実行禁煙辦法案」『議決案』）。こうして、湖南巡撫に対し、「今日はいまだ自治の萌芽にあり、紳士を主とする団体の制裁力は行政官の有効性には及ばない」として、湖南諮議局が独自に作成した議決案の実施を求めた（「呈報議決組織禁煙会社応不如拡充禁煙公所厳定章程文」『報告書』）。

四、纏足の禁止に関する案。これは上記3件とは異なり、議員から提起されたもので、その内容は「不纏足会」を設立して纏足の禁止を促進しよう、というものである。この案に対しては賛否が分かれ、「地方がそれぞれ不纏足会を設けるほうがよく、将来は地方自治に附属させれば、巡撫に調査と実施を請願することもできるため、必ずしも諮議局が提議しなくてもよかろう」という反対意見も出たが、「纏足の禁止は朝廷が以前に諭旨を発布したが、今もなお改

善せず、諮議局が案を作成して熱心に取り組まなければ、長年の悪習が元どおりになってしまう」「以前に不纏足会や天足会の発起がありながらも、いまだことごとく纏足を取り除けていないのは、女子が開化していないためである。しかし、天下に取り除けない弊害はない。もし官吏が厳しく実施すれば必ず禁止できるであろう」という賛成意見が勝った。審議の結果、不纏足会の結成ではなく、纏足を禁止する規約の原案を巡撫に提起することとなった（『議事録』、第14・29次正式会）。規約の内容は、上記のアヘン禁止と同様、①期限を1年に区切ること、②纏足の禁止は地方官が自治局の理事とともに実施すること、③1911（宣統3）年以降に纏足を解いていないものは罰金を課す、というものである（「議決禁止婦女纏足案」『議決案』）。

　これら4件の案に共通しているのは、湖南諮議局の議員らは、取り締まりに際しては官による強制力を頼みとし、朝廷が掲げる方針よりも期限を短く設定することで、より短期間に風俗を改良しようとしていること、そして処罰として罰金を課していることである。とくに、纏足の禁止に関する案に見られるように、不纏足会のような紳士の団体では風俗改良の成果が挙がりにくく、官が積極的に関わるべきだと考えていたことがうかがえる。

　また、興味深いのは、倹約や纏足の禁止に関する議論で見られるように、議員の間でも賛否が分かれる場合があったことである。これについては、浙江省の事例を『申報』の報道で補足したい（「浙江諮議局第六次正式会記事　杭州」『申報』、1909年11月7日）。浙江諮議局では婚礼に関する案が提起された。報道では原案の全貌は不明であるが、議員たちからは「婚礼を質素にすべきことは皇帝の教えである。しかし、結婚の会場はなぜ公共の場所または善堂でなければならないのか。何か根拠があるのか」、「結婚式の主催者はなぜ必ず自治会の理事なのか。そうであるならば、理事は必ず民衆の結婚式の主催者となる義務を負い、恐らくは苦労にたえられないであろう」、「なぜ人々の婚姻に自治会が必ず干渉しなければならないのか。説明せよ」などの発言が起こり、出席者から大笑がわいた。このため、議会ではこの案を取り消すことが決議されたという。この報道からは、婚礼を質素にすること自体には合意がありながらも、従来の慣習と異なる新たな様式を導入することに対しては反対が多かったことを読み取れる。婚礼の問題については、次節で改めて検討したい。

　さらには、諮議局の議決案に対して巡撫が反対する場合もあった。湖南省の場合、湖南巡撫は上記の議決案のうち、迎神賽会の禁止と倹約の提唱に関する議決案は承認したものの、湖南諮議局で内容が大幅に改変されたアヘンの禁止

と、議員が独自に提起した纏足の禁止に関する議決案に対しては、主旨には賛成するものの実施は保留する旨の回答を諮議局に寄せ、その後も両者の間で議論が紛糾している（『報告書』）。このように、民間社会の風俗改良を速やかに推進したい地方紳士と、あくまで中央政府の方針に沿って漸進的に事を進めたい官僚との間で、風俗改良に対する姿勢の違いがあったと考えられよう。

3　中華民国初年の各県議会における風俗改良論

　1911年10月に勃発した武昌起義をきっかけとして、各地で清朝からの離反が相次ぐと、1912年1月に中華民国が成立し、2月に清朝が滅亡した。この一連の動きを辛亥革命と呼ぶ。辛亥革命によって、秦の始皇帝以来およそ2千年にわたって続いた皇帝制度が終焉し、アジア初の共和国が成立するなど、中国に大きな変化が起こった。その一方で、辛亥革命によってあらゆるものが急激に変化したわけではないため、中華民国政府および各地の地方紳士層は社会教育を重視するなど、引き続き民間社会の風俗改良に取り組むこととなった★7。

　中華民国の成立後、地方レベルの立法機関として、各省には省議会、各県には県議会が設置された。本節では、筆者がこれまで入手できた史料として、湖南省の瀏陽県・湘潭県、および浙江省の海寧県・鎮海県・遂安県の各県議会における1912年および1913年の議事録を用いて、風俗改良に関する議決案を検討する。

- ・瀏陽県議会編『瀏陽県議会第一次常会報告書』1912年
- ・湘潭城議事会編『湘潭城議事会第一届議案』1913年
- ・海寧県議会編『海寧県議会民国元年議決案』1912年
- ・鎮海県議会編『鎮海県議会民国元年份議決案』1912年
- ・遂安県議会編『中華民国二年遂安県議会議決案』1913年

3・1　纏足・迷信の禁止

　湖南省瀏陽県は、纏足の禁止に関する案を議決している（「議決取締纏足案」）。具体的には、①幼女に対する纏足は罰金一串文、②年齢25歳以下の女性は纏足禁止の通知日より2ヶ月以内に足を解放し、違反者には罰金一串文、③地方紳士は平民の模範であるため、子女の違反者は罰金を平民の倍にし、あわせて公権を剥奪する、④以上の取り締まりにおいては県知事が主体となって通知し、城鎮郷董事会が人員を派遣して啓発・調査にあたる、というものである。この

内容は先に検討した湖南諮議局の事例と同様、2ヶ月以内という短期間で、官の力を頼りにして禁止しようとし、また処罰としては罰金を想定しているものである。

　また、湖南省湘潭県は1912年の第一次正式常会において、迎神賽会などの迷信を禁止する案を議決している（「議決迎神賽会建醮巫祝破除迷信以節靡費案」）。議決案によると、湘潭城区は各種の迎神賽会などの迷信が深いため、地方官に請願して厳禁させることによって、浪費を防ぎ衛生を尊ぶべきである、という。続けて1913年の第二次正式常会では、迷信に関する消耗品を取り締まる案も議決している（「議決取締迷信銷耗品以免耗費資財案」）。迷信家が鬼神を祀るために用いる銭紙・香燭・紙馬などを禁止することによって、浪費を節制して悪習を除く、というものである。この案で興味深いのは、「ただ、長年の悪習は踏襲されて改めにくいため、もしにわかに禁止すると、販売者が生計を立てにくいだけでなく、迷信家も群起して妨害し、必ずや滞って実行しがたいであろう」として、銭紙・香燭・紙馬の販売店に公益寄付金を毎月拠出させて地方自治経費とし、将来の「文明の進歩」によって悪習が自然に消滅するのを期待していることである。すなわち、迷信打破のための方法としては、清末の湖南諮議局の議論と同様、地方官の強制力に頼る一方で、民間社会の反発を避けるため、迷信に関わる道具の販売は禁止しないという漸進的な改良策をとっていることが分かる。

　浙江省海寧県は迷信打破の一環として、迷信の拠点となっている「淫祠」（邪神を祀る祠）を廃絶して廟宇を整理する案を議決している（「毀廃淫祀合併廟宇議決案」）。議決案によると、「人々は迷信を深く信じ、県全体に廟宇が林立している。淫祠はすみやかに廃絶して風俗を正すべきであるが、かつて功徳を民に施した偶像を奉る祠は、存続させて後世に残すべき」であり、また「調査したところ、県全体の廟宇は往々にして同じ神の位牌でありながら、民衆がそれぞれに廟宇を建てて偶像を奉っている。これは無意味と考えられる」として、次の方法で整理しようとした（以下、引用文中の〔　〕内は引用者による注記）。

　　一、各区の廟宇は、廃絶または合併すべきか否かを、各区の董事会または郷董・郷佐が適切に調査してそれぞれ報告すること。
　　二、祀典〔王朝・国家が公式に認めた廟宇のリスト〕に列挙されている廟宇や民に功徳のあるものの廟宇は、保存リストに加える。
　　三、すでに廃絶または合併された廟宇は、各区の自治公所が状況を勘案し

て、地方公益の需要に充当すること。

　四、廃絶または合併を経た廟宇は、その私有財産は本人が自由に処理して
　　　よい。

　海寧県は、「巫覡」（シャーマン）の活動を禁止する案も議決している（「禁
止巫覡妖言惑衆議決案」）。議決案を引用すると、次のとおりである。

　　　迷信を打破するのは自治を整頓する必要性のためである。迷信をするの
　　に十分な主導力であり、社会に危害を加えるのに十分なものとは、巫覡が
　　妖言で民衆を惑わすことである。従来、厳しく禁止しないわけではなかっ
　　たが、ただ執行に力を尽くさなかったため、日が経つにつれて弊害が発生
　　した。もし厳格かつ迅速に再び禁令を発しなければ、おびただしい弊害は
　　止まることがないであろう。現在はまさに自治を整頓している時であり、
　　ゆっくりと計画することは断じてできないが、妖言で民衆を惑わすことに
　　ついて、刑律には該当する規定がない。よって、ここに方法を検討して定
　　め、次のとおり議決する。
　一、県の所轄境内では、県知事が布告して厳禁し、みなに周知する。
　二、地域上、隣県と関係があるものは、本議会から関係する隣県の議会に
　　　文書を送り、同様の案を提起して議決・施行するよう依頼することに
　　　よって、共同実施の成果を収める。
　三、県知事が各区の董事会または郷董・郷佐に通令し、人を随時派遣して
　　　調査させる。ただし、騒動にかかわってはならない。
　四、禁止の後、住民か外来者かを問わず、違反者は罰則に照らして刑罰を
　　　科す。罰則は各区の議会が協議して定める。
　五、前条の刑罰は、各区の董事会または郷董・郷佐が執行する。

　以上の議決案からは清末に引き続き、纏足や迷信が改良の対象となっている
こと、そして改良の方法として県知事による命令に加え、罰則を設けようとし
ていることが確認できる。

3・2　風俗改良会の設置
　湖南省瀏陽県は、地方紳士が「崇倹会」という有志団体を設立して互いに風
俗改良に努めよう、という主旨の案も議決している（「議決倡立崇倹会規約案」）。

議決案によると、崇倹会の発起は湖南省城の延年会や上海の布衣会にならった
もので、これにより同志君子が自ら模範となって社会の基準を打ち立てること
を目論んでいる。議決案に掲げられた崇倹会の規約によると、同会の主旨は「習
慣を改良し、奢侈を戒め、物資を大事にすること」（第1章）である。会内に
は正副会長を各1名、交際員を若干名おき、学・農・紳・商の各界を問わず、
本会会友一人の紹介によって入会できる。入会者には本会が制定した禁約を配
布し、会員本人が身をもって遵守するとともに、その家族の婦女の服飾や食品
も質素にすること（以上、第2章）とする。禁約の概要は、習慣の改良に関す
る規定（第3章）と倹約に関する規定（第4章）に分かれ、前者は、巫祝の祈
祷を受けない、迎神賽会・演劇などに入場しない、纏足を禁止する、時間を有
効に使うなど8項目を掲げ、「本規約に定めた条文は、自らの身を範囲として
限る」とする。後者は、冠婚葬祭の慣習上の奢侈について11項目を掲げて戒
めている。そして、附則（第5章）では、規約違反者に対しては会友が干渉で
きることが定められている。

　地方紳士が風俗改良のために禁約を制定することは先に触れた議決案にも見
られたが、その内容と比べると、崇倹会はあくまで地方紳士が個人レベルで風
俗改良に取り組むことを主旨とし、違反者に対する罰金は想定されていないこ
とが分かる。また、倹約に関する規定のなかには、葬式の際に帳を贈る場合に
は手織り木綿を用い、舶来の繊細な素材を用いないことで国産品を維持する（第
7項）、外出や普段着には国産品や手織り木綿を用い、舶来の繊細な素材を用
いないことで財貨の流出を防ぐ（第9項）という項目があり、奢侈の禁止が西
洋近代的なナショナリズムとも関連づけられていることも興味深い。

3・3　宣講所の設置、西洋近代的知識の普及

　中華民国初年においても、宣講は風俗改良の主要な手段と考えられていた。
浙江省の海寧県・鎮海県・遂安県は、いずれも宣講所の設置を急務としている。
例えば、海寧県の議決案は、「共和の基礎として、一般民衆が共和の常識を多
く持つことによって、国家を強固にすることができる」が、「我が県について
論じると、人口30万余りのうち文字が読める者はどれほどいるだろうか。選
挙場で公権を放棄する者も少なくない。自治を求めようとしても、おそらくは
難しいであろう。現在のための方策としては、ただ誠実な言葉で長広舌をふる
って県全体をひろく覆い、導き助けて奨励し、人民と国家の関係や共和・独立
の精神を知らしめるべきである」と述べる（「創辦全県流動宣講団議決案」）。

また、遂安県の議決案には、どのような内容の宣講を行うべきかをまとめた「宣講綱要」が収録されている（「修正籌辦宣講所案」）。内容は次のとおりである。

　甲、民志を定めることに関するもの。（一）共和と専制の違い、（二）共和と人民の利益、（三）国家に対する人民の義務、（四）国民自立を貴ぶべきこと、（五）各種法律の解釈。

　乙、民生を厚くすることに関するもの。（一）実業を振興すること、（二）国産品を愛好すること。

　丙、民俗を整えることに関するもの。（一）鬼神を信じて事をおろそかにしないこと、（二）偶然に期待して本分を忘れないこと、（三）さまざまな不良の風俗を改良すること。

　丁、民徳を進めることに関するもの。（一）家庭の和気、（二）社会の親愛、（三）公衆の道徳、（四）対外的な礼節。

　戊、民智を深めることに関するもの。（一）本国の初歩的な歴史・地理、（二）このたびの革新事業、（三）世界の大勢を説明すること、（四）子弟を学校へ入れさせるべきこと。

　以上の議決案からは、中華民国の成立により、西洋近代の共和概念を民衆に理解させる必要が生じたことをうけて、宣講によって普及すべき内容として共和概念に関する知識が重視されたこと、また清末に引き続き実業の振興や、国産品の愛好ひいてはナショナリズムなどの西洋近代の知識も普及すべき内容に含まれていたことが確認できよう。

3・4　婚礼の倹約

　ここまでの事例は、民間社会の風俗改良の方法として、官による命令や罰則を用いたり、西洋近代の知識を普及したりしようとするものであった。これに対し、ここから検討する婚礼の倹約は、改良の方法として中国の伝統的な制度を参照したものである。以下、浙江省の海寧県と鎮海県の議決案を検討する。

　海寧県の議決案は、婚礼・葬儀における倹約を目論んだものである（「改良婚嫁喪葬条陳」）。以下、議決案の主旨を引用する。

　　『政府公報』を見るに、袁大総統による倹約の命令がすでに頒布されている。思うに、華美を退けて実質を尊び、本業に努めて倹約することは、

人生の美徳であり立国の要素でもある。ましてや今は民国が創立したばかりで、民生も経済もいたるところ困難であるのだから、個人が一分の浪費を減らせば、社会が一分の実利を増すことができる。倹約すべき事柄は非常に多くて複雑だが、重要なことを先に挙げると、婚礼と葬儀を改良することからすみやかに着手すべきである。我が地域の習俗はおおむねみな贅沢さにとらわれ、矯正することはまれである。総統がすでに命令したのであるから、公民がこれを遵守し、勧導して改良すれば、民衆は見て感じ入るところがあり、ともに倹約の気風を尊ぶようになって、地方の風俗の将来において有益となろう。ここに県自治章程第22条の規定に則って議決し、行うべき改良事業を次のとおり列挙する。

一、虚礼を省く。婚礼における俗例、葬儀における旧習など、各種の虚礼に関するもの。

一、浪費を省く。婚礼における嫁入り道具や贈り物、葬儀における客の接待や出棺の儀礼、およびその他一切の浪費。

一、長年の悪習を除く。婚礼において結納の金品を争うこと、葬儀において紙衣を燃やすこと、および一切の長年の悪習。

一、迷信を打破する。婚礼における酬神・待仏〔神や仏を祀ること〕、葬儀における僧尼・風水、および一切の迷信に関するもの。

一、広く勧導する。これらの事業は県知事が布告して勧導するほか、あわせて各自治公所に通令して宣講所を組織させたり口語文を編纂させたりして、広く勧導する。

　この議決案は、中華民国臨時大総統の袁世凱の命令を根拠に、行うべき改良事業として婚礼・葬儀の倹約や迷信打破を掲げている。これらは先に触れたとおり、雍正帝の『聖諭広訓』の「節倹を尚び、以て財用を惜しめよ」の条に挙がっていた問題であった。この議決案には改良の方法については触れられていない。一方、次に検討する鎮海県の議決案は、婚礼における奢侈を改めるための方法として、中国の伝統的な制度を参照して新たな規約を定めたものである。

　ここであらかじめ中国の伝統的な婚礼について説明しておくと、『儀礼』士昏礼に基づく六礼、すなわち「納采」（妻としてえらんだことを示す礼物を納める）・「問名」（女の名を問う）・「納吉」（うらないの吉を女家に告げ納める）・「納徴」（婚約のしるしとして使者に幣帛を収めさせる）・「請期」（男家が使者を送って女家に期日をたずねた後、男家が決めた期日を告げさせる）・「親迎」

（夫みずから妻を迎える）の6段階を基本としている。宋代には、士大夫や庶民の婚礼を改めることが司馬光や朱熹らによって議論され、朱熹が定めた『家礼』では問名・納吉は省略することとされた。この『家礼』が後の時代に普及し、地方紳士層や庶民の婚礼に際して参照されたが、儀式の名称や内容などの実態は時代および地域により多様であった（池田、1973；緒方、2012；楊、2012；細谷、2014）。

　鎮海県の議決案は、「婚礼は、富者が勝ち負けを争い、貧者も富者の真似をするため、華美さを誇って浪費すること、これよりひどいものはない」として、風俗を正すために「古今を斟酌して規約を定め」たとする（「婚嫁崇倹規約案」）。以下、規約を引用する。

　　第一条　過允の際、男家が求婚書および果物4種を準備し、女家は承諾書
　　　　　　を準備する。その他の浪費は全て取り除く。
　　（理由）　過允とは古代の納采である。通常の礼を調べたところ、納采に関
　　　　　　する規定では、およそ士人・庶民はただ書簡を準備して往復する
　　　　　　だけで、贈り物は用意しない。本条は古今を斟酌して、上記のと
　　　　　　おり定めるものである。
　　第二条　文定の際、男家が礼書〔婚約の書付〕を準備し、贈り物を準備す
　　　　　　るべきであるが、下記4項の規定を越えてはならない。ただし、
　　　　　　努力しても無理な場合は、4項のうち一部を減らすか、全てをな
　　　　　　くしてもよい。（一）絹織物4端、（二）装飾品4点、（三）食品4点、
　　　　　　価格は24元以内、（四）結納金60元以内。
　　（理由）　文定とは古代の納幣である。通常の礼を調べたところ、納幣に関
　　　　　　する規定では、士人が準備する贈り物は、礼服1着、幣表裏各4両、
　　　　　　装飾品4点、食品6種である。庶民が準備する贈り物は、服1着、
　　　　　　絹織物4物、食品4点である。本条は古制を採用することを原則
　　　　　　としつつも、古制と合わないところがしばしばあるため、そこは
　　　　　　現在の習わしに従うものである。
　　第三条　女家が礼書および贈り物を受け取った後、ただ返信を準備するの
　　　　　　みとする。従来の返礼品の贈り物はすべて廃止する。
　　（理由）　通常の礼では、女家は贈り物を受け取り返信する以外には、贈り
　　　　　　物を準備しない。本条の規定はこの通常の礼に基づくものである。
　　第四条　迎娶〔婚礼の日に男家が女家へ花嫁を迎えに行く〕の際、彩輿1台、

　　　　　燈傘数本を準備するほか、楽隊を用いるか否かは各々に任せる。
　　　　　その他のあらゆる虚礼はすべて廃止する。

（理由）　通常の礼では、庶民は婦輿1台を準備し、楽隊は8人を超えては
　　　　　ならない。本条は古今を斟酌して、上記のとおり定めるものであ
　　　　　る。

第五条　奩贈〔嫁入り道具を贈る〕の際、布団・枕や必要な物のほか、あ
　　　　らゆる衣服は着替えに必要な分のみとし、奢侈を尊んではならな
　　　　い。ただし、家計が豊かで資産を別に贈る場合はこの限りではな
　　　　い。

（理由）　奩贈は古人が極めて詳しく論じている。本条は完全主義を採用す
　　　　　るものであるが、この習わしは長年踏襲されていて、変更するこ
　　　　　とが難しい。本条の後半部の規定もまたやむを得ないところであ
　　　　　る。

第六条　成婚の時、酒宴は1回のみと定め、つとめて倹約を尊ぶ。

（理由）　古の婚礼では、酒宴を廃止してはいない。ただし、習わしが長年
　　　　　踏襲され、ひどい場合には数回もあり、まことに倹約を尊ぶ道か
　　　　　らはずれている。そのため、上記のとおり定めるものである。

　本規約は古今を斟酌して定めたとあるが、各条に挙げられている贈り物の種
類や数量などは『儀礼』士昏礼や『家礼』に記されておらず、本規約が参照し
たという「通常の礼」が何かについては今後の検討が必要である。そのうえで、
この議決案が意味するところを明らかにする上で確認しておきたいのは、清末
における鎮海県の婚礼と、清末から中華民国期にかけての「文明結婚」である。
　まず、清末における鎮海県の婚礼については、1879（光緒5）年刊行の『新
修鎮海県志』巻三「風俗」は、「最近の婚礼は習慣が大きく変化している。納吉・
問名は古からあるが、今は媒酌人を通じて結婚の相談をする際、庚帖〔婚約の
時に交換する、生年月日を干支で記した書状〕をやりとりせず、先に結納金を
論じる。甚だしきに至っては、いわゆる小礼〔追加の贈り物〕さえあって、も
っとも無意味なものである。婚姻において金銭を論じるのは夷狄の道」であっ
て、「贈り物や装飾品で華麗さを誇りあうことは、教化をつかさどる者が徹底
的に改めるべきである」とする。このように、鎮海県では中華民国初年の議決
案に先立って、婚礼における奢侈が問題視されていた。
　次に、清末から中華民国期にかけての文明結婚については、神谷まり子の所

論を参照する（神谷、2006）。清末に西洋留学の帰国者などによって上海など
の沿岸都市で行われるようになった西洋式結婚は、文明結婚と呼ばれた。もと
は、中国の伝統的な婚礼をとらない簡素化された婚姻を総称したものであった
が、のちには自由恋愛の結果結ばれることとして理解されるようになった。
1910年代半ばから新文化運動が起こって自由恋愛・自由結婚が提唱され、
1920年代にはその受容層が一部の進歩的知識人から都市市民層にまで拡大し
はじめた。この時期、社会小説の中に文明結婚が多く登場したが、往々にして
小説中に描かれたそれは、新思想の影響を受けた若い男女による乱れた男女関
係や結婚詐欺など、「野蛮」な文明結婚としてのものであった。これは同時期
の通俗メディアを中心に見られた、文明結婚や恋愛に対する反発・風刺を反映
したものであったという。

　前節で挙げた清末の浙江諮議局における婚礼の議論は、文明結婚が1909年
の時点で浙江省に現れていること、そしてそれに対する議員の反発があったこ
とを示していると考えられる。鎮海県は1842年の南京条約で開港した寧波に
近く、文明結婚に関する知見も早くから流入していたと言えよう。なお、後の
こととなるが、1931年の民国『鎮海県志』巻四一「風俗」には、鎮海県にお
ける文明結婚のことが記されている。すなわち、同県における六礼に沿った婚
礼の儀式を詳細に説明した上で、「西洋の風習が次第に入って以来、脱帽して
お辞儀をすることで敬意を示して、拝跪の礼はついに廃され、婚礼も簡素に改
め、これを文明結婚と呼ぶ。多くは開港場で行われ、郷村ではまだ少ない」と
いう。ここでは文明結婚に対する賛否は明確には現れていない。一方、海寧県
については、1922年の民国『海寧州志稿』巻四〇「雑誌、風俗」に、海寧県
における文明結婚への批判が記されている。すなわち、民国『鎮海県志』と同
様に、六礼に沿った婚礼の儀式を説明した上で、次のように言う。

　　昨今は西洋の風習が行われ、古礼はないがしろにされ、これを文明的だと
　　呼んでいる。婚礼を別に定め、媒酌人の名称を紹介人と変更し、男女の間
　　で話がまとまり、立会人のもとで婚約する。式場を用意して賓客と友人を
　　集め、式典に参列すると着飾った女性がたくさんいる。登壇して演説する
　　と祝辞が乱れ舞い、指輪を交換してお辞儀し、「このように末永く連れそ
　　いましょう」うんぬんと言う。このような礼は西洋留学から帰国してこれ
　　を行う者が多いことにはじまり、近頃はしだいに習俗に染まって簡素さを
　　取り入れ、礼儀と教化はすっかりなくなってしまった。

　ここに見られるのは、婚礼が簡素になったことへの称賛ではなく、中国の伝統的な婚礼が行われなくなったことに対する批判である。

　以上をふまえると、鎮海県の議決案は、1879（光緒5）年時点で地方紳士が問題視していた民間における婚礼の奢侈、そして文明結婚の流入という背景のなかで、改良の方法として中国の伝統的な制度を参照することを選択したものと考えられるのである。

むすびにかえて

　繰り返しになるが、本論の要点をまとめると、次のとおりである。

　中国においては「文明」という語は、近代にcivilizationの訳語となる以前、「文」すなわち望ましい教養・学問・制度が「明」すなわち世界に発揚されること、という意味をもっていた。そして、「文化」すなわち「文」によって人々を教化することは知識人にとっての重要な使命と考えられていた。

　明代・清代の王朝や知識人が民衆に求めた規範は儒教道徳が基本となっていた。とくに清朝の雍正帝は民衆に対し、日常の衣食住や冠婚葬祭および節句の酒宴での浪費、および清朝が有害とみなす民間信仰などを戒めようとした。また、民衆にこれらを伝えるため宣講が用いられた。

　清末になると富国強兵の動きとともに、婚礼・葬儀における奢侈や民間信仰などを戒めようとする風俗改良論が起こった。清末の省レベルの議会や中華民国初年の各県議会の議決案では、風俗改良の方法として、官による命令や罰則を用いたり、宣講によって西洋近代の知識を普及したりするほか、中国の伝統的な制度を参照することもあった。これらの事例は、近代中国における「文明化」には西洋への志向だけではなく「中華」への志向もあったということを示していると言えよう。

注
- ★1　筆者の問題関心は、近代中国の知識人における「伝統」と「近代」の取捨選択のあり方にある。筆者は宮原（2012；2017）で、清末から中華民国初年にかけての近代学校教育における伝統的儒教教育のあり方について分析した。
- ★2　代表的な研究として李（1992）がある。また、通俗教育団体については上田（2002；2005）など、婚礼に関する知識人の言説については鄧・胡（2007：第3章）などがある。
- ★3　儒教の概要については土田（2011）、小島（2017）を参照されたい。

★4　科挙については宮崎（1963）を参照されたい。

★5　宣講については阿部（2016）を参照されたい。

★6　梁啓超の事績については狭間（2016）を参照されたい。

★7　中国近代における社会教育については戸部（2015）を参照されたい。

参考文献

阿部泰記『宣講による民衆教化に関する研究』汲古書院、2016年。

池田末利『儀禮』I、東海大学出版会、1973年。

石川禎浩「梁啓超と文明の視座」狭間直樹編『共同研究 梁啓超——西洋近代思想受容と明治日本』みすず書房、1999年。

上田孝典「近代中国における「通俗教育」概念に関する考察——伍達と「中華通俗教育会」の活動を中心に」『日本社会教育学会紀要』第38号、2002年。

―――――「民国初期中国における社会教育政策の展開——「通俗教育研究会」の組織とその役割を中心に」『アジア教育史研究』第14号、2005年。

緒方賢一「宋代の婚礼説について」『立命館言語文化研究』23巻3号、2012年。

小野川秀美『清末政治思想研究』第2巻、平凡社、2010年版。

神谷まり子「「野蛮」な「文明」——社会小説に描かれる文明結婚」『國士舘大學政經論叢』第18巻第3・4号合併号、2006年。

小島毅『儒教の歴史』山川出版社、2017年。

酒井忠夫『増補　中国善書の研究』上巻、国書刊行会、1999年。

―――――『増補　中国善書の研究』下巻、国書刊行会、2000年。

佐藤慎一『近代中国の知識人と文明』東京大学出版会、1996年。

佐藤仁史・宮原佳昭・宮内肇「近代中国における風俗改良論——湖南・広東・江南の比較を通して」『2015年度 大学研究助成　アジア歴史研究報告書』公益財団法人JFE21世紀財団、2016年、所収。

シュウォルツ、B・I（平野健一郎訳）『中国の近代化と知識人——厳復と西洋』東京大学出版会、1978年（原著1964年）

鈴木修次『文明のことば』文化評論出版、1981年。

土田健次郎『儒教入門』東京大学出版会、2011年。

手代木有児「清末中国の文明観転換と自己認識」『史林』第102巻第1号、2019年。

戸部健『近代天津の「社会教育」——教育と宣伝のあいだ』汲古書院、2015年。

西英昭『近代中華民国法制の構築——習慣調査・法典編纂と中国法学』九州大学出版会、2018年。

狭間直樹『梁啓超——東アジア文明史の転換』岩波書店、2016年。

細谷恵志『朱子家禮』明徳出版社、2014年。

宮崎市定『科挙——中国の試験地獄』中央公論新社、1963年。

宮原佳昭「清末の学校教育における経書学習」古垣光一編『アジア教育史学の開拓』アジア教育史学会、2012年。

―――――「袁世凱政権期の学校教育における「尊孔」と「読経」」『東洋史研究』第76巻第1号、

2017年。

柳父章『一語の辞典　文化』三省堂、1995年。

楊志剛（井澤耕一訳）「中国明清時代における「朱子家礼」の普及と定着」吾妻重二・朴元在
　　編『朱子家礼と東アジアの文化交渉』汲古書院、2012年、所収。

〈中国語文献〉

鄧偉志・胡申生『上海婚俗』文匯出版社、2007年。

黄興濤「晩清民初現代"文明"和"文化"概念的形成及其歴史実践」『近代史研究』2006年6期。

李孝悌『清末的下層社会啓蒙運動　1901-1911』中央研究院近代史研究所、1992年。

張朋園『中国現代化的区域研究　湖南省1860-1916』中央研究院近代史研究所、1983年。

第6章

植民地期ベトナム知識人にとっての「文明」と「国学」

ファム・クインと『南風雑誌』を中心に

宮沢 千尋

はじめに
──ベトナムにとっての「文明」：日本・中国・朝鮮との類似点と相違点

　本稿は、紀元前より中国の支配を受けて中華文明の強い影響を受け、19世紀半ばからはフランスの侵略と植民地支配を受けたベトナム、特に20世紀の知識人にとって「文明」とは何か、また、中華文明や西洋文明の影響を受けていないベトナム独自の精神（国粋［quốc túy］、国華［quốc hoa］）、文化や学問（国学［quốc học］）を確立するためのベトナム知識人の努力とはどのようなものであったかを考察することを目的とする。特に筆者は、ベトナム独自の国学を確立するために、「文明」と「国学」を「調和（điều hòa）」しようとしたファム・クイン（Phạm Quỳnh［范瓊］, 1892-1945）と彼が主筆を務めた『南風雑誌（Tạp Chí Nam Phong）』に注目する。なお、本稿は拙稿（宮沢、2012）の続編にあたる。

　本書の各章において、あるいは本書の基盤となった研究会において、東アジアの各地、日本（本書、第2部・第4章）、中国（本書、第2部・第5章）、朝鮮（岡田、2019）にとっての「文明」や「文明化」について述べられているが、筆者はこれらの地域とベトナムの「文明」に対する見方の類似点と相違点について以下のように考える。

1. 類似点

服部（本書、第2部・第4章）が述べる通りcivilizationとの訳語としての「文明」は日本で作られ、東アジア各国に伝播した。後述するように、ベトナムにも中国経由で入ってきた。

また、ベトナムにおいて19世紀以降の西洋文明の流入は、植民地支配に伴う「強いられた文明化」という側面があるが、この点は他の東アジア地域（西洋列強による植民地化を免れた日本も含めて）と同様である。中国や日本、朝鮮の知識人たちは、儒教を統治の原理、教養の基本としていたが、植民地化を招いた自らの「後進性」を克服するために、支配者である西洋列強の文明を受容する必要を強く感じる一方で、独自の精神や文化を維持するという難問に直面した。日本では「和魂洋才」、中国では「中体西用」、朝鮮では「東道西器」という言葉が生まれたのである。

2. 相違点

ベトナムでは、紀元前から中国の王朝による約1千年間の直接支配（「北属期」）の間に漢字や儒教が入って定着し、10世紀に独立してからは律令制・科挙を導入し、中華文明の強い影響下に置かれた。その後、中国諸王朝はベトナム王朝が動揺した際に介入して侵攻するが、ベトナム側がこれを撃退し、新たに成立したベトナムの王朝は中国の王朝に朝貢して冊封を受けることが繰り返された。「北方」への強烈な対抗意識が育まれるが、文化的影響、経済的な関係は続いた。その後、19世紀半ばからベトナムはフランスの侵略を受けて植民地化された。

このように、ベトナムの場合、外来文明である中華文明と西洋文明の影響下におかれて、これらを強く意識せざるを得なかった。特に20世紀以降、知識人はこれら二大文明の影響を受けていない「ベトナム独自の精神、文化や学問」とは何かということに、植民地支配に抵抗するか、これを容認・甘受するかを問わず、苦悩した。一方、中国王朝の朝貢・冊封体制に組み込まれず、領土的支配も受けなかった日本の知識人や、朝鮮に進出してきた開国後の日本に対し、（中華）文明の担い手は自分たちだと認識して、自らの優位性を主張した朝鮮の知識人たちは、中華文明や西洋文明に対して、本章で詳述するファム・クインほどに「我々には、これらの文明に影響を受けていないオリジナルな文化は存在しない」と強く意識したであろうか？

1　近代ベトナムにおける「文明」概念の導入と流行

　19世紀半ばからベトナムに対するフランスの侵略が開始され、1880年代後半から90年代にかけて国内でのベトナム人の武力反抗はわずかな例外を除いてほぼ終息し、ラオス、カンボジアと併せて「フランス領インドシナ連邦」が成立した。ベトナムは三つに分割され、北部のトンキンが保護領、中部のアンナンは保護国、南部のコーチシナが直轄植民地となった。トンキンとアンナンには阮王朝の行政機構がフランス植民地機構と並行して残されたが、植民地行政機構が優位に立っていた。コーチシナでは阮朝の行政機構は廃止され、科挙試験も1865年に廃止された（トンキンでは1915年まで、アンナンでは1919年まで科挙が実施された）（宮沢、2012：79）。civilisationの訳語としての文明は、このような時代背景の下で普及していく。20世紀前半のベトナムにおいて、文明についての議論が盛んになるのは、以下の二つの時期であると筆者は考える。

1・1　「維新運動」（1903-1908）・「東遊運動」（1905-1908）期

　19世紀末以降、中国変法派によって刊行された「新書」が流入し、20世紀初めに伝統的な儒教知識人を中心に啓蒙運動、近代化運動が起きた。大きく分けてファン・チュー・チン（Phan Chu Trinh［潘周禎］, 1872-1926）らの改良主義的運動（東京義塾などの教育機関設立と啓蒙運動を中心とした）と、ファン・ボイ・チャウ（Phan Bội Châu［潘佩珠］, 1867-1940）が起こした東遊運動（日本に留学して独立運動の中核となる人材を育成しようとする運動で、武力によるフランス打倒を模索した）にわかれるが、いずれも1907-1908年に植民地当局の弾圧により短期間で終息した。東京義塾は『文明新学策』、『国民讀本』（1907）[★1]などの漢字のテキストで、文明や民族、国家などの概念を広める一方、クオックグー教育（後述）、西洋近代政治思想の紹介を行った。数学、衛生学などの教科もあった（桜井・石澤、1977：95）。

　上述のベトナム版『国民讀本』では、「こんにちの世界は文明の世界であるが、古代の人は〔文明を〕知ることもなかった」として、文明を文字・法律・教育・倫理・農耕（「耕種」）から成るものとする。また、ベトナムの現状に関して「文明には限りが無い（「文明無止境説」）」という章では「我が国では文明に欠けている点が多くても心配には及ばない、急速に進んでいくのみだ」と述べ、「人

間の本性は満足を知らず、美しければ更に美しく、巧みであれば更に巧みであることを、優れていれば更に優れていることを求める。昨日正しかったことも今日は誤りであるなら、誤りを正さねばならない」、「人間は自分より優れたものを模倣する」という楽観的な進歩史観が示されている（Vũ Vạn Sách, Vũ Thị Minh Hương và Philippe Papin, 1997: 53-55）。一方で「競争とは自存の術であり、世界の人類はみな競争してきた。我一人退いて譲れば弱肉強食にして自存できようか？」、「西洋諸国が兵器・軍艦・火器を日々新しくしているのは、公法や条約が頼むに足らないことを知っているからだ」、「我が民は競争を知らず、数十年負け続けてきた」が、「我が国民がなおこの世に存在したいと欲するなら、鉄血の力を以て競争しなければならない。主権を失って回復できなければ、地球上で生き残れない」という社会ダーウィニズム的な世界観も示されている（Vũ Vạn Sách, Vũ Thị Minh Hương và Philippe Papin, 1997: 62-63）。

1・2　第一次世界大戦後

　フランスは、フランス語やベトナム語のローマ字表記であるクオックグーによる教育を推進した。特に1910年代に2度にわたってインドシナ総督に就任したアルベール・サローは「仏越提携」を唱えた。第一次世界大戦後に「フランス―ベトナム学校（Trường Pháp-Việt）」が設立されたことと、上述のように科挙が廃止されたことにより、知識人の間で、中華文明の影響によるのでもなく、フランスに代表される西洋文明起源でもない、ベトナム独自の精神（国粋、国華）、文化や学問（国学）とは何かについての議論が、クオックグーによる新聞や雑誌において盛んに起こるようになる。

　また、大戦の惨禍に対する反省から世界に広まった平和主義・国際協調主義の風潮の影響も大きかった[2]。

　例えば東遊運動の指導者でフランス武力打倒を唱えた前述のファン・ボイ・チャウも、第一次世界大戦後には「仏越提携政見書」（1919）や「予九年来所持之主義」を著し、暴力革命論を撤回して「文明革命」を唱え、日本の脅威に備えて仏越提携を主張した[3]。

　本稿で主な考察の対象となるファム・クインが、フランス植民支配を容認する立場から言論活動を始めるのはこの時期である。彼はベトナム独自の国学を確立するために、「東西文明の調和」を主張した。第一次大戦後の文明に関する議論は、クインやチャウに見られるように、フランスによる植民地支配を武

力で打倒するのではなく、フランスとの協調を主張する文脈で文明に言及するという論法を採っており、これは上述の平和主義、国際協調主義による影響もあるが、植民地制度の枠内で言論活動を行うための方便でもあるように思われる。今井は、この時期のファン・ボイ・チャウは、公開される言説では仏越提携論を、公開されない著作（これらの著作の多くは彼の死後に刊行された）では社会主義論や華越提携論を主張して使い分ける傾向があったことを指摘している（今井、2017）。

2　ファム・クインと『南風雑誌』

　ファム・クイン（1892-1945）はハノイ出身の評論家、翻訳者、官僚であり、グエン・ヴァン・ヴィン（Nguyễn Văn Vĩnh, 1882-1936）と並ぶ「親仏派知識人」の代表的存在だった。通訳学校（École d'Interprètes）を卒業し、フランス極東学院（École Française d'Extrême-Orient）で働いた。漢文や儒教、東洋文化に関する知識はこの時に培われた。ファン・ボイ・チャウやファン・チュー・チンのように科挙を受験した経験も無いし、そのために学んだことも無い。クインは、儒教的教養を持ちながら、植民地支配に抵抗したいわゆる開明的知識人層（白石、1976）とは異なる経歴を持つ。また、1920年代に「仏越学校」卒業生が植民地機構の官吏や教師、企業の事務員として働くようになり、民族主義運動や文学運動を担うが、従来の儒教知識人層と対比して「新学知識人」と呼ばれたこれらの者たちとは世代が違う。むしろ、彼はこれら「新学知識人」を養成した人物と言えるであろう。

　1913年より、グエン・ヴァン・ヴィンが主催する『インドシナ雑誌（Đông Dương Tạp Chí）』に加わり、文筆活動を始めるようになる。1917年にフランス植民地当局の警察部門の責任者ルイ・マルティー（Louis Marty）のイニシアチブと援助により創刊された『南風雑誌（Tạp Chí Nam Phong）』の主筆として（1934年初めまで）、西洋文明・文化・歴史、東西文明の融合、ベトナム独自の国学とクオックグー表記によるベトナム語の確立について精力的に執筆活動を行った（Brochuex and Hémery, 2009: 302; Thanh Tâm, 2001: 140-141）★4。1919年には開智進徳会（Hội Khai Trí Tiến Đức）を設立し、総書記としてもクオックグーの普及に努めた。1922年にマルセイユで行われた万国博覧会に参加するため渡仏してパリのアカデミー・フランセーズなどで講演会を開き、名声と威信を高めた。また、この頃、フランスが初等教育から

のフランス語導入とベトナム語教育廃止を唱えるとこれに反対した（Thanh Tâm, 2001: 143-144）。1926年にフランス植民地政府に対し、ベトナム進歩同盟（Việt Nam Tấn Bộ Hội）の設立を申請したが、許可されなかった。クインは、この団体は政党ではなく、非政治的な立場から「仏越提携」に協力するという名目で組織しようとしたという（Osborne, 1973: 145-146）。『キム・ヴァン・キエウ伝』が国民文学であるかについて、クインと論争した（宮沢、2012）フイン・トゥック・カン（Huỳnh Thúc Kháng, 1867-1947）も参加する予定であった（Brochuex and Hémery, 2009: 308）。

1932年にバオダイ（Bảo Đại［保大］）帝の下で御前文房董理兼尚書（Ngự Tiền Văn Phòng Đổng Lý kiêm Thượng Thư）、1933年5月に学部尚書（Bộ Thượng Thư Bộ Học）に就任し、その後は1939年にバオダイのフランス訪問に随行したり、吏部尚書を務めるなど（Phạm Thị Ngoạn, 1993 [1973]: 56）、バオダイ帝の側近中の側近であった★5。1945年3月9日の日本軍による「仏印処理」後に辞職するが、八月革命中の8月23日にフエで政権を奪取したベトナム独立同盟会により、ゴー・ディン・コイ（Ngô Đình Khởi, ゴー・ディン・ジエム［Ngô Đình Diệm］の実兄で元クアンナム省総督）、ゴー・ディン・フアン（Ngô Đình Huấn, コイの息子で、バオダイ帝の最高顧問横山正幸の元随員）とともに捕らえられ、殺害された。遺体がクアンチ省の森の中から発見されて埋葬されたのは1956年だった（Phạm Thị Ngoạn, 1993 [1973]: 59, 63）。2006年に、現政権下でもクインの死に関する記事がベトナム歴史科学協会の雑誌『昔と今（Xưa và Nay）』に掲載された。それによると、「越奸（Việt gian）」として8月23日に死刑判決が下され、即日執行されたということである（Nhật Hoa Khanh, 2006）。

3 ファム・クインにとっての ベトナムにおける「文明」と「国学」

本節以降では、ファム・クインの論説に従いながら、彼が「文明」と「国学」、その相互関係や調和をどのように考えていたかを明らかにしていく。これらの論説は、『南風雑誌』に掲載されたものであり、その後、1917年から1921年までの論説は、『尚之文集（Thượng Chí Văn Tập）』（1943-1945年）に収録された。生誕100周年には、彼の名誉回復を求める欧米在住のベトナム人によって選集や著作集が編纂された（Phạm Quỳnh, 1992; UBPHDDPQ, 2001）。後述

するように21世紀に入ると、現政権下でも再評価の動きが始まった。

3・1　「文明」観

3・1・1　語の起源と定義に対する理解

本書第4章（服部論文）に示されているようなcivilisationの語がヨーロッパで確立する過程と、その訳語が日本で作られた事情に関して、ファム・クインは以下のように論じている。

> 文明は野蛮に対するものである。文明という語は、新しい語である。易経に「天下文明」の句はあるとはいえ、西洋語のcivilisationの訳語としての新たな意味としては、日本人から始まったのである。日本人が先に使用し（ブンメイbunmeiと読む）、中国人が後に続き、それから我々が真似て、今日、常用語となったのである。だから、この語がわが言語に入ってから、20年も経過していないのだ。
>
> フランス語のcivilisationという語もまた常用語となって久しいものではない。アカデミー・フランセーズの辞書で、この語は1835年から見ることができる。現在、至極ありふれた語ではあるが、依然として定義はなく、はっきりと説明するのは容易ではない。リトル（Littlé）の辞書では文明は以下のように定義されている。「文明とは、工業、宗教、美術、科学がお互いに影響しあって生まれる意見および慣習である」。ギゾーの『ヨーロッパ文明史論』では、文明を原料ごとに分解して、社会のレベルごとにどの原料を含むかを細かく調べているが、なぜか完全な文明と呼ぶことができないという理由で、彼も文明を明確に説明していない。今日、普通の意味は、「秩序ある社会を生む原料を含み、人間をして万物に勝利させて地球の主人にするもの」である。　　　　　（「文明論」、1920）★6

3・1・2　進歩史観

ファム・クインの文明観にも、上述の東京義塾のテキスト『国民讀本』に見られる進歩史観の影響が見られる。

> どのように文明が開化するか、一つの民族の生活のなかで、何が文明の進歩に寄与するのか、文明が一つの現象であるとして、その現象がどのように進化を生むのか？　文明史とは人類の一般的な進化の歴史であり、古

い政治史にとっては、王侯階層の歴史にほかならない。18世紀——それはモンテスキュー、ヴォルテール、ギボン、ヘルダーの世紀であるが——に新しい学説が始まり、19世紀にはクレム、バックル、そしてダーウィン学派がその新しい学説を唱えた。それらの学者はたいてい以下のように唱えた：「我々人類は野蛮（sauvagerie）から徐々に未開（barbarie）に至り、未開から徐々に文明に至る」。これを進化論または進歩論（doctrine progrès）と呼ぶ。 （「文明論」、1920）★7

3・1・3 「真の文明」と進歩

ファム・クインはフランス植民地制度の枠内で言論活動を行った代表的な存在であるが、単なる欧化主義者、同化主義者ではなかった。フランス植民地支配下での表面的な西洋文明理解や、経済的な利益のために「西学（西洋の学問）」を学ぶことに対して批判的であった★8。彼にとって真の文明とその進歩は、あくまで内面、つまり知性や学識に作用するものであった。

　読者はよく認識すれば、文明とは全て人間が生んだ才知によるものだと知るだろう。人間が賢明にして多くを知り、自ら己の生活を美しく飾ることが典雅にして良ければ、それが文明である。しかし、典雅で良きことが外見だけであり、絢爛とした衣服であるなら、それは真に文明とは言えない。文明とは、人間が内面において自分で知性を測ることであり、知性が発展し英明となってはじめて文明なのである。中身が暗愚のままなのに外面はきらびやかであるのなら、それは偽の文明である。現在、国民は文明に関してはっきりと理解せず、多くの者が文明の二字を誤解して、偽の文明を真の文明と、形式を精神と、けばけばしい衣装の外見を内面における知性の精髄と思っている。このような誤解は真に我が国の文明の進歩に害を与える。社会の上流の者は人々を導く責任があるのだから、このように誤解してはいけない。知識に文明の柱があることを理解せよ。知識人が未だ啓発されていなければ、たとえ道徳が高くて深くても、国民を進化させるのに不十分である。古今より文明の進歩は知性や学識に拠ったのである。 （「文明論」、1920）★9

3・2　ベトナムの文化・文明問題とその解決

3・2・1　ベトナムの現状

　また、ファン・クインは、歴史的な背景を踏まえながら、フランス植民地体制下のベトナムの現状を以下のように認識していた。1924年の「東西の文化を汎く論ずる」では以下のような現状認識を示している（以下、要約）。

　　こんにち我が国の人々は、異なる二つの文化の合流地点に立っているようなものである。知識人たちは、誰もが茫然自失で道に迷ったような状態なのである。我々の父祖は鎖国政策のために、中華の学術文明を知るのみであり、それは古代から長年にわたって蓄積され、父祖はそれを一生懸命に学んで習熟し、それを敬い、それと心を一つにして外観を維持することができた。時勢が変化し開国する時代になってアジアとヨーロッパが交流し、東西二つの文化の衝突が始まった。実際には我々は、どちらの側なのか混乱して中途半端であり、未だ一定の方針は決まっていない。だから、志や精神が定まらず、心穏やかではない。我が国の知識人で文化問題に関わっている者たちは、混乱し悲しみ、厭世主義が生まれていることを批判している。〔しかし、問題の原因は〕厭世主義ではない。社会の歪みや人々の心中の不平の原因は、倫理や政治の問題ではなく、文化の問題なのである。この問題を正しく解決することができるなら、我が国はふさわしい人材を得ることができ、自立して存在できる。

　　　　　　　　　　　　　　　（「東西の文化を汎く論ずる」、1924）★10

3・2・2-a　解決策：東西文化（文明）の調和

　さらに、以上の現状認識を踏まえて、クインは東西文明・文化の調和の必要性を説いた。彼は、東洋の文化・文明の特徴を道学、西洋のそれを物質と捉えていた。

　　文明と野蛮の違いは、一方に文化があり、他方にはないということである。だから文化は必要なものであり、民族や国家にとって欠くべからざるものである。我が国が昔も今も「文献之邦」と称するのは、どの時代にも文化があり、だから人は従順で、習慣は良く、社会が礼儀正しい。現在の〔東西〕交流の時代になっても、新たな文明を摂取・収集し、自らの固有の精神と調和させることができるのだ。我々は、我が国のために独自の文

化を創出する方法を考えなければいけないし、欧亜の二つの精神を十分に調べなければならない。それは長きにわたる事業であり、すぐに結果を出せるわけではない。しかし、我が民族が解放の道、自立の道を探したいなら、その方法によってのみ効果があり、それ以外の道はないことを知らねばならない。 (「東西の文化を汎く論ずる」、1924) ★11

3・2・2-b　東西文明調和の方法

　では、どのような方法で東西文明や文化を調和させるのか？　彼の主張の要約を続ける。

　　文化が重要であり、文化の調和が必要なことがわかったが、東西二つの文化に対応する方法を知るにはどうすればよいのであろうか？
　　泰西の学術は事物に関する学術であり、泰西の文化は事物に関する文化である。西欧人は古より今までただ事物を考察することに専心し、事物を発見し、事物を征服し、事物を支配してきた。東洋の賢哲は事物に執着せず、社会の中でお互いが穏やかに生活できるように、ただ人々を道徳に基づいて教え、過ちをただすのみである。二つの文化はこのように性格が違うので、西洋文化に対して我々は注意して収集しなければならないし、収集に当たってはうまく選ばなければならない。東洋の文化に対しては注意して保存し、保存に際しては〔文化の特徴を〕うまく発揮しなければならない。
　　全体を丸ごと取り入れることはできず、分析して弁別し、我々に役立つ部分を選ばねばならない。西洋文化に対しては懐疑しなければならないし、東亜の文化に対しては、細かく監督しなければならない。西洋人は科学を妄信し、東洋人は道徳を妄信する。前者は事物を妄信するのでたぶん正しくない。後者は理想を妄信するので受け入れることができる。西洋文化は科学を含み、東洋文化は道学を含む。科学に対して我々は功利の心を持ち、道学に対しては真正な気持ちを持たねばならない。どちらも必要であり、片方が欠けることはできない。科学があっても道学が無かったら、皮膚だけがあって内臓が無いようなものであり、生きていくことはできない。道学があっても科学が無ければ、内臓があって皮膚が無いようなものであり、ためらわずに人生を進んで行くことができない。だから両者を調和することが肝要なのである。功利と誠実、それが東西の文化を調和するというこ

となのだ。つまり、我が国の文化問題とは、道学と科学を区別して調和させるということだ。　　　　　　　（「東西の文化を汎く論ずる」、1924）★12

　以上の要約からクインの立場が以下のようなものであることがわかる。①「東洋は道学を持ち、それは誠実を旨とする。一方、西洋は科学を持ち、功利を追求する」という二分法的な観点を持っていた。②現在のベトナムにとって、西洋科学を受け入れることは必須であり、西洋科学と東洋道徳はどちらも欠くことのできないものであると考えていた。③東洋の道徳も、西洋の科学も取捨選択して取り入れるべきであると主張した。④彼が「東洋」と言う時には、広く中華文明や儒教的な価値を含んでいると考えられる。

　彼はベトナム儒教の現状に対して批判的であり、後述するように1930年代の国学論争においては、中国儒教や漢文も、「奥深いものであるが、もはや死学・死文」ととらえている。しかし、それに代わる東洋的な価値について言及していないし、東西文明・文化の調和によって新たな価値を創出する構想を具体的に打ち出しているわけではない。今井（1983）も述べているように、儒教を根本的に否定しているわけではなく、儒教道徳を重視する立場であった。

3・3　「国学」と「国文」

3・3・1　ベトナムの「国学」とは何か？

　ファム・クインは、1931年の「国学について論ず」（『南風雑誌』163号）★13の冒頭において、「ベトナムの国（Nước Nam）には真正の国学があるのだろうか？」と問う（Phạm Quỳnh, 1992 [1931]: 29）。続いてそのような問いを発した理由を、「この質問で始めなければならないのは、我が国にかつて一つの国学があったなら、その国学は小さくて狭いものであり、天下に自慢する物など無いことを十分に知っているからだ」とする。さらに、「歴史を観察してみれば、そのことは良くわかる。ベトナムの国は数十世紀にわたって中国に従って学んだ単なる優秀な弟子に過ぎず、未だかつて師の門を逃れて自らの家を建てようとしたことはない。それだけでなく、また常に"教科"の範囲外に出て、"学術"の範囲に足を踏み入れない。ならば、どうして国学があろうか？」として、ベトナムに固有の国学がほとんど存在しなかったと断じる（Phạm Quỳnh, 1992 [1931]: 30）★14。

　ところで、国学とは何か？　「一国の思想学術に関する風潮を含むものであり、国ごとに異なる特徴があり、神髄となる著作がその国に伝えられ、その国

の学者に影響を与えるものである」(Phạm Quỳnh, 1992 [1931]: 33)。しかし、国学は一国の枠内で、その国の文化のみによって成立するものではない。他から借用することなく、完全に独自の国学を形成できた国は、「文明の祖」である中国、インド、エジプト、ギリシアなど数少ない国々であり、それ以外の「すべての民族は外から学術文明を享受して、すべてを自己の精神に合わせて変化させ、独自のものとすることができるのである。ゆえに、フランス、イギリス、ドイツなどは、もともとギリシア、ローマに起源があると言っても、その後、お互いに影響しあい、しかしその国独自の学術文明を持ち、国ごとに異なり、学術も異なり、それがすなわち、国ごとの国学である」として、文化の交流が、国学の形成にとって重要なのだと説く（Phạm Quỳnh, 1992 [1931]: 33-34)。

　それでは、ベトナムが中国の学術を借りながら、それを「我々の精神」に合わせて変化させることができず、自らの国学を確立できないのは、どうしてだろうか？　その理由として、彼は、地理的には「中国に近接して侵入されやすく、独立しても関係が密接である」こと、歴史的には「中国の度重なる侵略を追い払って国の独立を守ることに勢力を注がねばならず、それ以外のことを考える余裕がなかった」こと、政治的には「ベトナムの帝王たちは専制君主制に有利な儒学を崇敬し、多くの人材が科挙の鋳型の中で育成され、思想や学問の自由が無かった」ことを挙げている（Phạm Quỳnh, 1992 [1931]: 34-38)。

　では、ベトナムはどのように国学を確立するのか？　クインは、その手段として、「自分の骨格（cốt cách）となる精神を維持して、他人の良いところを取って補い強くする」ことを主張した。クインによれば、上述したベトナムの中国に対する態度は「自分の骨格となる精神なしに他人に従う方法」であり、「我が国に国学が無いと嘆く結果になった」のである。一方で彼は、「こんにち、我々が西洋に同化しなければならないのは当然」で★15、「正義と公理を以て他人の良いところを学ぶのは義務であり、自分に足りないところを学んで補う必要がある」と主張する。その際に彼が重視するのが「文明の重要な一部分である」学術、特に科学である。この点は、前節で見た1924年の論説と変わらないが、さらに彼は踏み込んだ叙述をしている。すなわち科学は、「実際のみを見て、幻想を抱かない学問の方法」であり、「理論を優先し、実験を後に置き、現前する事実を以て根拠とし、当然の物の道理を以て目的となす」。このような方法は、東洋には無く、道学があるのみだと、彼は主張する（Phạm Quỳnh, 1992 [1931]: 39-41)。

　さらに、クインは道学と科学の違いを梁啓超の「受用」・「応用」という分類

を引用して説明する。道学は「受用」の学であり、中心となるのは聖人・賢人になるためにいかに人格を鍛えるかであって、学説を立てて世に伝えるのが目的ではない。一方、科学は「応用」の学であり、弁論の蓄積によって成るものであり、社会の程度にしたがって進化する。ヨーロッパ人が富強になったのは科学に依拠したからであり、富強になり、この世で生き残りたいのなら、科学を持つ必要がある（Phạm Quỳnh, 1992 [1931]: 42-43）。

　しかし、このような考え方は「唯利的」であって、学術に関しては利益に偏するのではなく正義や公理について述べるべきである。また、科学は西欧固有のものなので、ベトナム人がそれに従って学ぶだけでは不十分である（Phạm Quỳnh, 1992 [1931]: 43）。大事なのは以下の点であると述べる。

　　我が固有の国学を成したいのであれば、科学の批判や考究の方法を用いて、我が東アジアの古い学説と義・理を学んで、それからそれらの真理を西洋科学の発明とともに、熟考し、対照しなければならない。

　　　　　　　　　　　　　　　　　　　（Phạm Quỳnh, 1992 [1931]: 45）

　クインは、以上のような方法でベトナムに固有の国学を確立することを主張したが、ここで一つの疑念が浮かぶ。彼は東洋と西洋の文明や文化を調和させてベトナムの国学を創ろうとしているのか、それとも、あくまで東洋の精神的な道徳に価値を置き、西洋文明は分析の手段、功利を追求するための実用的な用途としてのみ価値を認めるのであろうか。筆者はクインの力点は後者にあると考える。

　確かに、彼は東西の文明や文化の調和を説く。しかし、彼が実用的な価値よりも精神的な価値を重視していることは明らかである。今井が指摘しているように、彼にとっての東西文明の融合とは、「知識・科学・技術の面で、西洋、特にフランスの文化を今後のベトナム国家改造事業にとっての強力な原動力としつつ、伝統的な倫理・道徳を保持し、調和させるということ」であり、「儒教をいったん否定して新たなベトナム文化の創造へ立ち向かおうとは考えていなかった」と見る（今井、1983：54）ことができよう。

　また彼は、これは「平和的な革命」であるとする。なぜなら、16世紀以前の西洋人による「精神に関する革命」と同じようなものであるからだ。「西洋人がすでに行った道をたどるなら、困難はない」（Phạm Quỳnh ,1992 [1931]: 44）★16。言うまでもないが、彼が念頭に置いているのはルネサンス以降の

ヨーロッパである。クインは、彼と同時代のベトナムを、デカルトやラブレーがラテン語ではなくフランス語で著作を著した時代になぞらえている（「ラブレーの教訓」『南風雑誌』140号、1929年7月）。

3・3・2 「国文」(quốc văn)

　筆者は拙稿において、国学論争に先立つ1910年代後半から1920年代半ばまでの時期に、ファム・クインがグエン・ズー（阮攸）の『キム・ヴァン・キエウ伝（金雲翹伝）』を、「国音を文章にするという偉業を成し遂げた貴重で輝かしい遺産であり、ベトナムの国華・国粋・国魂である」と高く評価し、これをきっかけに論争が巻き起こったことを述べた（宮沢、2012：86-93）。

　また、ファム・クインのナショナリズムは言語を重視するナショナリズムであると指摘した。「ナショナリズム」（『南風雑誌』101号、1925年12月号掲載）でクインは、ベトナムのナショナリズムを精神面、文化面、社会面、政治面、経済面の五つに分け、その中で文化面を最も強調する。「文化はその国の骨格となる精神」であり、「文化を作り伝播させるのはことば」であり、「どの国にも独自のことばがあり、各々のことばで以って、その国その民の固有の精神を表象することができる」。そして、ベトナムには固有のクオックグーがあること、「ことばは国であり、ことばがあれば国があり、ことばが失われれば国も失われ、そうなればすべてが失われる」ことを強調し、「だから我が国の文化問題とは、国文とクオックグー問題に収れんする」と主張した（宮沢、2012：83-84）。

　さらにクインは、ベトナムの思想を表すには、中国やフランスの借り物ではない「我が言語」が必要であり、これを円熟させることにより、円熟したベトナム独自の思想が生まれると考えていた。そして、このような方法が二つの文明の調和に役立つすばらしい方法であり、事業の起点とすると主張したのである[17]。

　国学に関する論説においても彼は類似の主張を行っている。1931年の「国学と国文」において彼は、「ベトナムに国学が無い主要な理由の一つは、ふさわしい国文を持っていないからだ」とする[18]。先に紹介した地理的、歴史的、政治的な理由に加えて、機能的な側面から、ベトナムにおける国学の欠如を説明しているのである。「国学と国文」における彼の主張をまとめると以下のようになる。

　　　我が国の言葉であるベトナム語は、詩や歌を作るには語彙も豊富で美し

いが、高尚な思想を表現するには俗っぽく、大雑把で、厳粛ではない。古来、ベトナムでは正義や公理を述べる時に漢文を使い、学術を広める文字としての栄誉は漢字が得てきた。しかし、漢字は、雄弁で歴史があり、奥深いものではあるけれど、長く停滞しており、もはや「死文」である。中国の古学は「死学」である。我が国の知識人たちは数十代にわたって、この「死学」「死文」のみを学んできたのである。独自の国学は生まれなかった。

　片や現在はヨーロッパの学問（西学）の時代であるが、状況は変わらない。知識人たちが一堂に会して西洋語で力強く語ると思想が優れているように見えるが、よく聞くと、西洋の新聞雑誌に書いてあることをあいまいに語っているだけだ。これは「記憶の学」であって、「知識の学」ではない。

　しかし、外国語を借用して自らの言葉に代えようとすれば常にそうならざるを得ないし、他人の言葉を借りれば、他人の思想、他人の学術、他人の風俗をも借りることになる。ベトナムの精神や知識は古から現在まで常にこうなのだ。上流層は常に借り物の学びを行い、終生、他人の精神的な奴隷となる。平民層は、外国語を使う上流層の教化を受けることなく、両者は隔絶して、まるで言葉を共有しないかの如くである。ベトナムは前代には漢字による国学を持つことができなかったが、今後、フランス語による国学も持つことはできない。ベトナムの国学を持ちたいのであれば、ベトナム語による国文を持たねばならない。　　　（「国学と国文」、1931）[19]

　クインは最後に、国文を発達させるための資料として、民間のことわざやカーザオ[20]、そして漢文やベトナム語に常用され、ベトナム語を豊かにしている成語・古語・故事を収集しなければならないとの文章でこの論説を終える。彼は、漢文を「死文」、中国由来の学問（古学）を「死学」と見て、これに代わる国文で表現される国学の確立を訴えはしたが、漢語起源の語彙を排除しようとはせず、むしろ国文に取り入れることで国文を表現豊かなものにすることを主張しているのである。

3・3・3　「国学」と「政治」

　上述のようにクインが国学について本格的に論じるのは1930年代に入ってからであり、この時期は彼が『南風雑誌』の主筆を務める最後の時期である。1932年に彼はフランスから帰国したバオダイ帝の要請を受けて宮廷入りし、

以後、バオダイの最側近となったことは既に述べた。それでは、国学の確立を主張した彼は、現実の政治に対してどのような態度をとっていたのだろうか？

1931年の「国学と政治」★21 では、ベトナム南部コーチシナの政治家ブイ・クアン・チエウ（Bùi Quang Chiêu）が、インドシナ総督に流暢なフランス語で話しかけたところ、インドシナ総督がチエウを「あなたはフランス人よりもフランス人だ」と評したというエピソードから始めて、立憲論の立場から、真正なナショナリズムを確立するために精神の改革と政治の改革の双方が必要だと説く。前者は国学を確立することであり、後者は憲法を制定しながら、あくまでもフランスの保護を受けることである。彼は立憲論によって、フランスの直接統治を主張する者たち（グエン・ヴァン・ヴィンなど）を批判した。つまり、直接統治とは「我々を客と、フランス人を主とする」政治であり、重要なことは全てフランス人によって行われ、ベトナム人は承認・補佐する立場であるにすぎない。そうなれば、人々の心理はベトナム語を卑賎なことばだと軽んじる。その結果、国文を確立することはできず、国学も確立できない。憲法を制定して保護を受けるのはその逆であり、国内政治はベトナム人自身の手で行うことができるし、国家の骨格となる国学を確立することができるとする（Phạm Quỳnh, 1931: 109-110）。さらに、「フランスの保護を受けながら、フランスという強国の陰に隠れている間に、ベトナムは成長し広大な監督権を得て国家としての自立を待つべきであり、そうなれば誰も干渉できない」と主張する（Phạm Quỳnh, 1931: 110）。このように、政治と国学の確立は密接不可分であるというのがクインの立場であった。フランスで教育を受け改革の意気に燃えていたバオダイ帝であったが、フランスの圧力で挫折すると、クインとともに宮廷に入ったゴー・ディン・ジエムは失望して辞任した。クインは1945年まで宮廷に残り、バオダイの最側近となるが、彼が望んだ立憲政治は実現を見ることなく死を遂げた。彼の望んだベトナム独自の国学の確立も未完であった。

おわりに

ファム・クインは、植民地支配の枠内で、ベトナムの民族が「後進性」を脱し近代化するために、東西の文明を調和させることと、ベトナム独自の国学の確立を説いた。その際に、東洋の道徳の精神的価値に重点を置き、西洋の科学を実用的な価値から、あるいは分析の手段として利用することを提唱した。ま

た、儒教を根本的に否定することは無かった。

彼は国学によって、ベトナムの「骨格となる精神」を確立しようとした。それ無しでは国家も民族も存立することはできないと主張する。この主張は一見すると文化本質主義に見えるが、一方で、一国の文化がその国内でのみ成立するのではないとも述べていて、国境を越えた文化の交流や、文化の構築性を当然の前提として認めている。

実際、彼は国学の確立には、ベトナム独自の国文を確立することが何より重要であると考え、国文はフランス語でも漢文でもなくクオックグーによるべきものであり、クオックグーによって、ベトナム独自の思想を表現できると主張したが、漢語を完全に排除することはしなかった。

クインは、彼自身が「ベトナムの国民文学」として高く評価する『キム・ヴァン・キエウ伝』の著者グエン・ズーが、その豊かな語彙と文章表現により、ヒロインであるキエウの多面的な性格を描き出すことを称賛しながらも、それを「儒教的中庸主義」と「仏教的運命観」に基づくと評価したことは興味深い★22。日本の国学者本居宣長が『源氏物語』に儒教や仏教的ではない「もののあはれ」を見出したのと異なるようである★23。

付言すれば、彼自身のクオックグーによる論説の文体は、独特のリズムがあり、「やや議論を単純化する傾向がある」（今井、1983：54）とはいえ、わかりやすい比喩や事例の対比を多用することにより、読者を議論に引きこむ力を持っているのではと感じられる。

政治的には、1945年の八月革命の際に共産党を中心とする革命勢力に処刑され、ベトナム民主共和国、社会主義共和国においては長くその著作が人々の目に触れることはなかった。しかし、21世紀に入って再評価の動きが高まっている。ベトナムの代表的史家であるヴァン・タオは2006年に、クインを「ベトナムの文壇、新聞雑誌上に東西文化を伝える上で功績があり、20世紀初頭のベトナム民族の言語と文化を豊富なものとするのに貢献した」と評価した（古田、2017：114）。本稿で引用したベトナム歴史学会の紀要に彼の死の真相についての記事が掲載されたのもこの頃であり、また、著作集が復刻、出版されるようになっている。2018年3月には、ファン・チュー・チン文化財団から、「大文化人、揺るぎない愛国者」として表彰された。『南風雑誌』や開智進徳会の活動を通じてクオックグーの普及と整備に努めたことが理由である。また、「一生にわたって、祖先が自分の考えや自分の仕事を見守っていると感じて、祖先の祭壇の前で学び、書き、働いた」とも評された。儒教文化を体現したと称賛

されたわけである★24。

このようにクインが再評価された背景には、1986年のドイモイ政策開始による大きな転換がある。ドイモイ政策全体について詳しく触れる余裕も能力も筆者には無いが、本書のテーマである文明に関して一言触れておく。

古田元夫によれば、ベトナム国家大学は旧インドシナ大学（1906年創立）を引き継いだのであるが、その創立100周年に際し、講堂の天井に、フランスの画家でインドシナ高等美術学校の校長だったタルデューが1928年に描いた壁画が復元された。その絵の中央には西洋人らしい「進歩の女神」が描かれ、「文明の光」が周囲にいる様々な階層のベトナム人を照らしているように見えるという。ベトナム国家大学ハノイ人文社会大学の公式の100年史では、タルデューは「東洋の文化（人材を重視し、学ぶことを高く評価する）と、西洋の文明思想（進歩のアレゴリー）を結合した、きわめて独特な表象によって知識が文明と進歩の礎であることを表現するのを忘れなかった」と解説している。つまりは植民地主義的というよりは、東西文化の交流の産物と見るべきだというのだ（古田、2017：100-101）。近年のベトナムは、植民地支配を批判はするが、それがもたらした西洋文明の「積極面」について肯定的に評価するようになっている（古田、2017：100-101）。ファム・クインはまさにこのような潮流の中で再評価されているのである。

謝辞 本稿は科学研究費補助金基盤研究（B）「逐次刊行物データベースを利用したインドシナ3国出版思潮の研究」、および2019年度南山大学パッへ研究奨励金I-A-2の助成によるものです。科研代表者の大野美紀子先生と南山大学に感謝いたします。

注

★1 東京義塾で用いられたテキストの一つで、国民のあるべき姿を描いたもの。イギリスで1886年に出版されたアーノルド・フォースター（Arnold Forster）の *The Citizen Reader* がもとであると考えられているという。日本でも高賀詵三郎（1890年）や大隈重信（1910年）によって『国民讀本』が刊行され、日本語版の影響を受けて中国でも朱樹人により『國民讀本』（1903年）が刊行された。ベトナムでも漢文で出版されたが内容は中国語版に近い（今井、2019：36）。

　ただし、civilisationの訳語が文明（văn minh）として定着するのは第一次世界大戦以降のことではないだろうか。1919年にサイゴンで発行されたベトナム人編纂のフランス語―ベトナム語辞典ではcivilisationは「教化、開化、文明（giáo hóa, khai hóa, sự văn minh）」と解説されている（Dao-Van-Tap, 1919: 211）が、1915年以前のいくつかのフランス語―ベトナム語辞典では「教化」とされていて、文明という訳語は使われていない。訳語の定着には本稿の主題であるファム・クインの言論活動、すなわち開智進

徳会の活動と、『南風雑誌（*Tạp Chí Nam Phong*）』（1917-1934）が果たした役割も大きい。

★2　ダオ・ズイ・アインが1931年に編纂した『漢越詞典束要』には「文化主義（văn hóa chủ nghĩa）」という項目があり、「〔世界〕大戦の後、世界の一部の人士は戦争の悲惨さを目の当たりにして、軍国主義（militarisme）に対して文化主義（culturalisme）を強く主張した」とある（Đào Duy Anh, 2013 [1931]: 761）。戦間期の平和主義や国際協調主義の雰囲気にベトナムの知識人が影響を受けていたことがわかる。

★3　しかし、ファン・ボイ・チャウが1925年6月（7月とも）に、上海でフランス領事館警察の罠にかかって逮捕されてベトナムに連行され、11月には死刑判決が下されると、全国で減刑嘆願運動が起こった。この事件と、1926年のサイゴンでのファン・チュー・チンの追悼運動は、ベトナムの民族主義運動の大きな転換点と言われる。1925年には広州でグエン・アイ・クオック（後のホー・チ・ミン）がベトナム革命青年同志会を結成し、同志会は1930年のベトナム共産党の母体の一つとなる（今井、2019：55-57）。また、1927年にはベトナム国民党が結成される。ベトナムの民族主義運動は1925年を境に「急進化」したとされる（古田、2017：104-105）。

★4　同誌にはクオックグー、漢文、フランス語で記事が掲載された。

★5　御前文房とは、宮廷の書庫または皇帝の書院を指す（川本、2011：1158）というから、官房長官のような役職と推定される。学部尚書は文部大臣に相当する。吏部は六部の一つで、官吏の執務・機構・綱紀を指揮・監督する（川本、2011：868）。なお、学部はもともと六部には無い。

★6　『尚之文集』（2018 [1943]：585-586）。初出は『南風雑誌』42号、1920年12月。尚之は彼の字<rt>あざな</rt>である。

★7　同上（586）。

★8　彼は1924年の論説で以下のように述べる。「こんにちの情勢のために、我が国民は日増しに西学に傾いている。上述したように、多くの者は水が下流に流れるのに従っており、西学の特徴や価値について考える者はほとんどいない。もしくは、いたとしても、小学校を卒業したら月給はいくら、中学ならいくら、高等学校はいくらと考えるのみで、官吏の品級に対応する村での名誉が付随することは考えない。そのような価値は重要だと言えるが、けして西学の真の価値ではない。西学に傾くのであっても、どのように西学を学ぶのかを知らなければならない」（「東西の文化を汎く論ずる」『ファム・クイン 1892-1992　選集と遺稿』（以下、『選集』）（217-218）。

★9　『尚之文集』（595-596）。

★10　『選集』（1992：207-212）。初出は『南風雑誌』84号、1924年6月。

★11　同上（216-217）。

★12　同上（217-220）。

★13　同上（29-46）。

★14　これに対し「キム・ヴァン・キエウ論争」でフイン・トゥック・カンと共にクインを批判したゴー・ドゥック・ケー（Ngô Đức Kế, 1878-1929 [カンとともに科挙試験合格者であり、「東京義塾」に参加したが、1908年に捕らえられ投獄された]）は、1924年に「ベトナムという国は数千年にもわたって漢字を学習し、儒教に従ってきた。漢文が

すなわち国文であり、儒教がすなわち国学である」との立場をとっていた（Phạm Thị Ngoạn, 1993 [1973]: 236）。

★15　この論説の中で、「自分の骨格となる精神を維持して、他人の良いところを取って補い強くする方法」を、クインは同化（đồng hóa）という語で説明している。別の論説でクインは、同化には「自発的同化（đồng hóa tự nhiện và tự do）」と「強制的同化（đồng hóa cưỡng bách）」があり、前者を「自分に足りないものを他人の良い所を借用して自分の本質に取り入れて強くすること」だとして、後者の「利己的で我々の改良のためにならない同化」と区別しており、前者を、ここで言う「調和」の意味で使っていることがわかる。（「同化の意味を解釈する」『南風雑誌』163号、1931年6月）。筆者は東西の文明を融合して、そこからベトナム独自の国学を作り出そうとするクインの意図を正確に表す語は「調和」であると考える。

★16　「国学と国文」、『南風雑誌』164号、1931年7月。

★17　「東西の文化を汎く論ずる」『選集』（1992［1924］：221-222）。

★18　「国学と国文」、『選集』（1992：29-61）

★19　同上。

★20　民間伝承詩。2行1聯または4行1聯の押韻と平仄律を備えた六八体の定型口承詩（川本、2011：156）。

★21　「国学と政治」（『南風雑誌』165号、1931年8-9月）。

★22　「キエウ伝」、『南風雑誌』30号、1929年12月。『尚之文集』（2018［1943-1945］：414-417）。

★23　本居宣長の「もののあはれ」については多くの先行研究があるが、日野（2017［1983］：505-551）を挙げておく。

★24　"Giải Phan Châu Trinh tôn vinh nhà văn hóa Phạm Quỳnh," Tuổi Trẻ 電子版　2018年3月25日（2019年9月2日アクセス）。

参考文献

今井昭夫「ファム・クインの儒教――近代ベトナム思想に於ける儒教護教論」『地域研究』1号、東京外国語大学、1983年、49-62頁。

―――「東遊運動後のファン・ボイ・チャウにおけるアジア連帯論と仏越提携論」『東京外国語大学論集』第95号、2017年、251-269頁。

―――『ファン・ボイ・チャウ――民族独立を追い求めた開明的志士』（世界史リブレット人81）山川出版社、2019年。

岡田浩樹「普遍性を夢見るナショナリズム――近代東アジア（朝鮮半島と日本）における文明化の諸問題」『近代のヨーロッパとアジアにおける「文明化」の作用』（南山大学地域研究センター共同研究2018年度中間報告）南山大学地域研究センター、2019年、47-86頁。

川本邦衛『詳解ベトナム語辞典』大修館書店、2011年。

桜井由躬雄・石澤良昭『東南アジア現代史Ⅲ　ヴェトナム・カンボジア・ラオス』山川出版社、1977年。

白石昌也「開明的知識人層の形成――20世紀初頭のベトナム」『東南アジア研究』13巻4号、

1976年、559-579頁。

日野龍夫「解説「物のあわれをしる」の説の由来」『本居宣長集』新潮日本古典集成〈新装版〉、2017［1983］年、505-551頁。

古田元夫『ベトナムの基礎知識』（アジアの基礎知識4）めこん、2017年。

宮沢千尋「戦間期の植民地ベトナムにおける言語ナショナリズム序論——ファム・クインらの「キム・ヴァン・キエウ論争」について」加藤隆浩編『ことばと国家のインターフェイス』（南山大学地域研究センター共同研究シリーズ6）行路社、2012年、75-100頁。

Brochuex, Pierre and Hémery, Daniel, *Indochina, An Ambiguous Colonization 1858-1954*, Berkeley, Los Angels and London: University of California Press, 2009.

Osborne, Milton, "The Faithful Few: The Politics of Collaboration in Cochinchina in the 1920s," in Walter F. Vella (eds.), *Aspects of Vietnamese History*. Asian Studies at Hawaii, No. 8. Hawaii: The University of Hawaii, 1973, pp. 160-190.

〈ベトナム語文献〉

Đào Duy Anh, *Hán Việt Từ Điển Giản Yếu*, Hà Nội: Nhà Xuất Bản Văn Hóa Thông Tin, 2013 [1931].

Dao-Van-Tap (biên soạn), *Từ Điển Pháp Việt Phổ Thông*, Saigon: Nhà sách Vinh-Bao, 1919.

Phạm Quỳnh, *Thượng Chí Văn Tập*, Hà Nội: Nhà Xuất Bản Hội Nhà Văn（TCVT と略）、2018 [1943-1945].

―――, *Tuyển Tập và Di Cáo*, Paris: An Tiêm（TTDC と略）、1992.

Phạm Thị Ngoạn (Phạm Trọng Nhân dịch), *Tìm Hiểu Tạp Chí Nam Phong. 1917-1934*, n.d. , Ý Việt, 1993 [1973].

Thanh Tâm, "Thân Thế và Sự Nghiệp của Học Giả, Nhà Báo Thương Chí Phạm Quỳnh," Ủy Ban Phục Hồi Danh Dự Phạm Quỳnh, *Giản Oan Lập Một Đàn Tràng*, Silver Spring: Tâm Nguyện, 2001.

Ủy Ban Phục Hồi Danh Dự Phạm Quỳnh, *Giải Oan Lập Một Đàn Tràng*, Silver Spring: Tâm Nguyện（UBPHDDPQ と略）、2001.

Vũ Vạn Sách, Vũ Thị Minh Hương và Philippe Papin, *Văn Thơ Đông Kinh Nghĩa Thục*, Hanoi: Nhà Xuất Bản Văn Hóa, 1997.

〈インターネット記事〉

Nhật Hoa Khanh, "Phạm Quỳnh và bản án tử hình đối với ông," *Tạp Chí Xưa và Nay*, số 269, Tháng 10 năm 2006.（https://xuanay.vn/pham-quynh-va-ban-tu-hinh-doi-voi-ong/）、2006（2019年7月24日アクセス）.

"Giải Phan Châu Trinh tôn vinh nhà văn hóa Phạm Quỳnh," Tuổi Trẻ 電子版（https://tuoitre.vn/giai-phan-chau-trinh-ton-vinh-nha-van-hoa-pham-quynh-2018032511020649.htm）. 2018年3月25日（2019年9月2日アクセス）.

〈本稿で引用した『南風雑誌』掲載のファム・クインの著作〉

※NP とその後の数字は『南風雑誌』、号数とページ。

"Truyện Kiều," NP 30, TCVT, pp. 385-410, 1919.（「キエウ伝」）

"Văn Minh Luận," NP 42, pp. 447-453, TCVT, pp. 585-596, 1920.（「文明論」）

"Bàn Phiếm về Văn Hóa Đông Tây," NP 84, pp. 447-453, 1924.（「東西の文化を汎く論ずる」）

"Chủ Nghĩa Quốc Gia," NP 101, UYPHDDPQ, pp. 410-423, 1925.（「ナショナリズム」）

"Bài Học của Rabelais," NP 140, pp. 1-25, 1929.（「ラブレーの教訓」）

"Bàn về Quốc Học," NP 163, pp. 515-522, TTDC, pp. 29-46, 1931.（「国学について論ず」）

"Giải Nghĩa Đồng Hóa," NP 163, pp. 523-526, 1931.（「同化の意味を解釈する」）

"Quốc Học với Quốc Văn," NP 164, TTDC, pp. 47-62, 1931.（「国学と国文」）

"Quốc Học với Chính Trị," NP 165, pp. 107-111, 1931.（「国学と政治」）

第7章

近代エチオピアにおける
文明化とその内面化

カファ地方におけるマジョリティとマイノリティの関係の変化から

吉田 早悠里

はじめに

　アフリカ北東部に位置するエチオピアは、メネリクⅡ世が治めるエチオピア帝国が19世紀後半から諸地域や諸民族を征服、統一し、近代国家としての道を歩みはじめた。1936年、エチオピアは北部に位置するマイチャウにてイタリアとの戦いに敗北し、イタリアの植民地となって5年間の植民地統治を経験する。1941年にハイレ＝セラシエⅠ世による帝政期になると、エチオピア帝国を形成したセム系のアムハラへの同化が進められた。そこでは、さまざまな民族をもとにした多文化社会を創り上げる意向はなく、国内に暮らす諸民族が自らの文化的アイデンティティを発展させることや行政に参加する機会は、ごく一部のエスニック・エリートに握られてきた。このような同化の志向の一方で、実際には帝国内に生活する民族のごく一部のわずかなエリートの同化に成功しただけであった（Aberra, 2008: 1）。こうしたなかで、1974年にハイレ＝セラシエⅠ世の打倒を掲げた暴動、反乱が発生し、軍部主導のデルグ政権となる。しかし、国内では帝政期に抑圧意識に目覚め、階級闘争を民族解放の機会ととらえていた知識人がデルグ政権に失望し、民族主義を掲げた武力闘争を展開しはじめた。1980年代末には内戦に突入し、1991年5月、デルグ政権は崩壊した。そして、複数の民族政党から形成されたエチオピア人民革命民主戦線（Ethiopian People's Revolutionary Democratic Front：以下EPRDF

政権）が民族の自決権を掲げて民主化と自由経済を公約して暫定政府が成立し、1995年にエチオピア連邦民主共和国として新たな道を歩みはじめた。

　こうしたエチオピアの歴史的背景のもとで、主に人類学では、征服され、国家に組み込まれていく諸地域や諸民族の変化について明らかにしてきた（例えば、Donham & James, 1986; James et al., 2002）。そこでは、国家の政治・社会・経済的変化が、人びとの社会関係、とりわけマジョリティとマイノリティの関係を変化させてきたことが明らかにされている（例えば、Gamst, 1979）。エチオピアにおいては、他のアフリカ社会に広くみられるように、鍛冶屋、皮なめし、土器つくり、狩猟等を行う集団は、社会生活のさまざまな局面において忌避の対象とされ、多くの場合、内婚集団を形成してきた。こうした職能集団や狩猟集団をはじめとするマイノリティは、居住する社会において日常生活や儀礼などのさまざまな側面において重要な役割を担っているが、マジョリティからは「真の人ではない（not real people）」とみなされて社会的に低い地位に置かれ、周縁化されてきた★1（Pankhurst, 2003: 1）。

　社会的下位に置かれ、日常生活のさまざまな側面においてマジョリティから忌避されるマイノリティを、周囲の集団から空間、経済、政治、社会、文化の五つの点において「周縁化（marginalization）」された「周縁の人びと」としてとらえ、彼ら自身の視点からその日常生活を明らかにすることを試みたパンクハーストとフリーマンは、「周縁の人びと」が周縁化されるようになった歴史的過程を検討している（Pankhurst & Freeman, 2003）。そこでは、エチオピア南部地域がエチオピア帝国へ編入されることによって、北部から訪れた征服者らが現地のローカルな価値観に順応していくとともに、現地にエチオピア正教の価値観がもたらされ、とりわけ食習慣と関連するマイノリティの否定的ステレオタイプ化が強化されたことを指摘している。このようなマイノリティに対する「周縁化」の進行と並行して、政府がマイノリティのエンパワメントを推進する政策をとるなかで、マイノリティ自身が平等の概念と不平等の現実を経験することとなった。そうした経験はマイノリティがマジョリティによる社会的排除に抵抗する基礎を生み出すこととなった。

　こうしたなか、本章ではエチオピアが近代国家としての歩みを進めるなかで、エチオピア帝国の基盤を形成したアムハラの文化や価値観を是とする思考、すなわち国家の中心をなした文明観が、エチオピア帝国に征服、編入された諸地域や諸民族の文化や価値観と、マジョリティによるマイノリティの「周縁化」にどのような影響を及ぼしたのかについて検討する。具体的に焦点

をあてるのは、1897年までカファ王国が繁栄し、その後、エチオピア帝国による征服、編入を経験したエチオピア南部諸民族州に位置するカファ県である。カファ県に暮らすマンジョは、かつて狩猟集団とされ、マジョリティで農耕民のカファから差異化されてきた。加えてカファとマンジョの関係は、歴史的過程を経るなかでカファによるマンジョへの差別へと変容してきた（吉田、2014）。現在、カファはマンジョを差異化し、差別する根拠として、マンジョの食習慣、身体的特徴、性向などに言及し、彼らが「遅れた人びと」であることを挙げる。しかし、こうした特徴を否定的イメージで語ることによって他者を差異化し、差別する現象は、エチオピアに暮らすマジョリティとマイノリティの関係において広くみられるものである。カファによるマンジョに対する否定的イメージは、エチオピア帝国への編入にはじまる国家への包摂とどのような関係にあるのか。とりわけ、エチオピア帝国の中心をなしたアムハラの文化や価値観を是とする思考は、カファとマンジョの関係にどのような影響を及ぼしたのか。

　本章では、はじめにカファ地方の概要について提示する。次に、カファ王国時代、エチオピア帝政期、イタリア統治期、ハイレ＝セラシエ帝政期、デルグ政権期、そしてEPRDF政権期において、カファ社会にどのような変化がもたらされたのかについてカファ地方の歴史から明らかにする。そして、エチオピア帝国への編入とそれに伴うアムハラとの接触によって、カファ社会の社会関係にいかなる変化がもたらされ、マンジョに対する否定的イメージが形成されていったのかについて文明化との関係をもとに検討する。

　なお本章では、EPRDF政権におけるカファ・ゾーン（Kafa zone）をカファ県と訳す。現在のカファ県は、カファ王国時代から今日までのいくつもの政権下における行政区画の地理的範囲と必ずしも一致しない。そのため、本章で時代が特定できる場合は当時の行政区画名で示し、現在の行政区画に限定されない地理的範囲を示す場合にはカファ地方と表記する。

1　カファ社会

1・1　カファ社会の住民

　エチオピア南部諸民族州カファ県は、首都アディスアベバから南西に460キロメートルほど離れた場所に位置する（図1）。カファ県は、北部にゴジェブ川、南部にオモ川が流れ、標高1300mから2900mにおよぶ起伏に富んだ地形を特

徴としている。コーヒーの原産地
としても名高い同地には、1897年
にエチオピア帝国に編入されるま
でカファ王国が栄えていた。

　カファ県には、人口87万4716人
が暮らしている（2007年）。エチオ
ピアではアフロ・アジア語族オモ
系のカファ語を話す人びとはカファ
ァ、あるいはカフィッチョと呼ば
れ、カファ県の住民の大半はカフ
ァである。また、カファ県には、
エチオピア北部から移住してきたセ

図1　カファ県と近隣地域の地図

ム系のアムハラのほか、カファ県南部にはオモ系のナオ、チャラ、スルマ系牧
畜民メエンが居住している。

　カファ社会に生活する人びとの間には独自の集団認識があり、カファ語話者
は自分たちをゴモロ、マンノ、マンジョのいずれかに属するものとして区別す
る。ゴモロとは、マンジョとマンノ以外のカファ語話者の呼称であり、カファ
県の人口の大部分はゴモロに属する。マンノとは、皮なめしと土器つくりのこ
とであり、男性が皮をなめして主に馬具をつくり、女性が土器をつくる。カフ
ァ県におけるマンジョの正確な人口は把握されていないが約1万人から1万
2000人（1.1 〜 1.4％）とされ、カファ県の全10郡に分散して居住している。
マンジョはゴモロとは異なる集落を形成し、地区のなかでも周縁部に居住して
いることが多い。なお、本章では、ゴモロのことをカファとして表記する。

1・2　日常生活における忌避

　カファとマンジョは、日常生活において対等な関係にない。カファは、マン
ジョとの共食や同じ食器を用いることを拒むほか、互いの家に立ち入ることも
拒む。多くの場合、カファとマンジョの居住地、水場、墓場は区別されている。
とりわけ、カファとマンジョの間での結婚はほとんどない。また、かつてマン
ジョはカファに対して、「あなた様のために死にます」と挨拶した。

　こうしたカファとマンジョの関係は、カファ社会における慣習的な忌避関係
に由来する。カファ社会では、カファ、マンジョ、職能集団の間や、地位、年
齢、性別のほか、死、月経、出産など身体の状況により、共食、空間の共有、

通婚などの側面において忌避関係が存在してきた。例えば、空間の忌避に関しては、カファ、マンジョ、マンノが互いの家に立ち入ることだけでなく、死者を出した親族が他者の家に入ることや、月経中の女性や出産前後の妊産婦が自らの家に入ることも忌避される。また、死者を出した親族や、特定の食物を食した人物が他の人びとの家や敷地に立ち入ることも忌避される。共食についても同様である。

　こうしたカファ社会の慣習的な忌避関係は、主にデルグ政権以降、政府やキリスト教の教会、NGOなどによって「有害文化」や差別とみなされて、その改善に向けてさまざまな取り組みが行われてきた。また、1990年代からマンジョがプロテスタント諸派に改宗するようになるなかで、カファとマンジョが対等な関係を形成するようにもなっている。とはいえ、共食や空間の共有をはじめとした忌避関係は、現在もカファ社会における日常生活のさまざまな側面で維持されている（吉田、2014）。

　しかし、現在のカファとマンジョの関係は、慣習的な忌避関係とは異なる差別の側面を備えるようになっている。それは、マンジョが学校教育や就職をはじめとした公的な側面において不利な状況に置かれているためである。また、カファによるマンジョへの忌避の理由は、次にみるようにカファによるマンジョに対する一方的な否定的イメージの付与とそれに基づくステレオタイプ化となっており、両者の関係は従来の慣習的忌避関係としては説明できなくなっている。

1・3　カファとマンジョの差異化

　今日、カファはマンジョが自らとは「異なる人」であると説明する[2]。そして、カファはそのように区別する根拠として、以下のようにマンジョの食習慣や身体的特徴、性向などに言及してきた（吉田、2008：30-31）。

(1) **食習慣**：マンジョはサバンナモンキー、ヒヒ、コロブス、イノシシ、病気・事故などで死んだ動物等の、カファにとって不可食のものを食べる。また、マンジョが口にするものはカファの可食・不可食にかかわらず汚い。とりわけ、水曜日と金曜日をはじめとした断食を行うエチオピア正教徒であるカファの一部は、マンジョが断食を行わないことにも言及する。

(2) **身体的特徴**：マンジョはカファと比較すると毛髪が固く、縮れが強い。また、マンジョは鼻が低く、小柄な人が多い。身体的特徴のみならず、

保健衛生面においても、マンジョの多くは、身体や衣類を洗わず、不
　　　快な臭いを発し、皮膚病を患っているなど、不衛生である。
　（3）**性向**：マンジョは嘘つきで、邪悪な心をもつ。教育に関心がなく、世
　　　間知らずであるため、貯蓄を知らない浪費家で、カファのものを盗む
　　　泥棒である。モラルの低い、悪い人びとである。

　このようなマンジョについての語りは、カファだけでなく、エチオピア北部
から移住してきたアムハラや、他地域出身の移民についても同様である。一方
でマンジョは、カファや他地域出身者が語るマンジョ像と現実の自分たちの姿
の間の齟齬に苛立ちを感じている。

　ただし、こうした否定的イメージの一方で、実際にはカファとマンジョの生
活の間には大きな相違点はなく、両者は生業形態と経済水準の面でほぼ同様の
生活を送っている。カファが語るマンジョの姿は、実際のマンジョを表象した
ものではなく、あくまで自らとマンジョを区別するための否定的イメージを伴
ったステレオタイプでしかない。また、こうした食習慣、身体的特徴、性向に
言及して他者を区別する語りは、カファ県のみならず、エチオピアで広く一般
的にみられる。

　カファによって、否定的なイメージで語られるマンジョであるが、一方でカ
ファは「マンジョはいい人（Manjo maraako）」といい、マンジョを畏敬の
対象として語る場合もある。例えば、マンジョは祝福（baraqa）をもつとされ、
早朝にマンジョと出会うことは幸運の兆しであると考えられている。また、カ
ファの家にマンジョが訪れた際には、カファはマンジョを空腹のまま帰宅させ
てはいけないとされ、マンジョを満たすことで、マンジョがもつ祝福の恩恵に
与ることができると考えられている。

　そのため、マンジョは、否定的イメージと肯定的イメージの両者を備えた存
在であるといえる。こうした両義的なマンジョ像は、どのように形成されてき
たのか。次節以降、カファ王国がエチオピア帝国に編入されてから現在に至る
までのカファ地方の歴史を追いながら検討していこう。

2　カファ地方の歴史

2・1　カファ王国

　カファ地方には、14世紀中頃から1897年までカファ王国が繁栄していた。
カファ王国を形成したのは、青ナイルの北部からオモ川に至るエチオピア西・

北西部に居住していたゴンガ系の人びとであるとされる。16世紀、エチオピア北部ゴッジャム地方やショア地方を拠点にしていたキリスト教王国と、エチオピア南東部に暮らすムスリムのオロモが、ゴンガの豊かな土地へ領土の拡大を目指した。ゴンガの人的・自然資源が侵略の対象とされるなかで、そこに暮らした人びとの多くがゴジェブ川の南に避難して王国を形成した（Lange, 1982: 11-12）。

　カファの地にゴンガ系の人びとが訪れる以前、同地にはマンジョ、ナオ、シェ、ベンチ、マジャンが生活していた（Bieber, 1920: 495）。口頭伝承では、カファ王国の「最初の王」はマンジョであるとされ、その後、王位はカファのマットクラン、ミンジョクランへと移譲されたと伝えられている。ミンジョクランのミンジッロが王位に就いた後、カファ王はミンジョクランが世襲によって王位を継承した。一方で、ナオ、シェ、ベンチ、マジャンは、カファ王国の南部や南西部へと逃れたとされる。また、17世紀になると、それぞれ王を持っていたナオとチャラはカファ王国に征服され、ナオ王、チャラ王はカファ王国の封臣となったという（Cerulli, 1956: 91, 106）。

　カファ王国には、16人以上の王が在位したとされる（Lange, 1982: 187）。歴代のカファ王は、カファ王国の南部や西部に位置する近隣の諸王国や諸民族を征服し、領土を拡大した。アラビア半島との紅海交易の重要な産品である奴隷、コーヒー、麝香（じゃこう）などの供給地として繁栄したカファ王国は、近隣諸王国の王族と婚姻関係を結ぶことでそれらの王国と友好関係を形成し、他国からの侵略を防いだ。

2・2　カファ王国の住民

　カファ王国には、農耕民カファ、職能集団、狩猟集団マンジョ、奴隷★3が暮らしていた。カファ王国の住民の大半は、カファであり、王をはじめ、行政官を輩出した。カファは、200近いクランがあり、土地を有するクランと土地を有さないクランがあった。カファ王国のすべての土地はカファ王のものとされたが、戦争で功績をあげるとカファ王から褒賞として土地を与えられた。なかでも、土地を有するクランの年長者は、土地の主としてその地域において社会・経済的権力を有した。一方で、土地を有さないクランの人びとは小作人として生活を営んだ。

　カファ王国において、職能集団、マンジョ、奴隷は、いずれも農耕民のカファから低い地位に置かれてきた。職能集団は、吟遊詩人、織工、金細工師、鍛

冶屋、皮なめし、土器つくりがいた。職能集団は、いずれもカファ社会において、重要な役割を担ってきた★4。マンジョは、狩猟採集を主な生業とした移動的な生活を送り、カファが食することを禁忌とするコロブス、サル、イノシシといった野生動物や、魚、カバ、ワニも食していた★5（Orent, 1969: 47-48）。マンジョの最も重要な職務は、カファの王宮と王墓の警備、王都の入口、王国の国境の警備であった。マンジョは、カファ王国の経済的繁栄を支えた紅海交易において重要な産品である象牙や麝香の供給を担ったのみならず、野生動物に関する知識や狩猟の能力をかわれてカファ王国の王侯貴族に勢子として仕えたり、森林資源を供給したりした（Cerulli, 1930: 187; Huntingford, 1955: 136）。また、マンジョはカファの王侯貴族や行政官らの通信伝達者としても重用されたという（Cerulli, 1930: 234）。

写真1　1920年代のカファ男性（出典：Grühl, 1938）

カファ王国におけるこのような住民の区別は、服装や日常の振る舞い、習慣を規定した。例えば、服装に関していえば、マンジョは綿の衣類を身につけることを許されず、男性は皮の腰巻、女性はエンセーテの繊維から作られた腰蓑を身につけた★6（Bieber, 1920: 142, 161）。マンジョはサルの皮から作った円錐型の帽子をかぶり、動物の皮でつくった小さなマントを纏った（写真1、写真2）（Cerulli, 1930: 234）。

写真2　1920年代のマンジョ男性（出典：Cerulli, 1930）

また、カファ王国の行政統治において、マンジョはカファとは区別された。カファ王国は、カファ王によって治められたが、実質的には7人のカファの評議員が実権を握り、カファ王国の司法、行政、軍事、政治、経済に至るすべての側面に影響力をもった。地区行政では、それ

それの地区、村落、集落をカファが治めた。他方で、マンジョを統括する役割を担ったのは、カファ王から指名を受けた「マンジョの王」であり、各行政単位においてもそれぞれマンジョの代表者が徴税、司法、戦争時の徴兵、褒賞の分配などの際に役割を担った。しかし、マンジョがカファ王国の政治に携わることはなかった。また、マンジョはカファ社会において低い地位にあるとされたが、奴隷とは異なり、奴隷として国外に輸出されることもなかった（Lange, 1982: 267）。

2・3　カファ王国の宗教

　カファ王国では、エコ信仰、コッロ信仰、祖霊信仰などの在来宗教が行われてきた。なかでも、エコ信仰は、19世紀半ばからカファ王国の政治・経済と密接に結びついてきた。エコ信仰とは、精霊エコの力を信じ、エコと交信する能力をもつ霊媒師アラモを介して、神（yeero）を崇拝するものである。カファ王国のすべての村落にアラモがおり、人びとは病気を患った際や、悩みや相談がある際に金銭や供物を持参してアラモのもとを訪れた。カファ王がアラモに助言を乞うこともあり、相談の内容は個人的事柄から政治的事柄に及んだ。

　コッロ信仰では、森、木、川、泉などには精霊コッロ[7]がおり、人びとがコッロを不快にさせることがあると、コッロが農地に野生動物を送って農作物を破壊すると信じられている。また、祖霊信仰では、それぞれのクランには祖霊マーショがおり、人は死亡すると自らのクランの祖霊になると考えられてきた。こうした信仰において、人びとは日々の生活の安泰、農作物の豊作、子孫の繁栄などを祈る儀礼を行った。その際、マンジョは儀礼が実施される場所までの道を切り開くなど、重要な役割を担った。しかし、儀礼の準備がマンジョの目に触れてはならないとされた。

　他方で、カファ王国においてエチオピア正教徒とムスリムはマイノリティであった。カファ王国のエチオピア正教の受容は16世紀頃に遡るとされる。1530年から1540年頃にかけてエチオピア北部からカファ王国を訪れた人びとが、エチオピア正教をもたらし、六つの教会を建設した[8]。また、カファ王国において、ムスリムは「商人（nagado）」と同義であるとされ、麝香、象牙、コーヒー、奴隷などの売買によって莫大な富を有していたとされる[9]。こうしたエチオピア正教徒やムスリムの人びとが、エコ信仰、コッロ信仰、祖霊信仰およびそれらと関連する儀礼を行うことはなかった。

　19世紀半ばになると、1840年から1850年代に在位したカファ王は自らの

娘を近隣のムスリムのオロモの王国の王のもとに嫁がせた。それによって、エチオピア北部ゴンダールへの交易ルートが開けると同時に、エチオピア正教徒がカファ王国を訪れて宣教活動を実施するようになった。しかし、カファ王は人びとがエコ信仰からエチオピア正教へ改宗することを危惧し、エチオピア正教徒を抑圧し、殺害したという（Orent, 1970b: 279）。

1855年には、イタリアからカプチン修道会の司祭チェザレ、1859年に枢機卿マサイヤがカファ王国を宣教活動のために訪れた。当時のカファ王はカプチン修道会の宣教活動を許可し、彼らに教会を建てる土地を与えた。そしてカプチン修道会は、1861年にマサイヤがカファ王国から追放されるまで宣教活動を実施した★10（Massaja, 1888）。

カファ王国において、王権と密接に結びついたエコ信仰に対して、エチオピア正教とイスラームはあくまで周縁的な位置づけであった。とはいえ、カファ王国では、在来宗教と、外部からもたらされたエチオピア正教、カトリック、イスラームの間で良好な関係を保つ試みもなされ、それぞれの宗教の祝祭日には相互に乳香や家畜を贈り合ったという。

3　エチオピア帝政期

3・1　エチオピア帝国への編入と統治

1880年代、エチオピア帝国の領土を拡大するメネリクII世の勢力がカファ王国にも忍び寄るようになる。カファ王国は、エチオピア帝国の侵攻に対して激しく抵抗し、幾度にもわたって撃退に成功する。1896年、メネリクII世がアドワの戦いでイタリアに勝利したことで状況は大きく変化した。イタリアの武器を獲得したメネリクII世は、豊富な戦いの経験を持つラス・ウォルデ＝ギヨルギスに指揮をとらせ、カファ王国を征服しようと試みた（写真3）。1897年、ラス・ウォルデ＝ギヨルギス率いるアムハラの軍がカファ王国の王都に侵攻した。2万丁のライフル銃で武装したアムハラ軍を前

写真3　ラス・ウォルデ＝ギヨルギス（左）
（所蔵：Klaus Bieber）

に、カファの人びとは300丁
のマスケット銃で激しく抵抗
した（Marcus, 2002 [1994]：
104）。しかし、圧倒的な軍備
装備を整えたアムハラ軍に抵
抗することができず、カファ
は殲滅状態になった。カファ
王は、自らが持っていた銀の
鎖でつながれ、アディスアベ
バヘと連行された（Orent,
1970b: 282; Lange, 1982:
215）（写真4、写真5）。9ヶ月間にわたる激
しい戦闘は多くの死者を出したうえ、アム
ハラ軍による破壊や略奪によってカファ地
方は荒廃した（Huntingford, 1955: 105）。

写真4　連行されるカファ王(右)
（所蔵：Klaus Bieber）

　1897年、カファ王国がエチオピア帝国に
征服、編入されると、エチオピア帝国の皇
帝を中心にした帝政のもと、カファ王は廃
位され、カファ地方には中央から派遣され
たアムハラの行政官が訪れて行政を執り行
った。最初に着任したラス・ウォルデ＝ギ
ヨルギスは、カファ王国の王都を行政都市
として、カファ地方の生活や経済を再建す
ることに力を注ぐ親和的政策を実施し、7
年間の間にカファ地方の住民の生活基盤を
整えることを試みた（Kochito, 1979: 20-22, 24）。

写真5　収監されたカファ王
（所蔵：Klaus Bieber）

　行政区画は、カファ王国時代の区分を基盤にして再編され、それらの大半は
ゴッジャム地方やゴンダール地方などの出身のアムハラによって治められた
（Orent, 1969: 110）。ラス・ウォルデ＝ギヨルギスの統治において、カファ
王国時代の評議員をはじめ、一部のカファの人物は地区行政官の地位を得たり、
アムハラと地区行政官をとりつぐ役割や徴税などの役割を与えられたりした。
一方で、カファ王国時代にカファとは行政上区別されてきたマンジョは、エチ
オピア帝国のもとで「マンジョの王」などの地位は残ったものの、カファ王国

時代に担っていた役割や統治のあり方は失われた。

　エチオピア帝国編入後、カファ地方の一部の土地はカファの所有が認められた。しかし多くの土地は、アムハラの入植民ネフテンニャ（näft'ännya）が徴税権グルト（gult）を有した土地と、アムハラの王侯貴族が所有した土地になった。これにより、大半のカファは、征服者として住み着いたグルト保有者に税を支払うように義務づけられ、納税者という意味をこめてゲバル（gäbbar）と呼ばれた。ゲバルは、グルト保有者に対して税を支払うだけでなく、グルト保有者とその家族を支えるための生産者であり労働者として割り当てられ、しばしば家屋の建築、粉挽き、薪割り、水汲み、家畜の世話などの労役にも駆り出された（Donham, 2002 [1986]; Marcus, 2002 [1994]: 104-129）。

　アムハラによる統治下において、土地の相続にも変化があらわれた。もともとカファ王国では、エチオピア北部における腕尺をもとにしたカラド（qälad）★11のような測量はなく、土地は小川、木、岩などが目印とされていた（Orent, 1969: 22）。土地の相続は、特定のクランが特定の土地の世襲の権利を主張することができた（Orent, 1969: 132）。土地を所有する男性が死去した場合は、その男性の妻と長男が相続権を有した。死者の兄弟は、ムスリムのカファを除いては何も相続しない。女性が土地を所有する場合は、子どもに相続され、夫が妻から相続することはなかった（Huntingford, 1955: 109, 112）。

　1919年から1925年にカファ地方の行政官に着任したデジャズマッチ・ハフテ＝ミカエルは、将来、カファの人びとが土地の権利を主張した際に問題が発生することを防ぐために、自らの兵士とカファの女性との結婚を奨励した。カファ社会では、女性が土地を所有することは認められていなかったが、アムハラ社会では女性にも土地の所有を認めていた。そこで、アムハラの男性がカファの女性と結婚することで、生まれた子どもは父親のアムハラの出自を主張してアムハラの慣習に則ることができ、それによりカファの母親の出自を主張して母親の父系家族から土地を得ることができると考えたのである（Orent, 1969: 115）。

　1930年、中央政府によって土地改革の試みがなされ、すべての土地がガシャ（gasha）★12を単位として測量・登記され、課税されることとなった。しかし、カファ地方では実際には1942年まで土地の登記は実施されなかった（Orent, 1969: 133）。

3・2　貧困と交易

　1909年、ラス・ウォルデ＝ギヨルギスがアディスアベバへと戻ると、その後に着任した行政官のもとで、カファ地方は搾取の対象とされて重税が課されるようになる。税の支払いに窮したカファの人びとは貧困に苦しむようになった。カファ地方の経済は、貧困、奴隷交易、略奪、そして人口流出などによって深刻な打撃を受けた。カファ地方では、1892年にカファ王国で牛疫が流行り、家畜は壊滅的な被害を受けていた。加えて、アムハラとの戦いにより、家畜はアムハラらによって奪われ、食され、売られた。その結果、人びとは作物を作る意欲を失い、農地は農民に見放されて野晒しとなり、森林となったという（Orent, 1969: 44; Kochito, 1979: 22）。

　ラス・ウォルデ＝ギヨルギスは、カファ地方内での奴隷の取り扱いを禁止する法令を制定していたが、兵士や行政官のなかには、法令を破って奴隷を所有する者もおり、小規模の奴隷交易が行われていた。奴隷交易や人びとの逃亡に伴う人口の流出は、奴隷資源の枯渇を招いた。そのため、新たな奴隷を獲得するための奴隷狩りや略奪が頻発し、カファ地方の治安や交易を脅かした。加えて、アムハラに抵抗する盗賊が登場し、盗賊はアムハラにとって深刻な脅威となっただけでなく、交易にも影響を及ぼした。しかし、豊富な富を得ることができる奴隷狩りや略奪は、それらを取り締まるアムハラの行政官自身によっても行われたため、大きな効果はあがらなかった[★13]（Kochito, 1979: 61-62）。

　他方で、カファ地方ではエチオピア帝国への編入によって、農耕技術や、トウモロコシ、テフなどの穀物がもたらされ、住民たちがそれらの農耕に適応していった（Stellmacher, 2006: 137）。また、20世紀初頭、カファ地方ではコーヒー栽培は盛んではなかった。1928年にカファ地方に着任したアムハラの行政官ラス・ダスタは、コーヒーの植樹を積極的に推奨し、100本のコーヒーの木を植えた人物に対して報奨金を出した（Kochito, 1979: 65）。こうして、カファ地方の経済は少しずつ息を吹き返していくこととなった。

3・3　アムハラの文化とエチオピア正教の影響

　アムハラによる支配は、カファ地方の文化や宗教、生活に大きな影響を及ぼした。なかでもラス・ウォルデ＝ギヨルギスが最も力を入れたのは、キリスト教への改宗であった。

　もともと、カファ王国の王都には、カファ王の王宮とエコ信仰において儀礼を行う祀堂「エコの家」があった。しかし、ラス・ウォルデ＝ギヨルギスはそ

れらを壊し、「エコの家」があった土地に7年の歳月をかけてエチオピア正教の教会を建設した。この教会はエチオピア北部のゴッジャム地方から材木を運搬し、壁は石と泥などをもとに建設された。ラス・ウォルデ＝ギヨルギスは70人の司祭を連れてきて、カファ地方を去るまでに19の教会を建設した（Orent, 1969: 112-113）。さらに、後のアムハラ行政官によって、カファ地方各地でエチオピア正教の教会の建設や改修、移築が進められた。

オレント（Orent, 1975）によると、アムハラらが訪れたことで、カファの人びとはエチオピア人の「良い人物」になることを熱望した。それはアムハラの宗教であるエチオピア正教のキリスト教徒になることとされ、ラス・ウォルデ＝ギヨルギスの治世の最初の5年間には、多くのカファがキリスト教へ改宗した。一方、職能集団やマンジョのエチオピア正教への改宗は進まなかった。

エチオピア正教がカファ地方に浸透していく過程では、新たにエチオピア正教の断食や食物禁忌の習慣ももたらされた。そして改宗は、衣服をはじめとする外見上の変化やアムハラの慣習への適合と文化変容を引き起こした。カファ語の名前を、アムハラの名前やエチオピア正教徒の名前に改名する者も登場した。

他方で、エチオピア帝国への編入によってエチオピア正教がもたらされるなか、カファ地方におけるカトリックの活動は下火になっていた。こうしたなかで、1916年にイタリアのトリノからカトリック宣教師らがカファ地方を訪れ、教会を建設した。1928年には、カトリックによって初等学校が建設され、1年生から6年生の生徒を対象にイタリア語、数学、宗教教育が行われた。

4　イタリア統治期

4・1　カファの行政復権

1936年、エチオピアは北部に位置するマイチャウでイタリアと交戦して敗北し、イタリアの植民地となった。イタリア植民地政府の中心的なテーマとして脱アムハラ化があり、イタリア植民地政府はアムハラ、オロモ勢力の堡塁としてカファを擁護した。そして、アムハラ語は法定言語からはずされ、学校ではアラビア語、オロモ語、カファ語で教育が行われた（Sbacchi, 1985: 160）。加えてカファ地方では、エチオピア帝政期に失われたカファ王国時代の伝統的な土地の所有形態、政治体制の再建、カファの王侯貴族や支配的なクランの出身者が権力の座に戻ることが後押しされた（Orent, 1969: 117, 1970a: 229）。

他方でアムハラの多くは、イタリアとの戦いのためにカファ地方を去り、わずかな数のアムハラが農耕や商売のためにカファ地方に残っただけであった（Ali, 1984: 27）。

　イタリア植民地政府によって最後のカファ王の甥アッバ・カストが「王」に擁立され、行政上の役割を担うことになった★14。また、カファ王国時代の行政官、土地の主、そしてマンジョの王らの地位が回復し、彼らがカファ地方の行政の末端を担った。彼らは、徴税のほか、道路建設をはじめとする労働に従事する人員の確保・管理に携わった。一部のマンジョは、道路建設への労働従事を免除され、代わりに森で狩猟をする許可を得て野生動物の皮を集めてイタリア人に納めた。

　行政区分は、カファ王国時代の区分が踏襲された。カファの土地はカファ王国の征服から39年を経てカファの人びとに返還され、カファ地方の土地はそれぞれのクラン★15の年長者によって統治されるようになった（Orent, 1969: 132）。カファ社会は、カファ王国時代の様相を取り戻したのである。

4・2　新たな文化の流入

　イタリア統治期はカファ地方においても重要な発展をもたらす時期であった。カファ地方の都市ボンガは、カファ地方一帯のイタリア植民地活動の拠点となり、イタリア人行政官の居住地でもあったため、イタリア人兵士が集中して居住した。植民地行政を行うために、イタリア植民地政府はボンガに家を建設し、ボンガと近隣地域をつなぐ道路の建設を行った。イタリア統治のもとで道路が整備されるに伴い、カファ地方の経済や交易も発展した。農業政策も行い、カファ地方ではジャガイモやサツマイモといった根茎類、穀類などの栽培のほか、コーヒー栽培が推進された。

　イタリア統治期には、兵士や一般市民に対して、クリニックにおける医療サービスの提供も実施された。軍の医療サービスの通訳や助手として勤務したエチオピア人のなかからは、後にボンガでクリニックを経営する者や、1942年にボンガに開業した政府のクリニックに勤務する者が登場した（Ali, 1984: 28-30）。また、カトリックによって1928年にボンガに設立された学校で教育を受けた人物が宣教団によって呼び戻され、学校や医療サービス、イタリア語通訳、行政職などの職に雇用された。ボンガの商業が発展するに伴い、カファ地方の周縁部に暮らす人びとがイタリア軍の兵士や軍のキャンプでの使用人のほか、建物や道路の建設などの職に雇用されることを求めてボンガを訪れた。

他方で、カファ地方に残ったアムハラは、イタリア植民地政府による雇用を断り、カファの人びとと共に働かないことで自らのアムハラとしての地位を守ろうとしたという（Ali, 1984: 27）。

　イタリアによる統治のもとで、新たな製品、衣服のほか、衛生観念ももたらされた。兵士となった人物には給与が支払われたほか、食料、日用品、衣類などが定期的に支給された。このような兵士や通訳には清潔な人物が好まれ、イタリア人の食事を作るエチオピア人は手袋をして給仕にあたったという★16。また、イタリア植民地政府はカファの行政官や一部のマンジョに対して、ズボンや上着などの衣服を支給した。イタリア人が経営する商店では、それまでにない新たな衣類や靴も販売された。

4・3　変化する社会関係
　それまでカファ地方では、行政官や土地の主といった経済力を有するカファが、経済力に応じて奴隷を所有していた。奴隷は、家屋や敷地内の掃除、薪とり、食事の準備や、農耕、家畜の世話などをして主人に仕えた。しかし、イタリア植民地政府は奴隷交易や奴隷の所有を認めず、奴隷を解放した。奴隷であった人びとのなかには、自らの出身地へと帰る者や、奴隷主のクランの名称を受け継いでカファとして生活する者もいた。

　イタリア統治期には、鉄の加工や道具の製作をはじめとする技術が評価され、職人が育成された。アリによると、イタリア植民地政府は道具の不足を補うために、鉄製品を加工して道具を製作する技術や知識を持つ職人をボンガに集めた。そして、職人は登録され、鉄を受け取って道具を製作することで給与を得た（Ali, 1984: 28）。

　また、イタリア植民地政府は、カファ社会におけるカファ、マンジョ、マンノの間での日常生活における挨拶をはじめとした忌避関係を問題視し、忌避関係を廃絶することを試みた。とはいえ、それは挨拶などの場面にとどまり、家への立ち入り、共食、通婚などに及ぶことはなかった。また、イタリア植民地政府は治安を厳しく取り締まり、泥棒、強盗を捕らえて処罰した。

5　ハイレ＝セラシエ帝政期

5・1　行政区分と統治の変化
　1941年、エチオピアにおいてイタリアは、統治に対する人びとの抵抗と、

イギリス軍の攻撃をうけて降伏した。これにより、1941年5月、イギリスに亡命していたハイレ＝セラシエⅠ世が帰国し、帝位についた。

　エチオピア帝政期には、地方行政官は自らの軍隊を保有し、報酬として徴税権グルトが下賜された。しかし、ハイレ＝セラシエⅠ世によって中央集権体制が強化され、国軍の組織化と整備が実施された。これに伴い、それまで軍隊を保有することが許されてきた地方行政官は軍隊の保有を禁止された。そして、地方行政官は中央政府の末端としての役割に制限され、その報酬は給与によって支払われるようになった。同時に、1930年代からの商品経済の発展によって貨幣経済が浸透するに伴い、一般民衆による納税は物品ではなく金銭によって行うことが義務づけられた（宮脇・石原、2005：24）。

　カファ地方では、イタリア撤退後のわずかな期間、最後のカファ王の甥アッバ・カストがカファ地方の行政長官の下で職務に就いた。しかし、1942年から1944年にかけて、一部のカファを中心にアムハラによる統治に対する不満が噴出し、抵抗運動が起きた。カファ地方の森林では、ゲリラ戦が展開され、このさなかにアッバ・カストは死去した。その後、アッバ・カストの地位にカファが後任として着任することはなかった。

　カファ地方は10地区に分けられ、それぞれの地区は地区長官によって治められた。行政に携わる人物の多くはカファが占め、さらに彼らの大半はカファ王国時代に行政官や土地の主であった高位クラン出身者であった（Orent, 1969: 129）。地区長官の管理下で、徴税、その他の行政責任を負った人びとのなかには、エチオピア帝国の称号を与えられる者もいた（Orent, 1969: 123-126）。

5・2　土地の登記と所有

　ハイレ＝セラシエ帝政期には、土地制度が大きく変化した。南部ではゲバル制が廃止され、富裕な有力者による土地の私有化が進行した。それに伴い、農民は小作農に転じることが多かった。小作農となった農民たちは、契約に応じて地主に収穫の2分の1から4分の1を支払い、それに加えて中央政府が課す10分の1税と土地税を支払った（宮脇・石原、2005：25）。

　1942年に土地の登記が実施されるようになると、土地を登記し、所有したカファが力を持つようになった。カファ地方における土地の登記と測量は、カファが自らの土地の所有者となる機会となった。土地の所有者となるには、役場に出向いて土地を登記し、税金を納付して領収証を受け取る必要があった上、

登記の際には、少なくとも一人のカファの役人の証明を必要とした。政府は、土地の登記を行わないことを違反とみなしたが、カファの人物のなかには、アムハラに土地を奪われることを恐れ、自らが土地を所有することを証明するものを提示することを警戒する人物もいた（Orent, 1969: 133-134）。また、カファ王国時代に土地を所有していたカファの人物が、自らの土地として土地を登記して税金を支払うようになるなかで、エチオピア帝政期にカファ地方に居住し、イタリア統治期にカファ地方を去って別の地域に居住していたアムハラとオロモの人物の多くが、ハイレ＝セラシエ帝政期になってカファ地方の土地の権利を主張し、裁判で訴訟となることもあった（Orent, 1969: 135）。

　土地を所有するカファは、自らの土地に小作農として居住する人びとから税を徴収した。さらに、住民を自らの土地での労働に従事させることができた（Orent, 1969: 134）。こうした労働は、一週間に一、二度行われた。例えば、家畜の世話、牛耕、播種、刈入れといった農耕労働のほか、農地の見張りも含まれた。その際、遅刻や無断欠勤は許されず、仮に遅刻や欠勤した場合には罰則が科せられた。こうした小作農には、カファのみならず、マンジョ、マンノも含まれた。

5・3　学校教育と政治的権力

　行政官や土地を所有するカファの子息らは、他のカファや職能集団、マンジョと比べて早い時期から学校教育を受けてきた。カファ地方では、政府の取り組みに先立って、カトリックがボンガで初等教育の提供、医療施設、製粉所、教会の運営や、木工技術の指導、電力供給などに取り組んできた。特にカトリックによる学校は、カファ地方における人材の育成において重要な役割を担った。

　1947年になると、政府によってボンガに初等学校が開校され、1969年に高等学校が建設された（Ali, 1984: 37-39）。授業はアムハラ語で実施された。しかし、各地区においては、学校の数は少なかった。そのため、学校教育を受けることができたのは、都市部での生活が可能な経済力を持ったわずかな人びとに限られた。とりわけ、1969年まではカファ地方に高等学校がなかったため、それ以前に高等教育を受けたカファの多くは、カトリックによってジンマやアディスアベバに開かれた高等学校で学んだ。また、行政官や土地の主といった社会的地位や経済力を有するカファのなかには、ハイレ＝セラシエ I 世によってアディスアベバに設立された学校で子息を学ばせる者もいた。彼らのなかか

らは、国会議員や在外公館の大使が輩出された。

　ハイレ＝セラシエ帝政期の末期になると、各地に初等学校が建設されはじめた。それによって、学校に通う子どもたちも増加した。だが、カファの多くが学校においてカファとマンジョが同じ教室に入ることや、同じ椅子を利用することに反発した。そのため、学校に通うマンジョはほとんどいなかった。

5・4　多様化する宗教実践

　エチオピア帝国への編入以降、カファの間でエチオピア正教への改宗が進むなか、エチオピア正教を受容することと、エコ信仰は両立不能とは考えられていなかった★17。1960年代、すべての村にエコ信仰の霊媒師アラモがおり、カファの人びとは金曜日の夜にアラモの家を訪ねて土曜日の朝まで滞在し、日曜日に教会へ行くという生活を送ってきたという（Orent, 1969: 223, 228）。

　アラモもエチオピア正教に改宗した。アラモや、行政官となったカファのなかには、エチオピア正教の教会の建設に出資し、建設に携わる人物もいた。アラモやカファの行政官らが教会を建設した理由として、当時、エチオピア正教に改宗した信徒が死亡した際に、近隣に教会がなかったために埋葬に困ったことが挙げられる。また、エチオピア正教の教会の建設に出資することは、居住する地域において自らの影響力や威信を高めることにもつながった。

　こうしたなかで、エチオピア正教やアムハラの文化や習慣も浸透していった。とりわけ、エチオピア北部出身者の重要な習慣の一つに割礼があり、カファの大半の男児が割礼を受けることとなった。1960年代にカファ地方で調査を行ったオレントは、カファの間で割礼が行われるようになったのは、比較的最近のことであるという。しかし、カファは割礼の技巧についての知識が浅く、その結果として多くの男児が施術の後に死亡しているという。女児の陰核切除は、男児の割礼ほど一般的ではないものの、女児の陰核切除の施術を行う女性自身が何を行っているかを知らないという★18（Orent, 1975: 83）。

　1950/1951年になると、北アメリカで設立されたプロテスタント諸派の長老教会系の流れを汲むカーレ・ヒウォト教会（Qalä Həywät Church）がカファ地方で布教を開始した★19。彼らは、医療活動と並行して布教活動を行い、徐々にカファの信徒を獲得するようになった。他方で、マンジョの改宗はカファよりも遅れ、1971/1972年頃からみられるようになった。

6 デルグ政権期

6・1 社会階層の否定と土地改革

1974年、ハイレ＝セラシエⅠ世が皇帝の地位から降ろされ、軍部主導のデルグ政権となった。1975年3月、デルグ政権は土地改革に着手し、すべての農地を人民の共有財産とし、私営の大規模農園を国営化した。また、800ヘクタールの農地単位で農民を農民組合に組織し、農民組合単位で行政の末端組織となるカバレ（qabale）を設置した。これらと並行して、10ヘクタール以上の土地を所有する大地主から土地を没収し、小農へ土地を分配した。

カファ地方では、土地の国有化は、土地を所有していたカファにとって、経済的な打撃となった。さらに、これによって彼らは社会的権威を失った。土地の分配と集住化のもとで、それまで土地を持たなかったカファとマンジョにも土地が分配されるようになった。ただし、必ずしもカファとマンジョの間で土地が平等に分配されたわけではなかった[20]。

1976年からは「赤い行進」と称される徴兵が実施された。これは貧しい農民から構成され、彼らはその成果によって土地を与えられることが約束されていた（Marcus, 2002 [1994]: 195）。カファ地方でも、多くの成人男性が徴兵の対象となった。兵士になった人びとは、軍のキャンプで訓練を受けて、現在のエリトリアに位置するアスマラをはじめ、エチオピア各地の戦地へ送られた。キャンプや戦地では、エチオピア各地から集まったさまざまな民族の出身者が共同で生活した。このような兵士としての経験は、エチオピアの他地域を知り、多くの民族と接する機会にもなった。

また、デルグ政権には多くの村に小学校が建設された。これによって、それまで行政官らのカファの子息に限定されていた学校教育は、多くのカファやマンジョの子どもたちにも開かれた。ただし、退学していくマンジョの生徒も多く、マンジョのなかで学校教育を受ける人物は増加しなかった。

6・2 宗教と社会関係の改変

デルグ政権では公には信仰の自由が保障されたものの、宗教活動は規制された。カトリックが管理していたクリニックは閉鎖され、学校は国有化され、教育・医療活動のみならず、事実上教会の布教活動も停止に追い込まれた。同様にプロテスタント諸派の活動も制限され、外国人伝道師は国外退去を命じられ

た。さらに、エコ信仰の霊媒師アラモは民衆を扇動するだけでなく貢納物と称して民衆から富を吸い上げているとして弾圧された。家屋が燃やされたアラモや、逮捕、殺害されたアラモも多くいた。エコ信仰が弾圧されてアラモが殺害されるなか、エコ信仰やコッロ信仰、祖霊信仰とそれに伴う儀礼の実践を表立って行うことは困難になった。

　他方で、デルグ政権では、「キャンペーン」と呼ばれる活動のもとで農民組合の組織化を先導・指揮するために、現地に教師や学生が送り込まれた。この活動では、カファ地方に生活するマンジョは「少数派」とされ、カファとマンジョの関係を改善するための取り組みが実施された。そこでは、民族や宗教の違いを否定し、カファとマンジョが「結束」をもつことが目指された。そして、当局主導による啓蒙集会が頻繁に開催され、カファとマンジョの双方に銃口を向けて、共食や握手などを強制するトップダウン方式の取り組みが行われた。ただし、アラモや土地の主をはじめとするカファのなかにはマンジョやマンノとの共食や接触を拒む者もおり、時には各地で死者が発生した。

　1974年から1975年にかけては、カファ地方ではカファとマンジョの関係改善に向けて、政府によってマンジョのエチオピア正教への改宗が推奨された。政府は、マンジョがエチオピア正教のキリスト教徒になることで、イノシシやコロブスなどの野生動物を食すことをやめ、衛生面にも配慮するようになると考えた。そこから、カファとマンジョの間での共食、家への立ち入り、挨拶などの忌避をなくすことができると考えたのである。しかし、カファ地方のほとんどの地域では、エチオピア正教徒の大半を占めるカファが、マンジョと一緒に教会で礼拝や説教に参加することを拒んだ。

　エチオピア正教徒になったマンジョは、エチオピア正教の断食の習慣や、それに伴う食生活の変化によって、生業を狩猟から農耕へ変えることを迫られた。だが、マンジョは農耕に慣れていなかったために作物が収穫できない者や断食に馴染めない者も多かった。そのため、自ら教会を去り、かつての生活へと戻っていくマンジョも多数いた。結果として、マンジョのエチオピア正教への改宗はなかなか進まず、マンジョの多くはデルグ政権下においても引き続きエコ信仰を実践していた。

6・3　変化する生態環境と生業

　カファ地方では、エチオピア帝政期からアムハラやオロモをはじめとする他民族や他地域出身の人びとの入植が続いた。とりわけ、デルグ政権下で農村開

発政策の一環として行われた再定住政策は、カファ社会に大きな影響を及ぼした。この再定住政策では、主にエチオピア北部と中部の旱魃の影響を受けた地域に生活する人びとが、エチオピア北西部、西部、南西部の88のサイトに移住した（Pankhurst, 1990）。1983年から1985年にかけて、エチオピア北部で大飢饉が発生すると、さらに政策が推し進められた。再定住政策では、再定住者が生活するにあたって再定住地の近隣住民が再定住者のために家屋を建設したり、農具を提供したりした。

　再定住者が訪れたことにより、カファ地方では農業文化と生態環境にも影響がもたらされた。まず、新たな家屋の建築、燃料、農具の製作などのために木材の需要が高まり、多くの森林が伐採された（Alemneh, 1990: 181）。また、カファの農業は多くが焼畑式であり、土地を耕す際には鍬を用いてきた（Orent, 1979: 189）。カファ地方では、エンセーテ★21やイモ類などの根茎作物の栽培が行われてきた。土地が次第に衰えていくと、人びとはクランが所有する土地のなかで、別の場所へと移動した。男性は、伝統的に2頭のウシを用いた犂耕（りこう）を行い、穀物と豆類を栽培した。女性は、家の周囲の庭畑で、薬草、香辛料、根茎類を栽培した（Orent, 1969: 30）。

　一方で、エチオピア北部出身の再定住者は、根茎作物ではなく、トウモロコシ、モロコシ、テフ、コムギ、オオムギをはじめとした穀物を栽培し、インジェラ★22を焼くことを試みた。それらの穀物の栽培では、遮蔽物のない広大な土地で犂を用いた集約的な農業が行われ、しばしば必要以上の土地が開拓された。

　もともと、カファ地方では自然物に精霊コッロが宿っているとするコッロ信仰が根付いており、伝統的に大きな木は切るべきではないとされていた。しかし、カファの人びとが自然に対して抱いていた畏敬の念や経済的な価値観は、エチオピア正教徒であった再定住者には理解されなかった（Yonas, 2005: 64, 81-82）。結果として再定住者の入植は、人口の増加だけでなく、森林の減少とそれに伴う野生動物の減少をもたらした。これは、従来、狩猟を主な生業とし、野生動物を食してきたマンジョが狩猟をすることを困難にし、マンジョの食生活にも影響を及ぼした★23。加えて、マンジョはエチオピア正教への改宗に伴って、イノシシやコロブスをはじめとする野生動物を食すことも止めるようになっていった。

7　EPRDF政権

1991年に政権を奪取したエチオピア人民革命民主戦線は、民族の自決権を掲げ、民主化と自由経済を公約した。1995年には連邦憲法が施行され、すべての「民族（Nations, Nationalities and Peoples）」の自決権を認めたエチオピア連邦民主共和国が成立した。

民族自決政策のもとで、カファ県ではマンジョは民族とはみなされず、カファのクランの一つとされている。カファ県の役場の長官や役人の大多数はカファが占めている。また、マンジョはこれまで学校教育を受けてこなかったため、連邦政府や南部諸民族州はもちろんのこと、カファ県の政治や行政に携わる人物も依然として少ない。2001年からは、マンジョのなかからも役場に勤務する人物や、警察官、教員などの職に就く人物が登場するようになっている。しかし、そのようなマンジョの場合でも、赴任先でカファがマンジョに居住する家や部屋を貸すことを拒むという状況も起きている。

EPRDF政権のもと、カファ県内に多くの学校が建設されるようになった。そしてカファ語で授業が行われるようになり、アムハラ語はあくまで授業科目の一つとしての位置づけになった。他方で、9年生以上の高等学校は郡に数校しかなく、高等教育を受ける場合は出身地の村を離れて生活する必要がある。しかし、マンジョの多くは町や村の中心部の土地を所有しておらず、進学や就職のために町で生活する場合には家や部屋を借りることが必要になる。しかし、経済的な理由や、カファがマンジョに家や部屋を貸すことを拒むなどの理由から、高等教育を受ける機会を逸するマンジョも少なくない。そのため、マンジョはアファーマティブ・アクションとして、優先的な教育機会や就業機会を与えられている。2000年代後半からは、マンジョが公職に就くことも珍しいことではなくなった。しかし、これまでマンジョの多くが学校教育を受ける機会を逸してきたために、マンジョのなかでアムハラ語を話すことができる人物は限られている。

デルグ政権下で抑圧されてきたエコ信仰やコッロ信仰、祖霊信仰がEPRDF政権のもとで再び実践されるようになった。このようななか、カファ地方ではプロテスタント諸派が積極的な活動を展開し、マンジョの多くがプロテスタント諸派のキリスト教徒に改宗している。そこでは、「神のもとでの平等」が説かれ、カファとマンジョの間での忌避関係が問題視され、両者を対等に扱うカ

ファも登場している。しかし、実際にはカファとマンジョの関係は差別として
問題化するようになっている。

8 カファ地方におけるアムハラの影響

8・1 アムハラとの接触と距離

　カファ王国の崩壊から、エチオピア帝政期、イタリア統治期、ハイレ＝セラ
シエ帝政期、デルグ政権期、EPRDF政権期に至る約一世紀は、カファ地方に
暮らす人びとにとってアムハラとの遭遇にはじまり、さまざま変化を経験する
期間となった。しかし、カファの人びととアムハラとの関係のあり方は時期に
よって異なる。まず、カファ王国にはエチオピア北部から訪れたエチオピア正
教徒が暮らし、彼らの祖先はアムハラであると伝えられてきた。しかし、彼ら
はカファ語を話し、あくまでカファ王国を構成する住民であった。

　エチオピア帝政期になると、アムハラが中央から派遣された行政官や入植者
としてカファ地方を訪れた。彼らは、徴税権を有してカファ地方に暮らす人び
とをゲバルとして労役に従事させるなど、圧倒的な政治・経済的権力を有して
いた。また、エチオピア正教の司祭らもカファ地方を訪れ、エチオピア正教徒
に改宗するカファも登場した。しかし、聖職者の立場にあり、ゲエズ語★24で
書かれた聖書を読む司祭らは、カファの信徒と近しい存在ではなかった。こう
したアムハラとカファの間での距離は、当時の人びとの服装からもうかがえる。
1905年に撮影されたカファ地方の写真からは、アムハラ行政官の服装とカフ
ァの服装の違いが顕著であり、両者の社会・経済・文化的な隔たりがみてとれ
る（写真6、写真7、写真8）。

　イタリア統治期には、カファ地方から去ったアムハラも多かった。カファ地
方に残ったアムハラであっても、イタリア植民地政府からカファと対等に扱わ
れることを拒む者もいた。あくまでカファよりも高位な立場を保有しようとす
るアムハラと、カファの間の距離は依然として縮まることはなく、カファにと
ってアムハラは近しい存在ではなかった。

　ハイレ＝セラシエ帝政期になると、一部のカファによってアムハラによる支
配に対する抵抗運動が起きた。こうした抵抗運動は失敗に終わったものの、そ
の後、行政官の地位にあったり、土地を所有したりしたカファは、カファ社会
においてその権力と地位を確かなものにしていった。こうしたカファの子息は、
アディスアベバをはじめとする都市で学校教育をうけ、アムハラ語を習得し、

近代的な知識や振る舞いを身につけていった。また、経済力を有するカファの人びとを中心に、エチオピア正教の教会が建設され、カファの人びと自身によってカファ地方にエチオピア正教の浸透が促されることとなった。これは、カファの人びとがアムハラの文化や習慣を自らのものにしていく過程であったといえる。こうした変化は、政治・経済・社会的な権力を有するカファから、徐々に小作農のカファにも広がっていくことになった。

　デルグ政権期になると、カファとアムハラの関係性は新たなものへ変化する。とりわけ、再定住政策のもとでカファ地方を訪れたアムハラは、生活の地としてカファ地方を訪れ、自らの土地を得て農業に従事した。訪れたばかりのアムハラが生活できるように彼らのために家を建て、生活を支援したのはカファ地方に暮らす人びとであった。デルグ政権下において、カファにとってアムハラは、エチオピア帝政期やハイレ＝セラシエ帝政期の征服者、統治者、行政官という存在ではなく、あくまで生活を共にする隣人となったのである。

写真6　シャラッダにおけるアムハラ行政官と兵士たち（撮影：1905年、Friedrich Julius Bieber、所蔵：Klaus Bieber）

写真7　カファの男性たち（撮影：1905年、Friedrich Julius Bieber、所蔵：Klaus Bieber）

写真8　カファの女性たち（撮影：1905年、Friedrich Julius Bieber、所蔵：Klaus Bieber）

8・2　エチオピア正教の浸透とアムハラ化

　エチオピア帝国の支配のもと、アムハラが行政官や兵士としてカファ地方を訪れるようになって以降、カファ地方にはアムハラによってさまざまな変化がもたらされた。こうした変化には、国家の行政統治のもとでもたらされたカファ社会の構造的変化と、人びとの生活面における変化がある。なかでも、後者において大きな影響力をもったのはエチオピア正教への改宗であった。

　現在、カファ県の人口のうち、エチオピア正教徒は全体の61.4％を占め、エコ信仰やコッロ信仰をはじめとする在来宗教は5.4％にすぎない（2007年）。エチオピア正教徒でありながらも、在来宗教の信仰を実践している者もいるため、この数字は必ずしも実態を表しているとはいえないものの、カファ県のほぼすべての村にエチオピア正教の教会があることからも、エチオピア正教の浸透がみてとれる。

　カファ地方では、カファ王国時代からエチオピア正教徒が暮らしてきた。しかし、エコ信仰がカファ王国の王権と結びつくなかで、エチオピア正教徒はあくまでマイノリティであった。こうしたなかで、エチオピア帝政期にアムハラが訪れ、エチオピア正教の拡大に力を入れるようになる。そして、徐々にカファがエチオピア正教へ改宗していくこととなった。エチオピア正教では、聖書のもとで野生動物の食物禁忌や、断食の習慣があり、エチオピア正教に改宗したカファはこのような食物禁忌の習慣や割礼などを受け入れていった。当時、カファのなかでも、とりわけ行政に携わるカファは、アムハラと同様にエチオピア正教の断食や食物禁忌、そして彼らの服装などを取り入れなければ、アムハラと渡り合うことは困難だったのであろう。

　とはいえ、カファは、従来のエコ信仰をやめたわけではなく、ハイレ＝セラシエ帝政期においてもエコ信仰の霊媒師アラモのもとに通うとともに、エチオピア正教の教会にも通った。また、アラモ自身もエチオピア正教徒となり、教会の建設に携わった。

　一方で、狩猟を主とした移動的生活を送り、野生動物を食したマンジョの間では、エチオピア正教への改宗は進まなかった。エチオピア正教の食物禁忌や断食の習慣は、マンジョの生活と相容れず、容易に順応できるものではなかった。生業を狩猟から農業へと転換することは容易ではない。こうしたなか、エチオピア正教徒となったカファにとって、エコ信仰を継続し、野生動物を狩猟してそれらを食すマンジョは、アムハラやエチオピア正教徒からは遠い、遅れた存在としてみなされることになったといえる。

8・3　カファとマンジョの関係からみえる文明化

　カファとマンジョの関係は、歴史的に変化してきた。カファ王国時代、マンジョは狩猟集団として、王国の警備を担うとともに、カファ王国の経済的繁栄を支えた紅海交易において重要な産品である象牙や麝香の供給を担ってきた。

　カファ王国が崩壊し、エチオピア帝国に編入されると、マンジョと王権とのつながりや、マンジョの役割は失われていく。一方で、農耕を生業としたカファと狩猟を生業としたマンジョは、生業面において、そしてその生活面において目に見える明確な差異が存在してきた。しかし、デルグ政権になると、土地改革のもとでマンジョもカファと同様に土地を獲得したことに加えて、カファ地方の在来宗教のエコ信仰やコッロ信仰が弾圧され、マンジョのエチオピア正教への改宗が進められた。さらに、再定住政策や森林の減少に伴う野生動物の激減により、マンジョは狩猟をやめ、農業を主な生業にするようになる。こうしたなかで、カファ地方で同じ言語を用いて共住するカファとマンジョの生活面での差異は、徐々に薄れていくこととなった。

　カファとマンジョの生活面での実質的な差異が薄れる一方で、両者の間での忌避関係は維持された。そして、両者の間では新たな差異も生み出されるようになっていた。カファがエチオピア正教に改宗し、学校教育を受けてアムハラ語を習得し、行政にも携わってアムハラに近づいていく一方で、マンジョは圧倒的に遅れをとってきた。そして、カファが文明化された存在となっていった一方で、マンジョは文明化されていない「遅れた人びと」とみなされるようになっていったのである。

　こうしたなかで、カファによってマンジョに対する否定的イメージが生み出されていった。そこでは、エチオピア帝国への編入によってカファ社会にもたらされた近代的エチオピア人としての価値観、すなわちアムハラの文化や価値観のもとで、食文化、衛生観念、そして美と醜としての身体的特徴などのイディオムが用いられ、カファとは異なる否定的イメージを伴った「マンジョ」が創り上げられたのである。また、こうした否定的イメージは、カファがマンジョよりも優位であることを説明する理由となった。そして、それは従来、社会構造や在来宗教などと結びついてきた慣習的な忌避関係を、偏見を伴う差別へと変容させることにつながった。

おわりに

　本章では、カファ王国時代から現在までのカファ社会の変化と、アムハラの影響について検討してきた。カファ地方のみならず、エチオピアでは職能集団は農耕民のマジョリティからは区別されて、蔑視されることが一般的であった。今日、マンジョはカファとほぼ同じ生活を営んでいるが、カファから食習慣、外見、性向、衛生などについて否定的イメージを付与され、差別されている。しかしながら、こうしたカファによるマンジョへの否定的イメージの付与による差異化と、それに基づく差別は、あくまでエチオピア帝国への編入以降、アムハラによる統治と、それぞれの政権下での政治・経済・宗教・生態環境の変化などの影響を受けて形成されてきたのである。

　エチオピア帝国への編入以降、カファ社会ではエチオピア正教徒で教育を受けた「近代的な人物」、あるいは「文明化された人物」としてのアムハラが、エチオピア人の「良き人物」としての望ましい人物モデルとなった。その際、カファは服装やエチオピア正教の食物禁忌などをはじめとするアムハラの文化や価値観を受け入れ、アムハラとの同化を進めていった。それは、他方で「近代化」「文明化」されていない、「遅れた人びと」をも生み出すこととなった。そこでは、従来、狩猟を主な生業として移動的な生活を行い、野生動物を食し、在来宗教を継続してきたマンジョがカファから「遅れた人びと」としてみなされることにもなった。加えて、カファに政治的権力が偏り、マンジョが政治や教育から排除された結果、「遅れた人びと」としてのマンジョの否定的ステレオタイプ化がより強固なものになっていったといえる。また、カファの人びとがアムハラへの同化を志向し、一方でマンジョを「遅れた人びと」とみなす過程は、カファがアムハラの文化や価値観によって文明化され、それを自らのものとして内面化していったことをも意味している。カファは、自らよりも「遅れた人びと」としてのマンジョのイメージを生み出すことで自らが文明化されていることを示し、アムハラに近づくことができたのである。

　1991年にEPRDF政権になり、民族自決権が憲法によって保障されるなかで、カファ県においても自らの文化や歴史を復興させようとする動きがある。こうしたなか、かつてのカファの文化が評価されるようにもなっている。そこでは、カファ王国時代の行政統治体系こそ、アムハラによる統治体系を凌ぐ、優れたシステムであったという声をあげるカファもいる。時代の変化のなかで、

何を優れた文化とみなして受容するのか、文明へのまなざしはあくまで時代の
なかで創られているのである。

注

★1　職能集団や狩猟集団に関する研究では、彼らが社会的に劣位に置かれ、差別されてい
　　る要因をそれぞれの社会の内部に求めてきた。そこでは、「浄と不浄」の観念をもとに
　　して人びとの認識を説明することや、階層制やカースト制に基づく社会構造を説明する
　　ことで、これらの人びとの社会的地位や差別される状況を理解しようという試みがなさ
　　れてきた（例えば、Todd, 1977; Haberland, 1984; Levine, 1974; Shack, 1964）。
★2　単に、我々とは「異なる」とか、「同じではない」というように表現される。
★3　1859年にカファ地方を訪れたカプチン修道会のマサイヤによると、カファ王国では、
　　自由な身分にある自由人は、人口の半数にも満たず、残りの半数は奴隷であった。カフ
　　ァ王国では、自由人らは行政に携わり、戦争に赴いて土地を獲得した。奴隷は、家屋や
　　敷地内の掃除、薪とり、食事の準備、農耕、家畜の世話などをして主人のもとに仕えた
　　（Massaja, 1888: 60, 63-64）。
★4　例えば、吟遊詩人は、カファの王権と関係を有しており、カファ王国の文化的変化や
　　発展の創造的なエージェントであるとともに、歴史の保有者でもあった（Lange, 1982:
　　261）。また、王や行政官の多くは、織工が織って仕立てた衣服を身に纏った。金細工師
　　がつくる装飾品は、王に献上されたほか、市場でも販売された。また、鍛冶屋は、地中
　　から鉄を取り出して製鉄を行い、農具や武器を製作した。
★5　オレントは、幾人かのカファがイノシシを食していることを指摘している（Orent,
　　1969: 69）。また、かつてはカファもイノシシを食していたとする語りも調査で聞かれた。
　　カファがコロブスやイノシシの肉を不可食とする理由として、聖書のレビ記を引き合い
　　に出す場合があるが、それらの動物が牛や羊、ヤギなどとは異なり上顎に前歯が生えて
　　いることを根拠にする場合もある。
★6　聞き取り調査では、デルグ政権になるまで行政官や土地の主、アラモなどの社会的地
　　位の高い一部のカファを除いては、カファ、マンジョ、マンノを問わず、男性は皮の腰巻、
　　女性はエンセーテの繊維から作られた腰蓑を身につけたという証言が聞かれた。20世紀
　　前半にカファを撮影したとされる写真をみても、女性はエンセーテの繊維から作られた
　　腰蓑を身につけている。
★7　オレントによればコッロは二種類がある。ひとつは、木、岩石、小道、分岐路、泉、川、
　　温泉などに宿るとされる精霊である。もうひとつは、特別な地区の藪や茂みに住んでい
　　る、人に似た生息物であるという（Orent, 1969: 208-209）。
★8　カファ地方では、1530年から1540年にかけて、六つの教会が建設されたと伝えられて
　　いる。いずれの教会も、16世紀にアビシニア王国がアフマド・グランニの侵攻をうけた
　　際に、ゴッジャム地方から戦火を逃れてカファ地方にもたらされた聖櫃を中心に建設さ
　　れたと伝えられている。六つの教会のうち、五つの教会は、いずれもアマロクランの人
　　びとによって聖櫃がもたらされたという。アマロとは、カファ語でアムハラを意味する。
　　残りの一つの教会はコイッジョクランの人びとによって聖櫃がもたらされたという。

★9　カファ地方へのイスラームの伝来時期には諸説がある。イスラームの伝来時期は18世紀前半のカファ王ガッリ・ギノッチの治世期であるという説（Grühl, 1932: 179）や、16世紀から17世紀にかけて現在のサウジアラビアからサイイド・アブドゥサラームがカファ地方を訪れてイスラームを広めたとする説がある。

★10　カファ王がカプチン修道会の宣教活動を許可したのは、エチオピア正教とカトリックが信徒をめぐって争い、エチオピア正教の活動を抑制することができるのではないかという狙いがあったからであった（Orent, 1970b: 279）。

★11　1カラドはおよそ133キュービットの長さで、約88メートルとされる（Aberra, 2005: 714）。

★12　1ガシャは、40ヘクタールに相当する。

★13　1920年代初期には、エチオピアにおける奴隷交易に対する政策に関して国際的な圧力がかかるようになった。エチオピアが国際連盟へ加入するにあたっては、奴隷交易の撲滅が必要であった。しかし、エチオピアが1923年に国際連盟に加入した後の1925年には、エチオピアにおける奴隷交易はさらに拡大したとされている（Kochito, 1979: 51-53）。カファ地方で奴隷交易が終わりを迎えたのはイタリア統治期になってからであった。

★14　とはいえ、アッバ・カストが政治的権力を握ったわけではなかった。

★15　オレントは、ここではクランではなくリネージとしているが、筆者の調査ではクランとリネージについて説明することができる人物は誰もいなかったほか、先行研究でリネージについて述べているのはオレントのみであるため、ここではクランとする。

★16　2008年11月8日聞き取り。カファ県デチャ郡ギディ村、オロモ、男性。

★17　現在もエコ信仰を行う人物や自らがアラモであるカファの人物のなかには、エチオピア正教徒である人物が多い。

★18　オレントは、インフォーマントの年長者が、口蓋垂を取り除く習慣もアムハラによってもたらされたと語っているとする。ただし、オレントは、カファ語とアムハラ語でそれぞれ口蓋垂を意味する単語があるため、この習慣はカファに固有のものであったと推測している（Orent, 1975: 84）。

★19　カファ地方におけるカーレ・ヒウォト教会の活動については、1950年代に信徒になり、教会が管理する学校で教師として長年にわたって勤務したカファの男性に、2008年3月3日にボンガで聞き取り調査を実施した。

★20　カファの多くはカバレの中心や利便性の高い土地を獲得した。カファのなかには、農民組合の代表者に賄賂を渡し、条件の良い土地を手に入れる者もいた。一方、マンジョはカバレの辺境で、森林に接した土地を与えられた。土地の面積においても差がある場合があった。

★21　エンセーテはバショウ科の多年生植物で、偽バナナとも呼ばれる。カファ地方では、エンセーテの澱粉を採取して発酵させてパン状に焼いたコチョが主食として食されている。エンセーテ、その澱粉、発酵澱粉、それをパン状に焼いたものは、それぞれ個別の名称があるが、一般的にすべてコチョと総称される。エンセーテは、食用可能なまでに成長すると、いつでも加工し、食べることができるものの、食用可能になるまで3年から4年の生育年数が必要である。エンセーテの葉は、コチョやパンを包んで焼くときに

利用するほか、就寝時に床に敷いて眠るマットとしても利用される。

★22　インジェラは、今日、エチオピアで広く主食として食されている。インジェラは、製粉したテフやトウモロコシ、モロコシなどに水を加えて混ぜて生地を作り、それを数日間寝かせて発酵させた後に、平皿型の土器で焼いて作る。クレープ状の形状で、唐辛子で味付けされたシチューなどと一緒に食す。

★23　1980年に「森林と野生生物自然の保全と開発宣言」が出されると、一部の国立公園で認可されたスポーツハンティングを除き、全国的に生業としての狩猟行為は禁止された。また、銃の所持も取り締まられ、銃を用いた狩猟を行うことはできなくなった。こうした当局からの監視・規制の強化にもかかわらず、マンジョは狩猟を続けていたが、森林の減少に伴って野生動物も少なくなっていった。

★24　ゲエズ語は、かつてエチオピア北部で話されていたが、現在は話し言葉としては消滅している。ただし、エチオピア正教の典礼言語、文字言語として用いられている。

参考文献

宮脇幸生・石原美奈子「「地方」の誕生と近代国家エチオピアの形成」福井勝義編『社会化される生態資源——エチオピア絶え間なき再生』京都大学学術出版会、2005年、1-32頁。

吉田早悠里「差別されるマイノリティ——エチオピア南西部カファ地方に生活するカファとマンジョの事例から」『名古屋大学人文科学研究』37号、2008年、25-42頁。

―――『誰が差別をつくるのか——エチオピアに生きるカファとマンジョの関係誌』春風社、2014年。

Aberra Dagafa, *The Scope of Rights of National Minorities: Under the Constitution of the Federal Democratic Republic of Ethiopia*, Addis Ababa: Faculty of Law Addis Ababa University, 2008.

Aberra Jembere, "Gašša," in Uhlig, S. et al. eds., *Encyclopaedia Aethiopica Vol.2. D-Ha*, Wiesbaden: Harrassowitz Verlag, 2005, p. 714.

Alemneh Dejene, "Peasants, Environment, Resettlement," in Pausewang, S., Cheru, F., Brüne, S. & Chole, E. eds., *Ethiopia: Options for Rural Development*, London & New Jersey: Zed Books, 1990, pp. 174-186.

Ali Osman, *History of Bonga town from Its Foundation to 1974*, Addis Ababa: Addis Ababa University, The Department of History, College of Social Sciences (B.A.Thesis), 1984.

Bieber, Friedrich J., *Kaffa: Ein altkuschitisches Volkstum in Inner-Afrika; Nachrichten über Land und Volk, Brauch und Sitte der Kaffitscho oder Gonga und das Kaiserreich Kaffa*, Münster: Aschendroffschen Verlagsbuchhandlung, 1920.

Cerulli, Enrico, *Etiopia Occidentale (Dallo Scioa alla Frontiera del Sudan)*, Roma: Sindacato Italiano Arti Grafiche, 1930.

Cerulli, Ernesta, *Peoples of South-west Ethiopia and Its Borderland*, London: International African Institute, 1956.

Donham, Donald L., "Old Abyssinia and the New Ethiopian Empire: Themes in

Social History," in Donham, D. L. & James, W. eds., *The Southern Marches of Imperial Ethiopia*, Oxford: James Currey, 2002 (1986), pp. 3-48.

Donham, Donald L. & James, Wendy eds., *The Southern Marches of Imperial Ethiopia*, Oxford: James Currey, 2002 (1986).

Gamst, Frederick C., "Wayto Ways: Change from Hunting to Peasant Life," in Hess, R. ed., *Proceedings of the Fifth International Conference on Ethiopian Studies*, Chicago: University of Illonois, 1979, pp. 233-238.

Grühl, Max, *The Citadel of Ethiopia: The Empire of the Divine Emperor*, London: Jonathan Cape, 1932.

————, *Zum Kaisergott von Kaffa: Als Forscher auf eigene Faust im dunkelsten Afrika*, Berlin: Schlieffen Verlag, 1938.

Haberland, Eike, "Caste and Hierarchy Among the Dizi (Southwest Ethiopia)," *Proceeding of the 7th International Conference of Ethiopia Studies*, 1984, pp. 447-450.

Huntingford, George W. B., *The Galla of Ethiopia the Kingdoms of Kafa and Janjero*, London: International African Institute, 1955.

James, Wendy, Donham, Donald L., Kurimoto, Eisei, & Alessandro Triulzi, *Remapping Ethiopia: Socialism and After*, Oxford: James Currey, 2002.

Kochito Wolde Michael, *Historical Survey of Kaffa: 1897-1935*, Addis Ababa: Addis Ababa University, The Department of History (B.A.Thesis), 1979.

Lange, Werner J., *History of the Southern Gonga (Southern Ethiopia)*, Wiesbaden: Franz Steiner Verlag, 1982.

Levine, Donald N., *Greater Ethiopia: The Evolution of a Multiethnic Society*, Chicago & London: The University of Chicago Press, 1974.

Marcus, Harold G., *A History of Ethiopia updated edition*, Berkerley, Los Angeles, London: University of California Press, 2002 (1994).

Massaja, Ara Guglielmo, *I miei trentacinque anni di missione nell'Alta Ethiopia*, Vol.5, Roma: Tipografia Poliglotta; Milano: Tip. Pontif. S. Giuseppe, 1888.

Orent, Amnon, *Lineage Structure and the Supernatural: The Kafa of Southwest Ethiopia*, Boston: Boston University. African Studies Center (Ph.D. Thesis), 1969.

————, "Dual Organizations in Southern Ethiopia: Anthropological Imagination or Ethnographic Fact," *Ethnology* 9(3), 1970a, pp. 228-233.

————, "Refocusing on the History of Kafa Prior to 1897: A Discussion of Political Processes," *African Historical Studies* 3(2), 1970b, pp. 263-293.

————, "Cultural Factors Inhibiting Population Growth among the Kafa of Southwestern Ethiopia," *Population and Social Organization*, 1975, pp. 75-91.

————, "From the Hoe to the Plow: A Study in Ecological Adaptation," *Proceedings of the Fifth International Conference on Ethiopian Studies: Session B*.

April 13-16. 1978, Chicago: University of Illinois, 1979, pp. 187-194.

Pankhurst, Alula, "Resettlement: Policy and Practice," in Pausewang, Siegfried. et al eds., *Ethiopia: Options for Rural Development*, London: Zed Books 1990, pp. 121-134.

————, "Introduction Dimensions and Conceptions of Marginalisation," in Freeman, D. & Pankhurst, A. eds., *Peripheral People: The Excluded Minorities of Ethiopia*, Asmara: The Red Sea Press, 2003, pp. 1-26.

Pankhurst, Alula & Freeman, Dana, "Change and Development: Lessons from the Twentieth Century," in Freeman, D. & Pankhurst, A., eds., *Peripheral People: The Excluded Minorities of Ethiopia*, Asmara: The Red Sea Press, 2003, pp. 334-366.

Sbacchi, Alberto, *Ethiopia under Mussolini: Fascism and the Colonial Experience*, London: Zed Books, 1985.

Shack, William A, "Notes on Occupational Castes among the Gurage of South-West Ethiopia," *Man*, 64, 1964, pp. 50-52.

Stellmacher, Till, *Governing the Ethiopian Coffee Forests: A Local Level Institutional Analysis in Kaffa and Bale Mountains*, University of Bonn (Ph.D. Thesis), 2006.

Todd, David, "Caste in Africa," *Africa*, 47(4), 1977, pp. 389-412.

Yonas Abate Shibeshi, *Community Values and Natural Resource Management: The Case of Indigenous and Settler Communities in Kafa, with Particular Reference to Forest Resources*, Addis Ababa University, School of Graduate Studies, Department of Regional and Local Development Studies (M.A. Thesis), 2005.

あとがき

大澤 広晃／高岡 佑介

　本書は、近現代世界における「文明化」の作用を「交域」の視座から考察してきた。文明化という問題は先行研究でも多く扱われてきたが、その作用・反作用・副作用のダイナミズムを、ヨーロッパ、アジア、アフリカの諸地域を対象に地域横断的に、なおかつ、歴史学、人類学、法哲学、思想史などの知見を織り交ぜて学際的に検討する試みはほとんどなされてこなかった。また、本書では、ヨーロッパ内部における文明化や、文明化の対象となった人々の主体性、西洋以外のアクターに着目した文明化の語りといった視点を提示してきたが、これらはいずれも文明化という問題をより多角的・総体的に考えていくうえで極めて重要だと思われる。その意味では、近代から現代に至るまでわれわれの思考や生活の様式を規定してきた大きな力の動態について、新しい知見を示せたのではないかと思う。

　もっとも、本書は基本的にそれぞれの専門分野をもつ各研究者が独自の視点から文明化について考察した論文を集めたものであり、全体を貫く確固たる方法論や問題意識に基づき編まれたものではない。むしろ、「文明化の作用」というトピックを各執筆者に提示することで、そこから何が生まれ、どのような化学反応がおこるのかを実験してみることが目的であった。したがって、問題への解答を試みながらも、同時に、それに付随する新たな問題や論点、課題を提示することにも主眼を置いた。これまでの議論からは、今後の課題と検討すべき論点が数多く浮かび上がってきたが、ここではさしあたり次の四つを指摘しておきたい。

　まず、文明化の作用における外向するベクトルと内向するベクトルの相関について。第1部では、イギリス、ドイツ、フランスにおける文明化という問題を、帝国（外向するベクトル）と国内（内向するベクトル）の問題に引きつけて検討した。しかし、もし文明化が内と外へ展開していくのであれば、両者の間に相関はあるのか。まえがきで紹介したトウェルズの研究はまさにそうした点に

着目したものだが、この問題はそれぞれの歴史的・地域的文脈でさらに検討されるべきものであろう。

　第二に、文明化の重層性について。第2部では、アジア・アフリカの各地域を対象に、ローカルな文脈で在地の人々が文明化とどう対峙したのかを考察した。そこでは、西洋だけでない近隣諸国からの影響も論じられ、文明化の多層性が明らかになった。文明化は多様な力の合成であり、各々の文脈におけるその位相をより緻密に分析していく必要があろう。

　第三に、文明化に関わる諸アクターの連携について。近代における文明化はそれぞれの地域で異なる相貌をみせる一方で、同時代的現象でもあった。例えばアジアであれば、19世紀以降の文明化の作用は、多くの場合、西洋列強の進出によって本格的に始動した。文明化とそれに随伴する帝国支配・植民地化のプロジェクトに直面して、文明化の客体となった現地の人々はしばしば相互に学びあったり連携したりしようとした。ベトナムのファン・ボイ・チャウや中国の梁啓超は日本との関係を深めようとしたし、日本に亡命していた孫文はフィリピンのナショナリストを支援しようとした。こうした地域横断的なネットワークのなかで、在地の人々は文明化をどう受け止め、それをどう利用したのか。なお、同様の現象は、列強諸国の側にもみられた。帝国支配国も、熾烈な植民地獲得競争を繰り広げつつ、さまざまな協定や条約を通じて相互に利害を調整しあったり互いの支配の技法を参照しあったりしていたのだが（列強の「競存」関係）、それは文明化の企てにどのような影響を及ぼしたのだろうか。ミクロとマクロの視点を組み合わせながら文明化という問題を考えていかねばなるまい。

　最後に、西洋を介さない文明化の語りについて。文明化はもっぱら西洋を起点とする運動として把握されてきた。しかし、この語に対してより一般的で包括的な定義——例えば、ある集団・社会で形成された思想や振る舞いの様式が、当該集団・社会の相対的に優位な立場を背景に周辺に伝播すること——を与えることで、西洋＝非西洋という図式に必ずしもあてはまらない文明化の事例を考察の対象に加えていく必要がある。換言すれば、文明化を多中心的に考えるということである。本書では、エチオピア・カファ地方の事例が取り上げられたが、例えばアフリカの他地域、あるいは、より広域のイスラーム圏[1]についても興味深い議論ができるのではないだろうか。

　以上の論点や課題を探究していくことで、研究の質と厚みを高めるとともに、文明化という問題を他のテーマに接続していくことも可能になるだろう。文明

化は、その弊害も含めて、近現代世界の形成に大きな影響を及ぼしてきたのであり、それなしに現在を読み解くことはできない。「交域」の視座をさらに鍛え、研究の領野をよりいっそう押し広げていくことが求められている。

＊　＊　＊　＊　＊

　本書は、南山大学地域研究センター共同研究『近代のヨーロッパとアジアにおける「文明化」の作用』（2017年度〜2019年度）の成果をまとめたものである。2016年、当時南山大学外国語学部に所属し年代も研究分野も比較的近い高岡、大澤、宮原、中村が集まり、共同研究を計画したことが、本プロジェクトのきっかけである。2018年度からは、異なる地域・学問分野を専門とする服部、宮沢、吉田が加入し、研究班は質量ともに拡充された。研究体制の点では、2017年度は高岡が研究代表者を務めたが、他大学への移籍に伴い、2018年度と2019年度は大澤が研究代表者を務めた。この間、上記のメンバーに加え、外部からも講師を招くかたちで、毎年2〜5名が報告を行い、文明化の作用についての議論を深めていった。個別報告の時期や演題については、後に来る「活動記録」を参照されたい。

　本書の刊行にあたり、研究遂行および成果出版のための資金を提供してくれた南山大学に、研究班を代表して謝意を表明したい。研究期間中は、地域研究センターのみならず、ヨーロッパ研究センターからもさまざまな支援を得たことも付記しておく。また、外部講師として、本共同研究の研究会で報告をしてくださった長谷部圭彦氏（早稲田大学イスラーム地域研究機構次席研究員）と岡田浩樹氏（神戸大学大学院国際文化学研究科教授）★2にも感謝申し上げる。諸事情により、本書への論文掲載はかなわなかったが、両氏の発表からは大きな刺激と新しい知見を得ることができた。最後に、共同研究および本書を準備する過程で、常に献身的で的確なサポートをしてくださった南山大学地域研究センターのスタッフの方々に、心からの御礼を申し上げたい。ありがとうございました。

　　2020年3月　　　　　　　　　　　　　　　　　　　　　　編者

注
★1　本書のもととなった共同研究で長谷部圭彦氏がオスマン帝国を題材に行った報告は、まさにこの論点を敷衍していくうえできわめて示唆に富むものだった。以下を参照のこと。長谷部圭彦「クリミア戦争の衝撃――改革勅令とパリ条約」『近代のヨーロッパとアジアにおける「文明化」の作用　2017年度中間報告』南山大学地域研究センター、

2018年、22-54頁。

★2　長谷部氏と岡田氏の肩書きは、いずれも当時のもの。

活動記録（肩書は発表当時のもの）
（2017 〜 2019年度）

【2017年度】
第1回研究会
主　催：地域研究センター共同研究
共　催：ヨーロッパ研究センター
日　時：2017年12月7日（木）17:00 〜 19:00
場　所：N棟3階 社会倫理研究所会議室
報告者：高岡 佑介（南山大学外国語学部准教授）
　演題：19世紀から20世紀初頭のドイツにおける衛生学の展開

第2回研究会
主　催：地域研究センター共同研究
日　時：2018年1月28日（日）14:00 〜 16:00
場　所：J棟1階 特別合同研究室（Pルーム）
報告者：長谷部 圭彦（早稲田大学イスラーム地域研究機構次席研究員）
　演題：クリミア戦争の衝撃——改革勅令とパリ条約

【2018年度】
第1回研究会
主　催：地域研究センター共同研究
共　催：ヨーロッパ研究センター
日　時：2018年9月16日（日）14:00 〜 17:00
場　所：Q棟5階 51、52会議室
報告者：1）服部 寛（南山大学法学部准教授）
　演題：近代日本における「文明化」——法哲学の視点から
報告者：2）宮原 佳昭（南山大学外国語学部准教授）
　演題：近代中国における「文明化」をめぐる議論——風俗改良論を中心として

第2回研究会
主　催：地域研究センター共同研究
共　催：ヨーロッパ研究センター
日　時：2019年1月21日（月）17:00 〜 19:00
場　所：Q棟5階 51、52会議室
報告者：岡田 浩樹氏（神戸大学大学院国際文化学研究科教授）
　演題：普遍性を夢見るナショナリズム——近現代東アジア（朝鮮半島と日本）における文
　　　　明化の諸問題

第3回研究会

主　催：地域研究センター共同研究

共　催：ヨーロッパ研究センター

日　時：2019年2月3日（日）14:00 ～ 17:00

場　所：Q棟5階51、52会議室

報告者：1）大澤 広晃（南山大学外国語学部准教授）

　演題：宣教と文明化――19世紀ベチュアナランドにおけるロンドン宣教師協会とアフリカ人

報告者：2）吉田 早悠里（南山大学国際教養学部准教授）

　演題：エチオピア・カファ地方における社会変動――五つの政権交代

【2019年度】

第1回研究会

主　催：地域研究センター共同研究

共　催：ヨーロッパ研究センター

日　時：2019年9月4日（水）14:00 ～ 17:00

場　所：Q棟5階51、52会議室

報告者：宮沢 千尋（南山大学人文学部教授）

　演題：植民地期ベトナム知識人にとっての「文明」と「国学」――ファム・クインを中心に

第2回研究会

主　催：地域研究センター共同研究

共　催：ヨーロッパ研究センター

日　時：2019年9月13日（金）14:00 ～ 17:00

場　所：Q棟5階51、52会議室

報告者：中村 督（南山大学国際教養学部准教授）

　演題：文明的粛清の可能性――『ウエスト・エクレール』裁判を中心に（1944-1946年）

執筆者紹介（掲載順）

大澤　広晃→奥付ページ

高岡　佑介→奥付ページ

中村　督（なかむら・ただし）
1981年生。2004年慶應義塾大学文学部卒業。2012年東京大学大学院総合文化研究科地域文化研究専攻博士課程単位取得満期退学。博士（歴史学）。
現在、南山大学国際教養学部准教授。
主な著作：1)「戦後フランスの政治と社会」平野千果子編『新たに学ぶフランス史』（ミネルヴァ書房、2019年）、2) クリスティン・ロス『もっと速く、もっときれいに──脱植民地化とフランス文化の再編成』（共訳、人文書院、2019年）、3)「68年5月の神話化に関する一考察──記憶・歴史・世論をめぐって」藤本博編『「1968年」再訪──「時代の転換期」の解剖』（行路社、2018年）ほか。

服部　寛（はっとり・ひろし）
1980年生。2003年東北大学法学部卒業、2005年東北大学大学院法学研究科博士課程前期修了、2008年東北大学大学院法学研究科博士課程後期修了。博士（法学）。
現在、南山大学法学部准教授。
主な著作：1)「利益法学から評価法学への展開に関する一考察（1)・（2)・（3・完)」、『法学』73巻4号（2009年)・同5号（2009年)・74巻2号（2010年)、2)「1953──日独の法律学方法論の転換点とその意義の再検討」『松山大学論集』23巻6号（2012年)、3)「日本の法律学方法論の史的展開に関する批判的検討──昨今のドイツの論争・議論状況を手がかりに」『法哲学年報2013』（2014年）ほか。

宮原　佳昭（みやはら・よしあき）
1977年生。2000年京都大学文学部卒業。2002年京都大学大学院文学研究科修士課程修了。2006年京都大学大学院文学研究科博士後期課程単位取得満期退学。博士（文学）。
現在、南山大学外国語学部准教授。
主な著作：1)「袁世凱政権期の学校教育における「尊孔」と「読経」」『東洋史研究』第76巻第1号（2017年)、2)「近代中国の学校管理法教科書に関する一考察──謝冰・易克桌訳『学校管理法要義』を手がかりに」『アカデミア　社会科学編』第11号（2016年)、3)「民国初期の湖南省における教育行政と学校管理」森時彦編『長江流域社会の歴史景観』（京都大学人文科学研究所附属現代中国研究センター、2013年）ほか。

宮沢　千尋（みやざわ・ちひろ）
1962年生。1986年早稲田大学第一文学部史学科日本史学専修卒業。1993年早稲田大学大学院法学研究科修士課程国際条約史専攻修了。1999年東京大学大学院総合文化研究科超域文化科学専攻（文化人類学）博士課程単位取得満期退学。博士（学術）。
現在、南山大学人文学部教授。
主な著作：1)「戦間期の植民地ベトナムにおける言語ナショナリズム序論──ファム・クインらの「キム・ヴァン・キエウ論争」について」加藤隆浩編『ことばと国家のインターフェイス』

（行路社、2012年）、2）武内房司・宮沢千尋編『西川寛生「サイゴン日記」一九五五年九月〜一九五七年六月』（風響社、2015年）、3）「前近代ベトナム女性の財産権と祭祀財産相続——忌田を中心に」『アジア・アフリカ地域研究』京都大学大学院地域研究研究科　第15-2号（2016年）ほか。

吉田早悠里（よしだ・さゆり）

1982年生。2004年南山大学人文学部卒業。2007年南山大学大学院人間文化研究科博士前期課程修了。2011年名古屋大学大学院文学研究科博士後期課程満期退学。2012年名古屋大学大学院文学研究科。博士（文学）。

主な著作：1）『誰が差別をつくるのか——エチオピアに生きるカファとマンジョの関係誌』（春風社、2014年）、2）"The Life and Collection of Friedrich Julius Bieber: An Archival Study of Kafa at the Beginning of the 20th Century," *Nilo-Ethiopian Studies*, No.21 (2016)、3）「「生活の向上」を目指す——ムスリム聖者村における女性組合の試み」石原美奈子編著『現代エチオピアの女たち——社会変化とジェンダーをめぐる民族誌』（明石書店、2017年）ほか。

編者紹介

大澤　広晃（おおさわ・ひろあき）
1980 年生。2003 年国際基督教大学教養学部社会科学科卒業。2009 年ロンドン大学キングスコレッジ大学院歴史学研究科博士課程修了。Ph.D.（History）。
現在、南山大学外国語学部准教授。
主な著作：1)『帝国主義を歴史する』（清水書院、2019 年）、2)「キリスト教宣教がつなぐ世界」永原陽子編『人々がつなぐ世界史』（ミネルヴァ書房、2019 年）、3)"Wesleyan Methodists, Humanitarianism and the Zulu Question, 1878–87," *Journal of Imperial and Commonwealth History*, 43: 3 (2015) ほか。

高岡　佑介（たかおか・ゆうすけ）
1981 年生。2004 年早稲田大学第一文学部卒業。2012 年早稲田大学大学院文学研究科ドイツ文学専攻博士後期課程満期退学。博士（文学）。
現在、早稲田大学法学学術院准教授。
主な著作：1)「チューリヒにおける「1968 年」――グローブス騒乱をめぐって」藤本博編『「1968 年」再訪――「時代の転換期」の解剖』（行路社、2018 年）、2)「社会契約としての保険――1910 年代から 1930 年代初頭のドイツにおける「保険」の認識論的位相」『南山大学ヨーロッパ研究センター報』第 22 号（2016 年）ほか。

2019年度南山大学地域研究センター共同研究
研究代表者　大澤広晃

近現代世界における文明化の作用
「交域」の視座から考える

2020 年 3 月 20 日　初版第 1 刷印刷
2020 年 3 月 31 日　初版第 1 刷発行

編　者――大澤広晃・高岡佑介
発行者――楠本耕之
発行所――行路社 Kohro-sha
　　　　　520-0016 大津市比叡平 3-36-21
　　　　　電話 077-529-0149　ファックス 077-529-2885
　　　　　郵便振替　01030-1-16719
装　丁――仁井谷伴子
組　版――鼓動社
印刷・製本――モリモト印刷株式会社

交差する眼差し ラテンアメリカの多様な世界と日本　浅香幸枝　A5判304頁2800円
■ラテンアメリカ地域は人の移動により国民国家が形成され、様々な民族からなる文化の多様性を持っている。その実像を多面的に明らかにしつつ、ラテンアメリカと日本との相互理解の促進をも目指している。

「1968年」再訪 「時代の転換期」の解剖　藤本博 編　A5判328頁3000円
■「1968年」を中心に広く1960年代から1970年代初頭のグローバルな歴史的転換とその世界史的意義を、文化・思想の側面までも含め、総合的に検討する。

ことばを教える・ことばを学ぶ フ複言語・複文化・ヨーロッパ言語共通参照枠（CEFR）
と言語教育研　泉水浩隆編　A5判352頁3000円 ■近年注目を集めている「ヨーロッパ言語共通参照枠」（CEFR）について、スペイン語・フランス語・ドイツ語を中心に、欧州におけるその現状と今後、日本におけるその受容・現状・今後を、言語学的・言語教育的・社会言語学的視点から分析・考察する。

現代に生きるフィヒテ フィヒテ実践哲学研究　高田 純　A5判328頁3300円
■フィヒテの実践哲学の生れくる過程とその理論構造を彼の時代の激動のなかで考察し、その現実的意味を浮き彫りにする。彼がその時代において格闘し、彼の投げかけた諸問題は今こそその輝きを増している。

法の原理 自然法と政治的な法の原理　トマス・ホッブズ／高野清弘 訳　A5判352頁3600円
■中世の襲を剥きとるがごとく苛烈な政治闘争の時代に、まさに命がけでしかも精緻に数学的手法を積みかさね、新しい時代に見合う新しい人間観を定義し、あるべき秩序、あるべき近代国家の姿を提示する。

宗教と政治のインターフェイス 現代政教関係の諸相　丸岡・奥山 編　A5判288頁
2600円 ■近年、世界の様々な地域で宗教が政治的課題となる事態が頻繁に発生しており、その形も多様である。本書は、こうした宗教の公共空間への再登場という今日的現象を地域ごとに比較検討する。

記憶の共有をめざして 第二次世界大戦終結70周年を迎えて　川島正樹編
A5判536頁4500円 ■20世紀以降の歴史研究においてさえ戦争をめぐる事実の確定が困難な中、歴史認識問題等未解決の問題と取り組み、好ましき地球市民社会展望のための学際的研究の成果であるとともに、諸国間での「記憶」の共有を模索する試み。

移民の町サンパウロの子どもたち ドラウジオ・ヴァレーラ／伊藤秋仁監訳
A5判208頁2000円 ■ブラジルの著名な医師であり作家でもある著者の少年時代の回想記。サンパウロで暮らす移民とその子どもたちの生活の様子を生き生きと描く。ブラジルを理解し、より身近に感じることができるコラムも収録する。

近代科学と芸術創造 19〜20世紀のヨーロッパにおける科学と文学の関係　真野倫平編
A5判456頁4000円 ■学際的視点から、19〜20世紀にかけてのヨーロッパにおける科学ならびに技術の発達を明かにし、それが同時代の文学作品・芸術作品にいかに反映されているかを解明する。

カント哲学と現代 疎外・啓蒙・正義・環境・ジェンダー　杉田聡　A5判352頁3400円
■カント哲学のほとんどあらゆる面（倫理学、法哲学、美学、目的論、宗教論、歴史論、教育論、人間学等）に論及しつつ、多様な領域にわたり、現代焦眉の問題の多くをあつかう。

南米につながる子どもたちと教育 複数文化を「力」に変えていくために
牛田千鶴編　A5判264頁2600円 ■日本で暮らす移民の子どもたちを取り巻く教育の課題を明らかにするとともに、彼（女）らの母語や母文化が生かされる教育環境とはいかなるものかを探る。

地球時代の「ソフトパワー」 内発力と平和のための知恵　浅香幸枝編A5判366頁
2800円 ■ニューパラダイムの形成／地球社会の枠組み形勢／共通の文化圏の連帯／ソフトパワーとソフトなパワーの諸相／ソフトなパワーとしての日本人／大使との交流、他

政治と宗教のはざまで ホッブズ、アーレント、丸山真男、フッカー　高野清弘
A5判304頁2000円 ■予定説と自然状態／政治と宗教についての一考察／私の丸山真男体験／リチャード・フッカーの思想的出立／フッカー──ヤヌスの相貌、ほか

ヒトラーに抗した女たち その比類なき勇気と良心の記録
M・シャート／田村万里・山本邦子訳　A5判2500円 ■多様な社会階層の中から、これまであまり注目されないできた女性たちをとりあげ、市民として抵抗運動に身をささげたその信念と勇気を。

フランス教育思想史 [第3刷]　E.デュルケーム／小関藤一郎訳　四六判710頁
5000円 ■フランス中等教育の歴史／初期の教会と教育制度／大学の起源と成立／大学における論理学教育／大学の意味・性格組織／ルネッサンスの教育／現実主義的教育論／19世紀における教育計画／ほか

ラテンアメリカ銀と近世資本主義 近藤仁之　A5判208頁2600円
■ラテンアメリカ銀が初期にはスペインを通して、後にはピレネー以北のヨーロッパに流れ、資本蓄積を可能にしたという事実を広角的な視野から、世界史を包括する広大な論理体系として構築する。

「ドン・キホーテ」事典　樋口正義・本田誠二・坂東省次・山崎信三・片倉充造編　A5判上製 436 頁 5000 円
■『ドン・キホーテ』刊行 400 年を記念して、シェイクスピアと並び称されるセルバンテスについて、また、近代小説の先駆とされる本書を全体的多角的にとらえ、それの世界各国における受容のありようについても考える。

ラ・ガラテア/パルナソ山への旅　セルバンテス／本田誠二訳・解説　A5判 600 頁 5600 円
■セルバンテスの処女作『ラ・ガラテア』と、文学批評と文学理論とを融合したユニークな彼にとっての〈文学的遺書〉ともいえる自伝的長詩『パルナソ山への旅』を収録する。

ことばと国家のインターフェイス　加藤隆浩編　A5判上製 376 頁 2800 円
■台湾の原住民族にとっての国家/多言語国家インドにおける言語とアイデンティティ/コンゴ民主共和国における言語と国家の現状/オバマ大統領に学ぶ政治レトリックと説得コミュニケーション/多文化主義への対応と英国の変化、ほか

メキシコ近代公教育におけるジェンダー・ポリティクス　松久玲子　A5判 304 頁 3000 円
■ディアス時代の教育と女性たち/革命動乱期の教育運動とフェミニズム/ユカタン州フェミニズム会議と女子教育/1920 年代の優生学とフェミニズム運動/ユカタンの実験と反動/母性主義と女子職業教育/社会主義と教育とジェンダー、ほか

メキシコの女たちの声　メキシコ・フェミニズム運動資料集　松久玲子編　A5判 508 頁 6000 円
■メキシコ女性の言説を収集した一次資料を駆使して、メキシコのフェミニズム運動を通時的・共時的に分析し紹介するはじめての体系的研究で、多年にわたる日墨女性学研究者たちによる共同研究の成果。

女性キリスト者と戦争　奥田暁子,加納実紀代,早川紀代,大里喜美子,荒井英子,出岡学　四六判 300 頁 2600 円
■戦時体制とキリスト教幼稚園/戦時下のミッションスクール/植村環:時代と説教/帝国意識の生成と展開:日本基督教婦人矯風会の場合/大陸政策の中の北京愛隣館/小泉郁子と「帝国のフェミニズム」
教育観、天皇制観など思想史上にも貴重な資料となっている。

ロルカ『ジプシー歌集』注釈　[原詩付き]　小海永二　A5判 320 頁 6000 円
■そこには自在に飛翔するインスピレーション、華麗なるメタファーを豊かに孕んで、汲めども尽きぬ原初のポエジーがある。

棒きれ木馬の騎手たち　M・オソリオ／外村敬子 訳　A5判 168 頁 1500 円　■不寛容と猜疑と覇権の争いが全ヨーロッパをおおった十七世紀、子どもらによる〈棒きれ木馬〉の感動が、三十年に及ぶ戦争に終わりと平和をもたらした。

約束の丘　コンチャ・R・ナルバエス／宇野和美訳・小岸昭解説　A5判 184 頁 2600 円　■スペインを追われたユダヤ人とのあいだで400年間守りぬかれたある約束……時代が狂気と不安へと移りゆくなか、少年たちが示した友情と信頼、愛と勇気。

死か洗礼か　異端審問時代におけるスペイン・ポルトガルからのユダヤ人追放　フリッツ・ハイマン／小岸昭・梅津真訳
A5判上製 216 頁 2600 円　■スペイン・ポルトガルを追われたユダヤ人（マラーノ）が、その波乱に富む長い歴史をどのように生きぬいたか。その真実像にせまる。

民主化過程の選挙　地域研究から見た政党、候補者、有権者　吉川洋子編　A5判 312 頁 2600 円
■比較政治学、国際関係論、地域研究、人類学など多様なアプローチと対象地域により、選挙民主主義の概念と要件、機能をより包摂的で包括的なものへと再構築する。

初夜の歌　ギュンター詩集　小川泰生訳　B4判変型 208 頁 4000 円
■生誕300年を迎えて、バロック抒情詩の天折の詩人ギュンター（1695-1723）の本邦初の本格的紹介。

私 Ich　ヴォルフガング・ヒルビヒ／内藤道雄訳　四六判 456 頁 3400 円
■ベルリンという壁の大年増のスカートの下、狂った時計の中から全く新しい「私」の物語が生れる。現代ドイツ文学の最大の収穫！

ネストロイ喜劇集　ウィーン民衆劇研究会編・訳　A5判 692 頁 6000 円
■その生涯で83篇もの戯曲を書いて、19世紀前半のウィーンの舞台を席巻したヨーハン・ネストロイの紹介と研究

アジアのバニーゼ姫　H・A・ツィーグラー／白崎嘉昭訳　A5判 556 頁 6000 円
■新しい文学の可能性を示す波瀾万丈、血沸き肉躍るとしか形容しようのない、アジアを舞台にしたバロック「宮廷歴史小説」

テクストの詩学　ジャン・ミィー／上西妙子訳　A5判 372 頁 3500 円
■文学が知と技によるものであることを知る時、読者は、文学的エクリチュールの考察、すなわち詩学の戸口に立っている。

デュルケムによる《教育の歴史社会学》　「秩序」の交替と「人間類型」の変遷　古川敦
■A5判上製 450 頁 5000 円　■デュルケムによって展開された〈教育事象にかんする歴史社会学的考察〉の現代的意義。

デュルケムの教育論　J-C フィュー編／古川敦訳　A5判 274 頁 3000 円
■教育に関するデュルケムのテキストを総体的に捉え直し、彼の教育学説そのものを徹底的に検証する画期的な労作。

音楽のリパーカッションを求めて　アルチュール・オネゲル《交響曲第3番典礼風》創作　生島美紀子
A5判 204 頁 2200 円　■フランス六人組の一人としても知られるオネゲルの没後半世紀…日本における初の本格的研究書

ラテンアメリカの教育改革　牛田千鶴編　A5判 204 頁 2100 円
■ナショナリズム・「国民」の形成と教育改革/政治的マイノリティをめぐる教育改革/新自由主義下の教育改革/等

三次元の人間　生成の思想を語る　作田啓一　四六判 222 頁 2000 円
■遠く、内奥へ──学問はどこまで生の実感をとらえうるか。超越と溶解の原理をもとに人間存在の謎に迫る作田人間学。